Holger Rust

Das Anti-Trendbuch

Klares Denken **statt** Trendgemunkel

UEBERREUTER

Die Deutsche Bibliothek – CIP-Einheitsaufnahme

Rust, Holger
Das Anti-Trendbuch : Klares Denken statt Trendgemunkel /
Holger Rust. – Wien : Wirtschaftsverlag C. Ueberreuter, 1997
    ISBN 3-7064-0343-9

S 0278   1 2 3 / 99 98 97

Inhaltsverzeichnis

Vorbemerkung

Es scheint, als klammere man sich in diesen Zeiten, in denen nichts mehr so ist, wie es war, noch einmal besonders an die einfachen Erklärungen. An das, was man immer schon glauben wollte. Aber die einfachen Erklärungen verlieren immer schneller ihre Kraft, und so müssen in immer schnellerer Folge neue Theorien auf den Markt, mit deren Hilfe ein – wenn auch nur sekundenschneller – Blick in die Zukunft geworfen werden kann; oder mit deren Hilfe sich der unübersichtliche Alltag in ein beruhigend einfaches Schwarzweißmuster pressen läßt. Wie in der Werbung: „Neu" ist das Qualitätskriterium. Die neuen Trends ersetzen die herkömmlichen, zwingen noch etwas mehr weiße Zukunft in die Gedanken und waschen die grauen Zweifel aus. Um es mit einem oft geschändeten Wort zu illustrieren: Die „Halbwertszeit" der Prognosen und Verhaltensmodelle, der Trends und Moden verringert sich dramatisch. Ebenso schnell wachsen die Zweifel der Abnehmer. So dreht sich der Mahlstrom der Zukunftsvisionen immer schneller. Ständig verlangt der Markt neue Erklärungen. Es ist wie in der industriellen Fertigung rasch verderblicher Güter: Wer nicht sofort nach der Lancierung eines Produktes ein neues nachschiebt, verliert seinen Markt. Und noch etwas erinnert an die Massenfertigung: Für jede erdenkliche Klientel und für jede erdenkliche Situation gibt es Trends und Zukünfte, Erklärungen und Mystisches, Verhaltensmodelle und Managementtheorien. Auswege aus der Unterdrückung der Frauen durch ein neues Verhalten? Auswege für den ängstlichen Mann, der sich vor der starken Frau fürchtet? Kein Problem: Beides ist verfügbar, sogar aus ein und demselben „Konzern", vom Fachbuchautorenduo Ute Ehrhardt und Wilhelm Johnen. Trends? Was immer gebraucht wird. Neuer Luxus. Rezessionskultur. Aufbruchstimmung. Fin de siècle. Die große Zukunft der kleinen Unternehmen. Partizipationsmodelle an der Börsennotierung der Giganten. Rationales Kalkül beim Re-engineering. Mondhoroskope und Tarotspiele für Manager. Virtuelle Gesellschaft. Die neue Lust am Authentischen. Und so boomt die Industrie der geistigen Beratung, der Trendprognose, der

Erklärung von Kräften, die den Alltag steuern, der Psychotechnik für Manager, die in der Früh kraftlos in ihren Betten hängen und sowieso impotent sind, Nieten nicht nur im Nadelstreif, nun auch noch in Pyjamastreifen. Es boomt der Markt der Sexualberatung, des Persönlichkeitstrainings, der archaischen Praktiken und der Gestaltungsmodelle für ganze Unternehmen. Es boomt, mit einem Wort, der Markt der großen Konzepte und großen Begriffe: Globalisierung und Ende der Arbeit, Dienstleistungsgesellschaft und Aufstand der Alten, Jahrhundert der Frau und Informationsgesellschaft, Dekonstruktivismus und Konstruktivismus. Je nach Geschmack kann man sich Apokalypsen oder rosige Utopien gönnen. Wer sich schlecht fühlt, wird sich in den Trend der „Generation X" einklinken. Wer sich gut fühlt, wird zum neuesten Optimismus des John Naisbitt greifen und sein Glück in China suchen. Go east.

Was die Politik und was die Bildungsinstitutionen an Glaubwürdigkeit verlieren, wird geschwind und sehr geschickt von einer Kaste aufgegriffen, die sich nicht scheut, magische Kräfte zu beschwören, ja sich selber als Repräsentanten einer modernen Form des Schamanismus, der Magie und der weltlichen Religiosität zu sehen. Was bislang mühsam in Einrichtungen der Universitäten und seriösen Think tanks, wie Max-Planck-Instituten, Fraunhofer, MIT, Weltwirtschaftsarchiven, mit Hilfe wissenschaftlicher Methoden und Meßtechniken erforscht wurde, weicht nun der schnell zu vermarktenden Augenblickserfindung, die ihr Etikett erhält und sofort den Medien überantwortet wird, damit der Claim abgesteckt und die Konkurrenz in die Schranken gewiesen ist. Dabei sind viele dieser „neuen" Erkenntnisse nichts anderes als neu benannte Uraltweisheiten, oft Trivialitäten, vereinseitigte Perspektiven, wahllos zusammengeschusterte Beobachtungen. Die haben durchaus ihre Bedeutung: als Material für unterhaltsame Zeitgeistkolumnen in modischen Magazinen. Dazu eignet sich die vordergründige Einseitigkeit recht gut.

Es ist in der Tat sensationeller, vom Aufstand der Alten zu reden, statt sich darüber Gedanken zu machen, welche Zukunftsimpulse aus dem Wechselspiel der Generationen entstehen können. Es ist spektakulärer, den Sezessionskrieg der Frauen und Männer trendig zu inszenieren, statt die Konzepte der „androgynen" Gesellschaft in all ihren Konsequenzen zu durchdringen und auch hier die wachsenden wechselseitigen Impulse (und das heißt Androgy-

nie, nicht „Mannweiblichkeit", wie manche Trendforscher übersetzen) auf ihre Zukunftstauglichkeit zu untersuchen. Statt dessen werden mal die Frauen, mal die Männer als Opfer der Unterdrückung
der Umstände oder des jeweils anderen Geschlechts in die publizi-
stische Arena geschickt.

Das ist ja auch einfacher: Man wählt ein paar Beispiele, faßt sie
in einem schillernden Begriff zusammen, fügt in assoziativer Anreicherung einige Werbebilder hinzu und mästet das Ganze zu einem
Trend. Der Journalismus der ebenfalls in immer rascherer Folge auf-
gelegten Savoir-vivre-Zeitschriften nimmt diesen Recherche- und
Meinungsersatz gerne zur Kenntnis, so wie ehedem willfährig die
Statements von Politikern reproduziert wurden. Was dann in den
Zeitschriften steht, was trendlike in der Schwemme der Fernseh-
magazine abgehandelt wird, bläst sich weiter auf zu einer Zeiterscheinung, über die sich dann sofort allerlei Epigonen hermachen,
die die Begriffe entwerten, so daß die Urheber, die um ihren Markt
fürchten müssen, neue Präsenz brauchen.

Denn die Trendforscher und Berater wollen mehr. Sie wollen die
Definitionsmacht über die Wirtschaftskultur. Sie wollen die Erziehungs-
macht über die Gesellschaft. Sie setzen sich an die Stelle der klassischen Wissenschaften, deren Ergebnisse sie gleichzeitig diffamieren
und ausnutzen. Damit haben sie bislang Erfolg. Deshalb ist die Kritik
an den Auslassungen der Branche in diesem Buch immer auch als
Verwunderung darüber zu lesen, daß ein solches Varietétheater so
viele ernsthafte Zuschauer gewinnt; daß diese geistige Placebomedi-
zin so viele Anhänger findet, immer wieder. Aber vielleicht ist das
gar nicht so erstaunlich, wenn eine Gesellschaft ohne wirklich geistige Betreuung durch kraftvolle Politik und phantasievolle Bildungsinstitutionen sich selbst zum Pflegefall deklariert und vor der vermeintlich herkulischen Aufgabe kapituliert, die Lösungsmöglichkeiten rational zu diskutieren. Rational, das heißt: Alle Informationen zur
Kenntnis zu nehmen und daraus Alternativen zu entwickeln, diese
Alternativen in all ihren Konsequenzen zu durchdenken und dann
eine Entscheidung zu treffen, die nicht durch die Konstellation des
Mondes oder die zufällige Partitur von Tarotkarten bestimmt ist. Statt
dessen wird offensichtich jede Konsequenz gescheut. Auf diese Weise gerät die Gesellschaft allmählich in eine intellektuelle Anarchie.
Die wird dann von der Trendberatern mit der Chaosforschung erklärt.

Die Auseinandersetzung in diesem Buch ist keineswegs, wie es den Anschein haben kann, in erster Linie von Kritik geleitet. Die Verwunderung über die geschickten semantischen Winkelzüge dieser intellektuellen Stunts spiegelt sich schon darin, daß der Autor sich der Mühe unterzogen hat, den Spuren dieser Branche zu folgen, ihre zum Teil abenteuerlichen Schlußfolgerungen nachzuvollziehen und damit viel Zeit zu verbringen:

■ mit den Zusammenfassungen von Lesefrüchten zum Beispiel, die John Naisbitt (meist gemeinsam mit seiner Frau Patricia Aburdene) in immer kürzeren Abständen auf die Fangemeinde verteilt. Stolz verkündet er, ganz der Weise vom Berge, daß er die Welt per Internet und Medien zur Kenntnis nimmt, dreitausend Meter hoch in Telluride, Colorado.

■ mit den größtenteils skurrilen Ideen der Faith Plotkin, die sich kokett Popcorn nennt und Perry-Rhodan-Zukünfte entwickelt, in denen Kinder bei der Geburt sterilisiert werden, bis sie sich eines Tages so bewährt haben, daß sie selber Kinder bekommen dürfen.

■ mit dem selbsternannten Schamanen und Guru Gerd Gerken, der sich für den Erfinder der Trendforschung hält und so verärgert ist über das konkurrierende Trendchaos, daß er es für beendet erklärt, ohne allerdings die einschlägigen Dienstleistungen der Trendberatung aufzugeben.

■ mit Matthias Horx und seinem Kompagnon Peter Wippermann, die das Ende der klassischen Wissenschaften verkünden und sich selber zu Sachwaltern des Weltgeistes einsetzen.

■ und dann mit der Philosophie, die den von der Trendberatung Enttäuschten nun tiefere Wahrheiten nahebringen will, dies, weil wenig Zeit ist, in abenteuerlicher Parforce („Kant in neunzig Minuten") und in manchen Zügen hart an der Grenze zur „Akte X".

■ mit den unterschiedlichen Auslassungen über die geduldigen Frauen, die endlich böse werden sollen, oder die Männer, die zunehmend vertrotteln. Schließlich mit dem Aufstand der Alten und dem Mythos der Dienstleistungsgesellschaft, der durch alle Ratschläge geistert.

Diese drei letztgenannten Themen und die Kapitel, in denen sie abgehandelt werden, sind es, an denen stellvertretend dargestellt wird, wie eine andere, komplexere Sichtweise der Entwicklungen aussehen könnte. Sie versuchen, die neuen Impulse gegen die Vereinseitigung durch spektakuläre Trends differenziert zu betrachten. Die grundlegende Beobachtung dabei ist diese: Ein Grundzug der wie auch immer durch Präfixe charakterisierten Moderne scheint es zu sein, daß sie in eine Phase der „dialektischen" Entwicklung eintritt. Die Entwicklung geht eben nicht zum „Cocooning", wie Faith „Popcorn" Plotkin behauptet. Die Entwicklung geht zu einer Durchmischung des Privaten und des Öffentlichen. Es geht um die gleichzeitige Gestaltung von Solidarität und Distanz. Es geht auch nicht darum, daß das nächste Jahrhundert – oder gar Jahrtausend, wie man gelegentlich liest – das der Frauen sein wird. Die Entwicklung zeigt, daß sich diese Gesellschaft in den zum Teil schmerzhaften Geburtswehen zu einer wahrlich „androgynen" Kultur windet. Aber statt bei dieser Geburt zu assistieren, werden Polarisierungen aufgebauscht. Das ist schädlich für diese Gesellschaft. Das ist ebenso schädlich wie die ständige Konfrontation der Jungen und der Alten, die gesellschaftspolitische Bösartigkeiten erzeugt. Man kann darauf wetten, daß, wenn dieses Thema sich überholt, eine neue Konfrontation aufgebaut wird, irgendeine, vielleicht die zwischen den über Vierzigjährigen und ihren jüngeren Geschwistern.

Hauptsache, klar und einseitig und polarisierend und erschreckend. Oder jubilierend positiv.

Daß es nicht nur gesellschaftspolitisch brisant ist, derartige Konfrontationen zu übersteigern und Einseitigkeiten zu pflegen, versuchen die jeweiligen Kapitel mit empirischen Gegenbeispielen darzulegen. Das ist auch wirtschaftspolitisch sinnvoll. Denn die wechselseitigen Impulse des männlichen und des weiblichen Denkens beispielsweise, die sich zu einem androgynen Grundmuster verbinden können, schaffen auch neue Märkte. Ebenso wie die Impulse der Generationen. Es sind unter anderem Märkte im Bereich neuer Dienstleistungen. Bedauerlicherweise wird mit diesem Begriff heute offensichtlich eine eigenartige Zulieferwirtschaft im Schatten des noch verbleibenden Reichtums gesehen, so etwas wie eine Butler-Gesellschaft, allerdings aus lauter kleinen Selbständigen, denen man keine Sozialversicherung zahlen muß. Die Frage, woher denn das

Geld für die Entlohnung der Dienstleister kommt, wird dabei weitaus seltener thematisiert als die jammernde Klage über die fehlende „Kultur des Dienens" in Deutschland oder Österreich.

Damit zeigt sich die dramatische Kurzsichtigkeit dieser Art von Trendforschung und Beratung, die fatalerweise auch die Phantasien von Politikern ergreift: Erstens gibt es längst einen nach Millionen fiktiver Ganztagsjobs zählenden Dienstleistungsmarkt der „unbezahlten Arbeit", auf dem eine beispielhafte Servicekultur herrscht. Sie ist mittlerweile international zu einem von Trendforschern noch unentdeckten Gegenstand der Wirtschaftswissenschaften avanciert. Aber das nur am Rande. Denn da ist ein zweites, wichtigeres Problem: die Identifikation der Dienstleistungsgesellschaft mit Kurierdiensten und Pizzaservices, Wäscheabholern und Kinderbetreuung. Wollte man mit dieser Dienstleistungsidee der „Globalisierung" entgegentreten, brauchte man gar nicht erst anzufangen.

„Dienstleistungsgsellschaft" ist als Begriff schon untauglich. Daher erweitert das entsprechende Kapitel nach einer verwunderten Diskussion um das Gejammere über eine fehlenden Servicekultur den Begriff in seine zukunftsweisenden technischen Qualitäten. Am Ende wird man nicht mehr von einer Dienstleistungsgesellschaft, sondern von einem Wirtschaftszweig der Dienstleistungen, von einer Dienstleistungswirtschaft sprechen. Diese Dienstleistungswirtschaft ist übrigens dabei, ihre eigene Tendenz zur Globalisierung zu entwickeln, vor allem im Bereich der industrienahen technischen Dienstleistungen.

Daß derlei Vereinseitigungen die Zukunftsdiskussion der sogenannten Trendforscher charakterisieren, hat auch mit ihrer Methode zu tun. Sie nennen es zwar „Scanning", „Monitoring", „Inhaltsanalyse oder „Contentanalyse". Was sie da aber konkret machen, bleibt im dunkeln. Es sei ein Geheimnis, schreiben Horx und Wippermann in ihrem Buch „Was ist Trendforschung?". Genau damit entsteht das Problem. Denn jede Art von Welterfassung, die sich großsprecherisch des Begriffs der „Forschung" bedient, muß bestimmte Regeln einhalten, die eine Nachvollziehbarkeit der Projekte erlaubt. Sonst handelt es sich nicht um Forschung, sondern um Szenejournalismus. Das heißt nun wiederum nicht, daß nicht intuitive und wilde Spekulationen erlaubt wären. Mehr noch: Sie sind die Voraussetzung für die Themenfindung der „Contentanalysen". Sie sind

auch wichtige Elemente der Interpretationen. Man sollte aber fein-
sinnig unterscheiden zwischen dem „wilden Denken", das durchaus seine innere Logik hat, und dem „verwilderten Denken", dessen Leitprinzip die journalistische Sensation ist. „Da es eben so wohl
ein dummes Vorurteil ist, von vielem, das mit einigem Schein der
Wahrheit erzählt wird, ohne Grund N i c h t s zu glauben, als von
dem, was das gemeine Gerüchte sagt, ohne Prüfung A l l e s zu
glauben, so ließ sich der Verfasser dieser Schrift, um dem ersten
Vorurteile auszuweichen, zum Teil von dem letzteren fortschlep-
pen. Er bekennet mit einer gewissen Demütigung, daß er so treuher-
zig war, der Wahrheit einiger Erzählungen von der erwähnten Art
nachzuspüren. Er fand – wie gemeiniglich, wo man nichts zu suchen hat – er fand nichts."

Das ist vor mehr als zweihundertdreißig Jahren geschrieben, von
Immanuel Kant, der nicht nur Schwerverständliches verfaßt hat. Es
ist eine verwunderte Vorbemerkung zu seinem Buch über den Spö-
kenkieker Swedenborg, ein übrigens höchst amüsant zu lesendes
Pamphlet, zu dem man doch etwas mehr als neunzig Minuten
braucht: „Träume eines Geistersehers, erläutert durch die Träume
der Metaphysik". Es ist, wie es den Anschein hat, höchst aktuell.

1 Unternehmensberatung als Popkultur

1.1 Die Success-Story der Trendberatung

Die „Trendforschung", wie sie heute in der Öffentlichkeit bekannt ist, hat eine nunmehr bereits eineinhalb Jahrzehnte lange Geschichte. Sie begann mit dem Bestseller „Megatrends" von John Naisbitt 1982. Mit diesem Buch und seinen zehn Thesen für die Zukunft führte der vormals erfolglose Unternehmensberater Naisbitt vor, wie man mit geschickt sortierten Selbstverständlichkeiten Millionen verdienen kann. Es war kein Zufall, daß Naisbitt und seine Frau Patricia Aburdene gerade zehn Thesen für die Zukunft in die Welt setzten. Der Dekalog des damals verbreiteten „Megaoptimismus" (so amerikanische Nachrichtenmagazine) legte bewußt die Assoziation mosaischer Verkündigungen nahe und intonierte damit ein Leitmotiv des neuen Genres: weltliche Religiosität. Sehr schnell verbreitete sich die Idee dieser neuen Beratungsart – parallel zur wachsenden Unsicherheit einer neuen Managergeneration, die im irritierenden Wandel von der industriellen zur „nachindustriellen Gesellschaft" (so nannte der Soziologe Daniel Bell die Entwicklung bereits 1973) verzweifelt irgendwo Halt suchte.

Man kann von Naisbitt halten, was man will – auf jeden Fall schuf er einen populären Markt. Auf diesem Markt tummelten sich bald Hunderte von Epigonen, von selbsternannten Trendforschern, wobei der Begriff „Forscher" etwas nahelegt, was gerade von dieser Branche niemals geleistet wurde. Ihre Methoden sind weit entfernt von jeder wissenschaftlichen Forschung. Und wenn sie tatsächlich wissenschaftliche Ergebnisse präsentieren, stammen sie in der Regel aus anderen Quellen. Was populistische Trendforscher der Welt vermachen, ist nichts anderes als die semantische Politur des Selbstverständlichen, das aus der Lektüre von Zeitungen und Zeitschriften, andernorts durchgeführter Untersuchungen und wissenschaftlicher Erkenntnisse herausgeklaubt wird, gepaart mit eben jenem haltlosen Optimismus, den die Naisbitts vorexerzierten und der sich als marktfähig erwies. Denn das ist es, was sich verkaufen läßt: das scheinbar Neue, das in eine rosige Zukunft weist, gekennzeichnet durch einen Begriff, den so noch niemand kannte, ein Gemisch, das aber trotzdem Wiedererkennungserlebnisse garantiert und die Vorurteile bestätigt.

Manche dieser Trendforscher erkämpften sich mit ihren Nomenklaturübungen Weltruhm, wie John Naisbitt mit den „Megatrends", die amerikanische Werbedame Faith Plotkin, die sich nun Popcorn nennt (die Namensänderung ist nicht ohne ungewollte Ironie, denn Popcorn ist ja bekanntlich das Ergebnis heißer Luft), mit dem „Cocooning". Dieser Weltruhm wurde vor allem wiederum durch Zeitungen und Zeitschriften verbreitet, die enthusiastisch abdruckten, was die Popropheten an Spekulationen verbreiteten. Der Treppenwitz der Geschichte besteht nun darin, daß es vor allem eben die Zeitungen und Zeitschriften waren (und weiter sind), aus denen die Trendforscher ihre Visionen bezogen.

So dreht sich alles im Kreis.

Und es drehen sich immer mehr im Kreis, neben Naisbitt und Popcorn in Deutschland seit längerem Gerd Gerken und danach die zweite Garde, Gertrud Höhler, Matthias Horx und Kompagnon Peter Wippermann und ungezählte andere, die ähnliche Dienstleistungen anbieten, um an hinreißend blumigen Zukunftskonzepten ebenfalls ein paar Mark zu verdienen.

Dadurch ist die Sache allerdings unübersichtlich geworden. Denn jeder pflegt andere Trends, erfindet eigene Begriffe, um auf dem Markt der Nomenklaturen einen möglichst großen Anteil zu erkämpfen. Und so verkam „Trend" zu einem inflationären Schlagwort. Heute beginnen selbst die härtesten Fans der Trendpfadfinder darüber nachzudenken, wie es denn sein kann, daß jährlich neue und dabei höchst unterschiedliche Entwicklungen gefunden und erfunden werden. Mitunter macht sich auch Ärger breit, vor allem in den Unternehmen, die manche dieser Trendforscher zu hochbezahlten Beratern machten. Sie merken allmählich, daß sie nur wenig für ihr Geld bekommen – ein paar Konsum- und Moderichtungen, mitunter etwas fernöstliche Philosophie, seltsame Konzepte wie das des „fraktalen" Marktes, schillernde Vokabeln und Kalendersprüche, Anglizismen und zusätzlich einen Schuß archaischer Praktiken. Jetzt, wo man wirklich beginnt, mit dem Pfennig und dem Groschen zu rechnen, fragt man sich, wo denn der Profit (und sei es

auch nur über eine Umwegrentabilität) liegt. Man findet keine zu-
friedenstellende Antwort. Denn die Trendberatungen haben offensichtlich zu nichts geführt als zur Reproduktion dessen, was ohnehin auf dem Markt war.

Allmählich wird es auch dem eingefleischten Apologeten klar,
daß die Faszination der Kundschaft für bestimmte Produkte nicht
den Ideen irgendwelcher Berater folgte, sondern der Risikobereit-
schaft innovativer Unternehmerinnen und Unternehmer. Sie mußten beobachten, daß die wesentlichen Innovationen auf den Märkten noch am Abend vor ihrem Launch von keinem Trendforscher
auch nur vermutet wurden: der Mini-Van, die Swatch, die Energy-
Drinks, die Show-View-Programmierung, die Cabrio- und Roadster-
lawine, die mit dem Mazda Miata losgetreten wurde, das Windschott
und vor allem die gesellschaftspolitischen Veränderungen, die in
der zweiten Hälfte dieses Buches analysiert werden: die wirkliche
Entwicklung auf den Märkten, die als Zielgruppen die Frauen bzw.
die Alten haben, die Dienstleistungsgesellschaft. Alles war schon
da – vielleicht unter anderen Begriffen –, bevor der erste Trendforscher es entdeckte.

Natürlich: Hinterher, da kann Faith Popcorn sagen, daß ihre Vision vom kleinen Auto endlich im Swatchmobil realisiert sei. Hinterher, da lassen sich, wie in einer Reihe amüsanter Beispiele in
diesem Buch gezeigt wird, die früheren Aussagen so interpretieren,
als seien sie die punktgenau auf die realisierte Zukunft weisenden
Visionen. Hinterher, da kann man Erfolgskonzepte wie Antia Roddicks Body Shop oder die Ökomode der Britta Steilmann als „Trends"
verkaufen. Hinterher, da kann man, wie Gerd Gerken, sagen, man
habe schon lange den Tod der Trends prognostiziert.

Man hätte es wissen müssen. Wenn schon diese selbsternannten Vordenker die Sprunghaftigkeit der Kundschaft als Trend erklären – und das tun sie einmütig alle –, dann fällt nach einer kurzen
nachdenklichen Pause auf, daß in der Entdeckung doch offensichtlich ein sprachlicher und vor allem auch ein logischer Widerspruch
steckt. Denn entweder sind die Kunden sprunghaft, oder sie folgen
einem oder mehreren Trends. Wenn gleichzeitig diese Trends alle
paar Monate wechseln, sind es offensichtlich keine. Auch das Aus-
weichmanöver mit den Megatrends bringt nichts. Denn in ihm offenbart sich ein zweiter Widerspruch.

Trotz der anderthalb Jahrzehnte wilder Spekulationen über rosige Zukünfte, wie sie John Naisbitt alle zwei Jahre in der kaum modifizierten Neuauflage seines ehemaligen Bestsellers ausmalte, trotz der buntesten Begriffshubereien, die ganze Scharen von recherucheunlustigen Journalistinnen und Journalisten in Entzücken versetzten, weil sie etwas Trendiges nachzuplappern hatten, das sie zudem noch mit zwei, drei exotischen Testimonials erhärten konnten; trotz der unausweichlichen Bücherschwemme und der Millionen Clippings in Zeitungen und Zeitschriften, ist die Welt so gelaufen, wie sie wollte – und zwar anders. Waren die Begriffe, „Cocooning" zum Beispiel, offen genug, daß sie auf fast alles paßten, dann redeten die Trendforscher stolz von „92 Prozent Trefferquote", wie Frau Popcorn, oder gar davon, daß ihre Ergebnisse eigentlich nicht falsch sein können, wie Horx und Wippermann (siehe Kapitel 7.3).

Das war und das ist wie beim Horoskop.

Man muß es nur so lesen, daß es paßt.

Es ist Autosuggestion.

Und etwas anderes ist die „populistische" oder „Pop-Trendforschung", wie sie hier zur Unterscheidung der ernsthaften, langfristigen demographischen und soziologischen Forschung genannt werden soll, nicht: Sie ist Mutmaßung, Spekulation, Utopie, durchsetzt mit einigen empirischen Fakten und angereichert mit einigen Beispielen, die man so heraussucht, daß sie gerade passen. „Konfabulation" nennen Linguisten diese Praxis. Einige empirisch nachweisliche Fakten werden in einen Zusammenhang gestellt, den sie nicht repräsentieren. Variété. Ein bestimmtes Publikum glaubt an die Vorführungen. Es liebt die Realitätsflucht.

Dennoch oder vielleicht deshalb: Vordergründig scheint die Pop-Trendforschung auf dem Höhepunkt. Es vergeht kein Tag, an dem nicht ein neuer Begriff geboren wird. Man kann kein zeitgeistig aufgepepptes Blatt aufschlagen, ohne daß einer der Repräsentanten der Zunft sich zitieren läßt. Nur: Dieser Paroxysmus, dieser Fieberschub der Branche zeigt, daß sie die Orientierung verloren hat. So wird diese Phase ihre letzte sein. Alle Zeichen deuten darauf hin:

- ■ Man wirft sich wechselseitig Scharlatanerie vor.
- ■ Man verwirft, was gestern noch die eigene Überzeugung war.
- ■ Man bügelt mit zunehmender Aggressivität die Kritiker ab.

■ Ja mehr noch: Man übernimmt deren Argumente und tut nun so, als seien es die eigenen, auch wenn sie das Gegenteil von dem aussagen, was man gestern noch in blumigen und wortgewaltigen Neologismen beschwor.
■ Fragen auf öffentlichen Veranstaltungen werden höhnisch zurückgewiesen.
■ Das Vokabular schlägt kabarettistische Kapriolen.
■ Schließlich läßt sich als letztgültiges und untrügerisches Zeichen einer zunehmenden Unsicherheit die wachsende Arroganz der publicityträchtigen Selbstbelobigungen beobachten.

Bedauerlicherweise übernimmt nicht die Vernunft wieder das Terrain. Im Gegenteil – es geht in die andere Richtung. Esoterik, Pseudophilosophien, Aberglaube, Mondphasen und Tarotkarten treten an die Stelle der Trendgurus. Sie haben den Boden wohl bereitet, als sie sich selbst zu „Schamanen" (Gerken) und „Magiern" (Horx und Wippermann) erhoben. Andere wie Faith Popcorn wechseln die Zielgruppe, weil verunsicherte Manager sich auf einmal die Augen reiben und fragen, wofür sie denn eigentlich in den letzten Jahren Zigtausende ausgegeben haben. Sie avancieren zu Popstars der Breitenberatung, wie sie als erfolgsträchtiges Genre von Dale Carnegie erfunden wurde.

1.2 Trendsport Kritikerbeschimpfung

Warum ist dann noch eine Auseinandersetzung notwendig? Ganz einfach: Weil diese Trendforschung behauptet, mehr zu sein. Ihr geht es vom Anspruch her nicht mehr um zeitgeistigen Journalismus, nicht um feuilletonistische Zugänge zur Welt, um Unterhaltung und schlichte Wortspiele. Ihr geht es um Beratung, die sich als „neue Schlüsselwissenschaft" deklariert, als Lösung in der „Krise der klassischen Wissenschaft", wie Horx und Wippermann in ihrer anmaßenden Antwort auf die Kritiker schreiben („Was ist Trendforschung?"). Eine Auseinandersetzung mit der Trendforschung wird vor allem deshalb notwendig, weil sie sich selber, mit zunehmender Deutlichkeit ihrer Schwächen, in aggressiver Weise gegen jede Kritik immunisiert und damit erneut ihre zweifelhafte Qualität im

Vergleich mit der seriösen Forschung beweist, die gleichzeitig ausbeutet und diffamiert. Denn seriöse Forschung (siehe Kapitel 13.2 und 13.3) sucht die kritische Herausforderung, die Falsifikation, die Debatte. Wer aber die Methoden dieser zeitgeistigen Spökenkiekerei kritisiert, wird auf unangenehme Weise abgebügelt, wie in Horxens neuem Trendbuch von 1996, in dem er theatralisch die Szene nachstellt, in der ein Kritiker seiner Ambitionen sich zu Wort meldet: „Auftritt eines journalistischen Kritikers der Trendforschung auf einer Versammlung von mittelständischen Unternehmern. Sein Urteil: ‚Überflüssig. Hat man alles schon mal gehört. Nichts Neues. Jeder Unternehmer kann seine eigenen Entscheidungen treffen.' Er erntet gröhlendes Gelächter und rauschenden Beifall."

Die Wortwahl ist bezeichnend: „gröhlendes Gelächter".

Denn das pöbelhafte „Gröhlen" legt Assoziationen von einer dumpfen Masse nahe, von geistlosen Claqueuren in Bierhausatmosphäre, in der die Denunziation blüht. Und genau dieses Wort folgt: „Naürlich ist es einfach, unsere Zunft zu denunzieren." Verfolgte Märtyrer einer tief empfundenen Mission werden also von gröhlendem Pöbel mißverstanden. Und „das gröhlende Gelächter ist nichts anderes als kathartische Erleichterung". Eine Erleichterung von Dummköpfen, die es nicht wert sind, eine Trendbürohilfe für die Weichenstellungen ihrer Unternehmen erteilt zu bekommen? „Und wer, verdammt noch mal, will uns denn sagen, was wir nicht schon wissen?" wird den Kritikern in den Mund gelegt, deren Arroganz in Umkehrung die Kulisse für die bemitleidenswerten Pioniere der Trendforschung abgibt.

Diese zunehmende Praxis der Diffamierung Andersdenkender gilt nicht nur den Kritikern an den Wortschöpfungen des Hamburger Trendbüros. Großzügig wird gleich die ganze Branche einbezogen, wenn Horx etwa die prominenten Wortschöpfungen der Faith Plotkin verteidigt, die der Welt den Pseudobegriff des „Cocooning" vermacht hat. Jedenfalls behauptet sie das. Es gibt allerdings politische Journalisten, die diesen Begriff zuvor schon als bildhafte Kennzeichnung der Pressepolitik Reagans – und zwar kurz nach dessen Amtsantritt im Januar 1981 – verwendet hatten. Wie auch immer: „Einige einfältige Kritiker", schreiben nun Horx und Wippermann, „haben sich den Begriff gleich zur Brust genommen." Man hätte auch sagen können: Sie haben zahllose statistisch repräsentative Gegenbeispiele gefunden, die das Konzept nachhaltig falsifiziert haben, und zwar mit Hilfe dessen, was die Trendbürobetreiber als „Beweisführung" zu ihren eigenen Methoden zählen. Und doch kommen auch die Apologeten (oder sollte man sagen: Zweitnutzer?) dieses Begriffs nicht weiter. Wie Faith Popcorn weichen sie vor der Unmöglichkeit des Beweises eines Trends zur Verpuppung des Konsumenten immer weiter zurück, bis alles irgendwie „Cocooning" ist. Und wenn die Gastgärten auch im nächsten Sommer wieder bis auf den letzten Platz gefüllt sein und die Innenstädte zu Freiluftbühnen eines großen Volksfestes werden – es ist „Cocooning" – „geselliges Cocooning", wie Popcorn in einem geradezu erbarmungswürdigem Rückzugsgefecht sagt, oder auch „Salooning". Damit wird der Begriff so schal, daß er nichts mehr sagt. Oder alles: Wie Horx und Wippermann trotzig belegen: „Cocooning benennt ein ganzes Mündungsdelta der verschiedensten Wertewandelprozesse."

Mündungsdelta?

Einfältige Kritiker?

Aber es sind nicht nur die Kritiker, die ihr Fett abbekommen.

Vor der Häme der selbsternannten Magier sind nicht einmal die potentiellen Kunden sicher: Wenn nämlich „drei, vier Herren mit schweren Aktenkoffern zu den Vorgesprächen ... (kommen), dicke Aktenordner aufschlagend und bei unserer Schilderung, was Trendforschung eigentlich leisten kann, immer nervöser werdend", um schließlich die Frage zu stellen, ob ein Trend auch garantiert werden könne, bräche man das Gespräch „meistens höflich, aber bestimmt ab. Nicht, weil wir keine Quantifizierungen kennen würden, aber das Denken, das hinter der Ausrechenbarkeit steht, führt garantiert zum wirtschaftlichen Scheitern."

Genußvoll wird denn auch an anderer Stelle, im Vorwort zum Buch „Milleniumsmoral" von Matthias Horx und der Vorzeigeunternehmerin Britta Steilmann, ein „beschlipster Yuppie" zerlegt, der es gewagt hat, auf dem von Horx und seinem Kompagnon Wippermann inszenierten Hamburger Trendtag die Moral der Frau Steilmann in Zweifel zu ziehen und ihr ökologisches Engagement als schlichten Marketingtrick zu diffamieren. Steilmann, schreibt in einer ansonsten kritischen Nachlese die Zeit-Autorin Viola Roggenkamp, „war in neun Stunden für wenige Minuten die einzige Frau auf der Bühne. Einem maßgeschneiderten Juniormanager in der zweiten Reihe war eine solche Frau zuviel." Sie setzt dann noch eins drauf und deklariert derartige Kritik schlichtweg als „strukturelle Frauenfeindlichkeit". Frau Steilmann, ein wenig Diva, weigerte sich schlicht, auf „eine so dumme Frage" zu antworten. Das Protokoll verzeichnet diesmal „Beifall" und nicht gröhlendes Gelächter. Diese Art von Kritik ist unter Trendforschern eine verbreitete Methode – kritische Geister der Ironisierung durch das Publikum auszusetzen. Denn das hat bezahlt und will, einer alten sozialpsychologischen Einsicht entsprechend, sich dafür nicht sagen lassen, daß es nur Trivialitäten zu gewärtigen hat. Statt der Antwort auf eine legitime Frage gibt es also diesmal den Hohn der Masse. So berichtet der Journalist Robert Kuttner in der *International Herald Tribune* im Januar 1995 vom denkwürdigen Auftritt John Naisbitts in Rio de Janeiro. Er stellte das Buch „Global Paradox" vor, in dem in einer geradezu enthusiastischen Weise vom Aufstieg des Individualismus durch die Telekommunikation geschwärmt wird (siehe Kapitel 4.3), von der Macht der kleinen Akteure und dem Reichtum, der sich auf diese Weise einstellen werde – übrigens nur fünf Kilometer Luftlinie entfernt von den Favelas, wo es sicher noch einige Zeit dauern wird, bis jeder seinen Internetanschluß hat.

„An einem Punkt der Diskussion erinnerte ich Naisbitt daran", schreibt Kuttner, „daß trotz des jüngsten Booms an Erfindungen und Unternehmergeist die unteren 80 Prozent der amerikanischen Gesellschaft in den letzten Jahren kontinuierliche Einkommensverluste haben hinnehmen müssen. Er brach in röhrendes Gelächter aus, sein Publikum darauf hinweisend, daß ich die einzige Person in den USA sein müsse, die so etwas glaube." Zusätzlich bot Naisbitt Kuttner eine Wette an. Der hatte in der Tat nicht ganz recht: Es seien die unteren 90 Prozent, die in den letzten Jahren Einkommensverluste haben hinnehmen müssen.

Aber die Lacher an diesem Tag hatte Naisbitt auf seiner Seite. Selbst Norbert Bolz, der mit Trendprognosen weit vorsichtiger umgeht, konnte sich einen Anflug von Arroganz nicht verkneifen und antwortete auf die Frage eines unangepaßten Schäfleins, das aus der Herde der Trendgläubigen mit der Bemerkung ausscheren wollte: „Ihr Vortrag war doch nur ein Placebo!": „Jede Rede ist nur ein Placebo." Man klatschte, als sei wie in einer Frühnachmittags-Fernseh-Talk-Show ein Schild „Applaus" hochgehalten worden. Der arme kritische Geist mochte wohl schier in der Erde versinken.

Und das trotz der verdrängten Verärgerung, daß Naisbitt weltweit auf allen Vorträgen immer wieder dieselben Sprüche gebetsmühlenartig verbreitet, daß es von allen Trendforschern immer wieder dieselben Handouts sind, die nach immer gleichen Vorträgen verteilt werden; trotz der unwahrscheinlichen Kompetenz in allen auch nur erdenklichen Wirtschaftsbereichen. Zudem sind es immer wieder gerade die Sprüche, die wörtlich auch in den Büchern nachzulesen sind, die sich wiederum voneinander allenfalls in der Fokussierung auf bestimmte Elemente unterscheiden.

Es ist tatsächlich wie eine Liturgie.

Und anders ist es auch nicht zu erklären, daß derartige Veranstaltungen immer wieder ihr kräftig zahlendes Publikum finden: religiöse Verzückung, Voodoozauber, weltliche Exerzitien, Ritual. Das darf nicht gestört werden. Bei der Sonntagspredigt gilt ja auch, daß man nicht mit dem Pfarrer debattiert. Kritik, sagte Horx bezeichnend, stamme aus der „selbstzufriedenen Nörgelecke", wo sich auch die „sozialdemokratisch eingefärbte Woche" (ein Wochenblatt) und die „linke taz" verschanzen. Dieser schnöde gesellschaftspolitische Angriff, der sich anhört wie das Gemaule des ehedem angegriffenen Establishments gegen die Linken der späten sechziger Jahre, war verständlich. Und er war klug, weil der politische Mainstream tatsächlich eine Erosion der Wählerstimmen links von der Mitte zeigte. Diesem „Trend", der sich aber schon wieder gewandelt hat, schloß man sich eilfertig an. „Wir nehmen heute Abschied", schrieb Norbert Bolz, „von der Industriegesellschaft – und deshalb müssen wir uns auch von der ihr zugeordneten sozialistischen Moral verabschieden. Für eine Gesellschaft der permanenten Transformationen braucht man eine Wertetafel des Optimismus."

1.3 Beschwörungsrituale der Business-Euphorie

Das haben sie alle bei Naisbitt abgeschaut, der in grenzenloser Verzückung über das asiatische Wirtschaftswunder, so wie er es erlebt (aus der Perspektive von Hotelsuiten und Business-Salons), enthusiastische Zukunftsbilder verbreitet. Kein Gedanke daran, daß es sich bei Vietnam, bei der Volksrepublik China, bei Taiwan, Singapur, Indonesien, Thailand um ganz unterschiedliche Systeme handelt; kein Wort von den drohenden Umweltbelastungen, den wachsenden sozialen Spannungen, der außerordentlich geringen Staatsquote in der Volksrepublik China (zehn Prozent), die keineswegs dazu ausreicht, die Konsequenzen des ungleich verteilten Wachstums aufzufangen; kein Wort davon, obwohl mittlerweile die ersten Unmutsreaktionen und dramatische Leistungsbilanzdefizite die Tigerstaaten belasten. Kein Wort, immer noch nicht, obwohl es nun täglich in den Zeitungen steht, von den Zusammenbrüchen in Südkorea (siehe Kapitel 4.2). Ein professioneller Seher hätte wissen müssen, daß auf industriellen Reichtum irgendwann auch die Forderung der Menschen folgt, am Reichtum teilzuhaben; daß eine relativ unausgewogene Handelsbilanz Kosten verursacht und Inflationen schürt. Aber das schert den nicht, der von therapeutischen Prognosen lebt, der den Zuhörern sagt, was sie gern hören möchten. So grassiert also Optimismus, Schönfärberei, Reaktion auf den öffentlichen Pessimismus und die Endzeitstimmungen. Auch das richtet sich nach den Gesetzen des Marktes.

Denn die kritische Attitüde stört den kommerziellen Optimismus, den Naisbitt in die Welt gesetzt hat, den seine Epigonen weiterhin pflegen und der natürlich die Geschäfte mit verunsicherten Managern beflügelt. Er stört ein Geschäft, das sich darin erschöpft, ausgewählte Beobachtungen zusammenzufassen und zu entscheiden, daß es diese Beobachtungen sind, die für die Zukunft stehen, obwohl sie nichts anderes sind als Beobachtungen des Gestrigen, zusammengetragen aus Zeitungen.

Und das führt zur Kernkritik: Nichts ist konservativer als die populistische Trendforschung.

Sie kann gar nicht anders sein. Denn sie schlachtet Entwicklungen aus, die längst vollzogen sind, garniert sie mit immer wieder bestätigenden Beispielen, sucht nie nach etwas Neuem, nach Innovationen, sondern bettet sich gemütlich in den Flußlauf des Verkaufbaren und exhumiert uralte, längst begrabene Ideen in einem Prozeß des „Re-inventing" und der „Konfabulation". Sie verkauft ihren Abnehmern ein Szenario, in dem einige empirisch nachweisbare Fakten mit Spekulationen vermischt werden. So werden also wie in der Werbung, wo diese Strategie legitim ist, kleine empirische Beobachtungen mit ausgewählten Statistiken zu Trends aufgefettet, die wiederum mit bestätigenden Beispielen behängt und zu einem einseitigen Konzept ausgebaut werden. In besonders dramatischer Weise zeigt sich das am völlig mißverstandenen Begriff der „Dienstleistungsgesellschaft" (siehe Kapitel 12.1 und 12.3) oder am modisch inszenierten Sezessionskrieg zwischen Frauen und Männern (bei Matthias Horx als Vertrottelung der Männer, bei Ute Ehrhardt als Unterdrückung der Frauen; siehe Kapitel 9 und 10) oder am sogenannten „Aufstand" der Alten (siehe Kapitel 7.1).

Sie geben es ja zu: Begriffsbildung sei nun einmal die Mission der Trendforschung, so Horx und Wippermann. Es geht noch ein Stück weiter. Die neuen Virtuosi nehmen nicht nur für sich in Anspruch, alles besser zu wissen. Sie fühlen sich nun auch noch mit den Kräften des Außerirdischen, Überirdischen, jedenfalls für den Normalbürger Unfaßlichen verbunden, wenn sie ihre Begriffe schmieden: „Das ist nichts anderes als neuzeitliche Magie. Auch der Medizinmann und der Schamane bannen, wie der Magier vergangener Tage, durch Rituale und Beschwörungsformeln das andere, das Unbekannte; Trendforscher versuchen, es durch Worte zu bannen, die manchmal ungewohnt klingen mögen, aber letzten Endes denselben Versuch darstellen: Dem Namenlosen Gestalt zu verleihen."

Das Namenlose?

Wenn es stimmt, was sie behaupten, und ihre Trends in mühseliger Kleinarbeit aus Zeitungen, Zeitschriften, Filmen, Büchern, Szenen und anderen kulturellen Ereignissen herauszulesen sind, wieso sind sie dann namenlos? Man könnte allenfalls von einer Neubenennung, von Umbenennung sprechen, die bestimmte Erscheinungen in neuer Weise zusammenfaßt. Das ist ein feuilletonistisches Spiel, unverbindlich, zur kurzfristigen Unterhaltung geeignet, mehr nicht.

Aber wie gesagt, man will mehr.

Man will die geistige Macht in der Gesellschaft, diffamiert daher die alten Wissenschaften und die Kritiker und zieht sich in Gefilde zurück, in die kein normal Denkender nachfolgen kann. „Der Trendforscher ist also eine Art Wortmagier." Denjenigen, die solche Wortmagie für hohles Gerede halten, schleudert der Magier seinen Bannstrahl entgegen: „Hier klappert es sofort wieder, das alte Gespenst der Vorurteile. Seht ihr, nichts als Schall und Rauch! In der Informationsgesellschaft sind Schall und Rauch aber vielleicht in Wirklichkeit der Stoff, aus dem unsere Welt zusammengesetzt ist: Sprache."

Das ist richtig.

Es fehlt nur ein zusätzlicher Hinweis: daß dieses Sprachspiel zur Orientierung aller dient und eigentlich Ergebnis einer Übereinkunft sein müßte und nicht Ergebnis eines magischen Dekrets. Die Vernunft bleibt dabei auf der Strecke. Denn das alles kostet Zeit, Energie und Phantasie. Daß Kreativität die Auseinandersetzung mit Alternativen voraussetzt, die auf dem Boden von Informationen entstehen, wird verdrängt. Statt die Vorfindlichkeiten zu analysieren, läßt man ehedem seriöse Lehrer und originelle Journalisten und Werbepleitiers, erfolglose ehemalige Unternehmensberater und Studienabbrecher über die Zukunft plaudern. Man fragt nicht einmal, wie sie zu ihren Ergebnissen kommen. Wenn man es genau betrachtet, geht es am Stammtisch rationaler zu. Denn da wird nachgefragt. Pop-Trendforschung hingegen ist Verkündigung.

Weil sie das ist, weil sie quasi-religiöse Motive besitzt, tendiert sie zu Höherem als zur Unternehmensberatung. Sie richtet sich nun in zunehmendem Maße an die Massen.

Immer häufiger stehen nicht mehr die Wirtschaftsleute im Zentrum der Aufmerksamkeit. Das ist geschäftlich klug, vor allem, seit von einer wachsenden Zahl von Managern und Journalisten in Zweifel gezogen wird, ob es wirklich sinnvoll ist, für die Begriffstechniker, Magier und Schamanen derartig viel Geld auszugeben. Also verlegen sich die ersten Trendbeschauer auf das Volk und bieten ihre Dienste nun dort an, Faith Popcorn zu Beispiel in ihrem neuesten Report, den sie „Clicking" nennt: Low-Budget-Hoffnungen für Arbeitslose, die, man glaubt es kaum, froh sein sollen, daß sie endlich entlassen wurden, weil sie damit („Click!") zu ihrer eigentlichen Bestimmung finden können (siehe dazu Kapitel 5.3). Man hätte das Buch bei den Bonner Demonstrationen der Bergarbeiter verschenken sollen. Oder die „ehemalige Firmenberaterin" Ute Ehrhardt mit ihren Kalenderweisheiten für die „bösen Mädchen", in denen sie zum an sich recht einfachen Ergebnis kommt, daß Frauen in dieser Gesellschaft etwas selbständiger denken sollten. Abgesehen davon, daß den Leser ob solcher Einsichten das Gefühl einer lähmenden Trivialität beschleicht, kennzeichnet diese Wende der Beratungsliteratur zum Massenmarkt eine neue wirtschaftliche Ausrichtung der Branche. Damit demokratisiert sich die Trendforschung und -beratung. Und sie läßt die armen Schäfchen auch nach der Lektüre der bahnbrechenden Einsichten nicht allein. Deshalb gibt es immer ein zweites Buch, bei Ehrhardt, Horx, bei Naisbitt, Popcorn, in dem noch einmal verdeutlicht wird, was das erste meint. Das erinnert ein wenig an Laurence Sternes Tristram Shandy, der mit seiner Erzählung auch nicht so recht fertig wurde und bei der Beschreibung seiner eigenen Biographie so im Zickzackkurs herumlavierte, daß das Buch dreizehn Jahre vor seiner Geburt endet.

Aber das war kein kommerzielles Prinzip.

Hier indes geht es um Geld.

Deshalb gibt es eben zusätzlich Beratungen, Seminare, Übungen, Exerzitien, Kurse, Selbstfindungsséancen, Exklusivvorträge, Exkursionen, Trendletter, Mitteilungsblätter. Dann gibt es wieder neue Trends, weil die alten eben neue auslösen, was zu neuen Trendbüchern und Auffrischungen der Seminare führt – und allmählich zur Irritation beim Versuch der Anwendung der alten Trends. Denn so schnell lassen sich ja die Produkt- und Lebenslinien auch wieder nicht umstellen, daß man alle Jahre bei Null beginnen könnte.

Dennoch boomt das Geschäft mit der Verunsicherung weiterhin.

Deshalb gibt es am Ende der vom Worpsweder Beratungsguru Gerd Gerken formulierten hegelianisch-dunklen Auslassungen über das Tao im Management und das Ende der Marke und das Markentuning, über die Trendzeit und das Ende der Trends, über das Ende der Massen und den fraktalen Markt und die neue, die „magische Masse" immer wieder und unverändert im Laufe der Jahre Hinweise auf die Newsletter und Seminare seiner Firma.

Deshalb finden wir am Ende von Faith Popcorns eitler Selbstdarstellung der epochemachenden Einsichten ihrer Firma BrainReserve in den „Popcorn-Reports" eine minutiöse Darstellung der Brain-Reserve-Dienstleistungen.

Deshalb bietet Ute Ehrhardt am Ende des Bestsellers Kurse im Bösesein an, die mittlerweile von eigens geschulten Trainerinnen durchgeführt werden.

Und deshalb findet man selbst am Ende eines grenzgenialen Buches von Roland Geisselhart und Christine Burkhard: „Werden Sie ein Genie!" die Einladung zu einem Seminar: „Unser Angebot an Sie – weitere Anregungen mit zusätzlichen Übungen. Anruf genügt."

Dann wird man vermutlich noch genialer.

Heiße Luft.

Trendpopulismus.

2 Faschingsumzug der Beratergarde: Alte Kamellen

2.1 Unsicherheit als Biotop für Trendideologen

Oft sind es kleine Impulse, die sich zu einem Sturm der publizistischen Nachbearbeitung aufblasen: Alfred Rapaports wirtschaftswissenschaftliche Idee des Shareholder value aus dem Jahr 1986 zum Beispiel oder, 1990, das Stichwort der „lernenden Organisation", das der Amerikaner Peter Senge erfand. Beide Begriffe kamen in der Folge über die Welt, in welch seltsamen Brechungen auch immer, und wurden zu Stammvokabeln der Businesstalks. Beide allerdings nicht in einer derart naturgewaltigen Vehemenz wie das Gebot der „Schlankheit".

„Lean" wurde zum Zauberwort.

Ein Begriff kam auf den Markt, eine vermeintliche Erklärung löste ein intellektuelles Problem, Zeitschriftenredakteure stürzten sich drauf. Und schon war ein neues universales Konzept geboren. Sein Erfolg verführte zur Suche nach wieder neuen Konzepten oder nach alten, die sich in neuem Vokabular verbreiten lassen. Es folgte rasch die Zweitverwertung, die Adaption in allen Bereichen. Nun gibt es den „schlanken" Staat, die „schlanke" Verwaltung, das „schlanke" Leben, das es endlich erlaubt, den Gürtel enger zu schnallen. Begonnen hat dieser Diätwahn mit einer Studie des Massachusetts Institute of Technology, kurz und bekannter: MIT. Die „Schlankheitsstudie" über die Erfolge der japanischen Autoindustrie löste weltweit eine Hysterie aus. Der Erfolg des Begriffs verknüpfte sich bei Hunderten von Epigonen mit der Erwartung schnellen Gewinns durch geschickte Umformung der Grundidee. Schlank, lean, wurde zum Modewort, das jeder drittrangige Pronvinzpolitiker in seinen Gasthausreden intonierte, und dann zu einer Modestrategie, koste es was es wolle.

Derweil wurden die Diätberater immer fetter.

Denn „der Weltmarkt für Business Process-Re-engineering wächst von 1,3 Milliarden Dollar 1993 auf 3,4 Milliarden Dollar im Jahre 1998". Ausgerechnet jenes Institut, das antrete, die Unternehmen zu verschlanken, blähe sich zum größten Nutznießer des Systems auf, schrieb die behäbige *Frankfurter Allgemeine Zeitung.* Gemeint ist nicht allein McKinsey. Der Name steht ja mittlerweile für ein Konzept. Gemeint sind gleichzeitig alle anderen. Während sie Unternehmen abspecken, müssen sie, um den Aufträgen nachzukommen, allein in Europa Zehntausende von Nachwuchskräften einstellen.

In den Firmen, die sie wieder verlassen, sieht es dann so aus: Schlankheit heißt, daß die Funktionsspanne jedes einzelnen Mitarbeiters wächst, weil es weniger Personal gibt und ganze Abteilungen zusammengelegt werden. Zwangsläufig wächst auch die Belastung jedes einzelnen. Das wird dadurch kompensiert, daß man jedem Mitarbeiter nahelegt, „unternehmerisch" zu denken. Dieses „unternehmerische" Denken hat natürlich seine Grenzen – die Firma gewährt dem zweiten Buchhalter keineswegs Kredit, wie eine Bank einem Unternehmer einen Kredit gewährt. Wenn der innerbetriebliche Markt keine Funktion mehr für ihn hat, entläßt sie ihn kurzerhand. Seine Existenz wird von Steuergeldern finanziert, die das Unternehmen dadurch spart, daß es wesentliche Teile seiner Vollzüge ins Ausland verlagert. Das nennt sich dann „Globalisierung".

Apokalyptische Interpretationen, die weitere Unsicherheit verbreiten, liegen nahe. Beispielsweise inszeniert von Jeremy Rifkin in dem Buch „Ende der Arbeit", das die Ängste erneut schürt und neue Fragen aufwirft nach der Möglichkeit, der Falle zu entkommen – einer „Globalisierungsfalle", wie das Buch heißt, in dem Rifkins „Ende der Arbeit" in neuer Aufmachung noch einmal aufgeführt wird.

Auch dieser Begriff ist toll.

Jeder Titel, der mit dem Wort „Falle" endet, verbreitet weitere Unsicherheit und weitere Bedürfnisse nach Scouts, die die geheimnisvollen Pfade kennen, auf denen man den Fallen entkommen kann.

Die Zeitungen und Zeitschriften haben wieder Futter.

Journalisten können ihrer Liebingstätigkeit nachgehen und sich ein paar Unterlagen aus dem Archiv hereingeben lassen; sie texten etwas dazu, was sich dramatisch anhört, zitieren den Autor Hans-Peter Martin („Globale Wende"), mit einem Satz, der sich noch dramatischer anhört („Der globale Turbokapitalismus steuert auf eine große Katastrophe zu!"), überführen die Ideen der Autoren in eine Infographik, lassen einige Prominente Kommentare zum Buch abgeben, zitieren John Naisbitt oder Matthias Horx in einem sogenannten Interview. Damit sind alle Ingredienzen eines sich informativ gebenden Journalismus zusammengekocht. Der Eintopf heißt Infotainment und schmeckt nach nichts. Natürlich haben die Autoren der „Globalisierungsfalle" durchaus ethische Absichten. Sie sind nicht Trendforscher oder Gurus, sondern hart recherchierende Journalisten. Nur gibt es in diesem Geschäft keinen Interpretationsvorbehalt. Sobald ein Wort auf dem Markt ist, kann es ungehindert in jede beliebige Ritze jeglichen Kontexts eingespachtelt werden. Das ist das Vermächtnis der Trendgurus, die derartige Begriffsdichtungen (dies bitte im Doppelsinn zu verstehen) zu ihrem Geschäft gemacht haben. „Globalisierungsfalle" ist ein guter, ein geschäftsträchtiger Begriff. Selbst ernsthaftere Geister wie der Pater Rupert Lay scheuten nicht davor zurück, diesen Begriff sofort in ihr persönliches Seminarprogramm zu übernehmen.

Eine wirtschaftspolitische Auseinandersetzung mit der apokalyptischen Verdichtung der beiden Autoren des gut rercherchierten Buches findet in der breiten Öffentlichkeit indes nicht statt. Die Wortspenden der Prominenten sind belanglos. Aber der Begriff ist im Umlauf. Das ist das wichtigste. Der Business-Partytalk hat eine neue Vokabel. Und die Beratergilde eine neue Herausforderung: Umsetzung, Widerspruch oder Ausweitung der Konzepte anderer Gurus. Da läuft ein Automatismus ab, der dem der Pop-Trendforschung präzis entspricht. In logischer Folge werden Diskussionen lanciert, auf denen die Gilde sich selber inszeniert: Horx gegen Martin, Rifkin gegen Senge. Es ist wie in einer Talk-Show, oder besser noch: Es ist wie in einer Commedia dell'arte.

In dieser Commedia dell'arte gibt es für jede Position ein Rolle. So tritt kurz nach dem Apokalyptiker der Besänftigende auf und fordert das „lebenslange Lernen". Aber er fordert vordergründig nicht das Lernen für den einzelnen Menschen, sondern das Lernen des Unternehmens. Peter Senge hat dieses Konzept zwar schon 1990 niedergeschrieben. Aber auch da liegt sein Ursprung nicht. Der liegt in der Organisationsforschung der Betriebssoziologie der fünfziger Jahre. So wie übrigens der Gedanke der „Globalisierung" schon in der Kritik der Achtundsechziger angelegt war, die in ihrer Analyse die weltweiten Aktivitäten der multinationalen Konzerne untersuchten und anprangerten.

Was bedeutet dieser Rat, daß Unternehmen „lernen" sollten? Es bedeutet wieder: Verlagerung der Verantwortung für die Zukunft des Unternehmens in die Köpfe der Mitarbeiter. Es bedeutet: noch mehr Arbeit, und zwar ohne daß diese zusätzliche Aufgabe zusätzlich honoriert würde. Es bedeutet noch mehr Unsicherheit. Denn mittlerweile hat sich die Einsicht durchgesetzt, daß es natürlich nicht die „Struktur" ist, die lernt, daß kein Unternehmen lernen kann, sondern daß es nur die Mitarbeiter sind, die lernen können. Damit kommt es also neben der erweiterten Funktionsspanne, der Belastung mit neuen konzeptionellen Anforderungen („unternehmerisches Denken"), der Bedrohung durch Entlassungen im Zuge des Re-engineering zu einem weiteren Druck: dem des, wie es gegenwärtig so schön heißt, lebensbegleitenden Lernens.

Dieses Lernen erstreckt sich auf drei Bereiche:

■ sich wandelnde Basisqualifikationen, also das handwerkliche Können, dessen Halbwertszeiten sich in rasender Geschwindigkeit verkürzen; das Fachwissen, das einem unter der Hand veraltet;

■ unerläßliche Zusatzqualifikationen, also etwa steuerrechtliche Änderungen, Verlagerungen staatlicher Administrationsaufgaben in die Betriebe, neue Computerfertigkeiten sowohl im Hardware- wie im Softwarebereich; neue Verkaufs- und Vertriebswege;

■ persönliche Schlüsselqualifikationen wie Flexibilität, kommunikative Kompetenz, Problemlösungskompetenz, Teamfähigkeit, Rhetorik, Moderatorenkompetenz, Innovationskraft, Phantasie, ganzheitliches Denken und dergleichen mehr.

Je nach Stellung in der Hierarchie wird das „Lernen" vom Unternehmen bezahlt oder nicht, ist freiwillig oder verbindlich, wird in externen Seminaren oder in unternehmenseigenen Schulungszentren organisiert. Auf jeden Fall produziert dieser Prozeß tatsächlich, wie es die Theorie will, neue Arbeitsplätze. Allerdings auf eine etwas andere Art und Weise, als man sich das vorgestellt hat: Es boomt eine Branche, die der Berater. Nicht nur der Apparat der „Re-engineering-Consultants" ist aufgebläht, wie die *Frankfurter Allgemeine* schreibt. Es ist vor allem die Springflut an Beratungsleistungen, die sich zu einem Irrsinnsmarkt entwickelt hat – ein Markt mit Kompensationen der Unsicherheit: Führungsstile, Rhetorik, Markenführung, Verkaufstraining, Motivationstraining, Selbstfindung, innovatives Management. Helmut Maucher, Nestlé-Chef, schüttelte denn auch beziehungsvoll in einem *Zeit*-Interview den Kopf: „Ein Problem in unserer heutigen Zeit ist die Forderung nach hundertprozentiger Sicherheit. Hundertprozentige Sicherheit (hat) es aber nie gegeben. Die Menschen begreifen nicht mehr, daß mit dem Leben Risiken verbunden sind." Das ist nett gesagt. Nur sind die Risiken manchmal eben lebensbedrohend, Arbeitslosigkeit zum Beispiel. Die Unsicherheit ist entsprechend groß. Der Druck, auch der intellektuelle, wächst, von innen wie von außen. Manchmal möchte man aufgeben. Denn die Wahlmöglichkeiten für vernunftbetonte Lösungen sind zu zahlreich, um sie alle analytisch durchzugehen und rational, das heißt in der Abwägung der Konsequenzen nach der Verarbeitung aller zugänglichen Informationen, zu beurteilen: Es besteht das Problem des „rational overchoice". Dem kann man sich am ehesten durch pflegeleichte Universalrezepte entziehen.

2.2 „Rational overchoice" und Hütchenspiele

Die Reaktionen sind zwiespältig. Es beginnt die Flucht in die Resignation der „neuen Bescheidenheit". Sie ist der erste Schritt auf dem Weg, der in die Traumgefilde des Realitätsverzichtes führt. Die ersten Andeutungen zeigen sich bereits vage in den neuesten Sendungen des Zeitgeistimports aus den USA: Verzicht. Der New Yorker Trendforscher (und ehemalige Soziologe) Gerald Celente sondiert in der Babyboomergeneration (das ist der Trendbegriff für die geburtenstarken Jahrgänge) ein sogenanntes „Simple-life-Fieber". Die *Süddeutsche* beschrieb diesen „Trend" in ihrem unnachahmlichen „Streiflicht" am 15. April 1996 so: „Der geniale Dreh des neuen Lebensmodells besteht, ganz einfach, darin, die Not nicht zu bejammern, sondern zur Tugend zu wenden: Wenn es keine Arbeitsplätze mehr gibt, dann pfeifen wir halt drauf. Dann jobben wir vormittags als Gepäckträger im Bahnhof, und nachmittags jäten wir zufrieden im Ökogärtchen." Das ist, nebenbei bemerkt, ungefähr, was Gertrud Höhler schrieb, als sie noch nicht Unternehmensberaterin spielte, und es ist im übrigen auch ein Konzept, das der alte Karl Marx propagierte: Fischer, Bauer und Kritiker in einer Person zu sein. Von

Kaufkraft und Inlandsnachfrage ist da nicht mehr die Rede. Auch nicht davon, wer die Sozial- und Krankenversicherungen zahlt. Von gesellschaftlichen Impulsen zur lustvollen Modernisierung des Gemeinwesen schon gar nicht. Eher von überschaubaren Gefilden: Kommunitarismus nennt sich das, Tauschringkultur, alternative Wirtschaft. Damit reist derzeit der bekannte Soziologe Amitai Etzioni durch die Trendwelt. Daß das Konzept des Kommunitarismus hart am Rande der Schwarzarbeit entlangschrammt, ist zur Zeit kein gutes Argument. Es ist die Nörgelei eines linken Sozialpolitikers.

Wer sich mit dieser zukunftsverleugnenden Attitüde des bissigen Rückzugs in die Wälder der strukturschwachen Gegenden (weil man dort nicht von Industrie und Geschäftigkeit behelligt wird) nicht abfinden will und auch nicht mit dem Verzicht auf Bewegung, auf Fortschritt auch auf intellektuellem Gebiet, muß also lernen. Wer lernen will, braucht Lehrer, Meister, Gurus. Er braucht Erwachsenenbildner, im privaten wie im wirtschaftlichen Bereich.

Welch interessante Blüten die Überlastung des mittleren Managements mit der Verbreiterung der Funktionsspanne und dem „rational overchoice" treibt, zeigt sich am weltweiten Erfolg des „Hütchen"-Spiels von Edward de Bono. De Bono hat einen Set mit verschiedenfarbigen pyramidenförmigen Hütchen entwickelt. Eines der interessantesten Phänomene an dieser Infantilsierung der Geschäftswelt ist der Umstand, daß sich tatsächlich Firmen und Manager bereitfinden, namentlich zuzugeben, daß sie mit derlei Methoden arbeiten. Die simple Grundidee ist nämlich, daß man Personen, die an einem Problem arbeiten, dazu bringen sollte, im gleichen Sinne und in die gleiche Richtung zu denken. Eine ganz einfache Managementaufgabe, sollte man denken. Aber das ist falsch. Es herrscht offensichtlich das Chaos. De Bono bietet nun dem Chaos Paroli: Er läßt die Teilehmerinnen und Teilnehmer von Gesprächsrunden und Meetings gleichfarbige Hüte aufsetzen, die bestimmte Phasen der Diskussion symbolisieren, zum Beispiel:

Weiß = Informationsaufbereitung
Rot = Austausch von Emotionen
Gelb = Diskussion des Nutzungswertes
Grün = Entscheidungsfindung

„Der Beteiligte fühlt sich mit der Andeutung des Hutes auf dem Kopf oder in der Hand für die angesagte Denkrichtung plakatiert und zu deutlich mehr Disziplin verpflichtet, als wenn er auf das symbolische Sicherungsseil verzichtet."

Das lernende Unternehmen als Karneval.

Und als Dokumentation der Tatsache, daß offensichtlich die leitenden Angestellten der Unternehmen, die derartige Scherze mitspielen, nicht in der Lage sind, kreativ eine „Tagesordnung" umzusetzen. So nannte man es früher, als die Welt noch einfach war und „Salooning" noch „Stammkneipe" hieß. Die Geschäftsführer der Firmen Lekkerland, Lego, Dannemann, BASF schwärmen von der Methode, für die es in Deutschland bereits sechs Trainer gibt, wie die *Welt am Sonntag* berichtete.

Dieser karnevaleske Zugang zum Lernen findet seine journalistische Entsprechung in den Wortspenden der Unternehmensberater, die nun allerorten abgedruckt werden: Mutmaßungen über die Lösungen zur Rettung der Welt. Das Prinzip ist das gleiche wie bei den Trendgurus, die zitiert werden: Man tänzelt um die Probleme herum und serviert anwendungsoffene Begriffe, und mindestens einmal muß das Wort „Dienstleistungsgesellschaft" vorkommen. Ebenso muß darauf hingewiesen werden, daß der Standort Deutschland oder der Standort Österreich oder überhaupt der Standort Europa durch die „zu hohen Arbeitskosten" belastet seien. Garniert mit dem Hinweis auf radikale Änderungen, ergibt sich so ein Standardrepertoire an Pseudoanalysen, das sich quer durch die Journaille zieht. Auch hier findet eine Flucht vor der Vielfalt der zu diskutierenden Lösungen, vor dem „rational overchoice" statt. Das ist die Tragik dieser Kommentare, daß sie nichts anderes herbeten als die Senkung der Lohnnebenkosten und die Entwicklung einer „Kultur des Dienens" (siehe Kapitel 12.1). Da informiert Jens Marten Lose in der *Welt am Sonntag* vom 18. August 1996: „2000 – Das Szenario der radikalen Veränderung ist nicht mehr fern." Und er sagt, sechsspaltig: nichts. Oder alles. „Keine 2000 Tage trennen uns mehr von einem neuen Jahrtausend", beginnt er seine Tour d'horizon. Die Bezüge der Ratgeber auf andere Ratgeber, die ihre Weisheiten wiederum von den Aussagen der allgemein akzeptierten Gurus ableiten, führen auch hier zu einer unendlichen Spirale der Querverweise, allerdings immer im selben Universum, in dem die Fixsterne John Naisbitt oder Faith Popcorn, Lester Thurow, Vilem Flusser, Rupert Lay, nun also auch Jeremy Rifkin und Hans-Peter Martin oder Reinhold K. Sprenger, „Papst" einer neuen Motivationslehre, und Nicholas Negroponte heißen. Der beispielsweise sage, sagt Lose, daß die Zahl der Internetnutzer dramatisch steigen werde.

Was folgt daraus?

Diskontinuitäten werden den Alltag prägen. Die ständige globale Präsenz schaffe neue Absatzkanäle und bisher unbekannte Kundennähe. Der Kunde gewinne eine neue Macht. Digital cash werde unser Zahlungssystem verändern. „All diese Veränderungen stehen jetzt ins Haus. Deshalb muß jetzt nach vorne gedacht und gehandelt werden ... Nur noch 1230 Tage bis zum Jahr 2000," heißt es am Ende des Beitrags.

Nach vorn gedacht? Andere denken rückwärts, eher in der Metapher des Pendelschlags. Publizistisch gesehen. Denn, was gestern noch en vogue war, ist ausgebeutet, leergeschrieben, zerredet, tausendfach zitiert, manchmal auch enteignet. Da erringt Aufmerksamkeit eigentlich eher das, was sich als Trend gegen die herrschende Windrichtung stellt, vermeintlich: denn es ist der alte Trick am Stammtisch, die Selbstverständlichkeiten einfach umzudrehen und die Argumente nihilistisch zu zerstreuen.

Wir brauchen kein Konzept.

Wir brauchen kein Management.

Intelligente Produkte sind Produkte, die sich verkaufen.

Sinnsprüche der Widerspenstigkeit, gleichzeitig auch Marketingprinzip: Durch eine gezielte Dissonanz fällt ein Solist im Konzert der gleichlaufenden Harmonien deutlicher auf als durch das Nachspielen der modischen Melodie.

So geht es derzeit dem Re-engineering ans Konzept.

Nachdem nun alles re-engineert ist, nachdem die Unternehmen bis aufs Skelett verschlankt sind, das heißt, nachdem dieser Markt der Beratung bis ins letzte ausgereizt ist, kommen pfiffig neue Berater, schreiben neue Bücher, halten neue Vorträge, in denen die Defizite abgebaut werden, die durch die Ratschläge von gestern entstanden sind. Dwight L. Gertz und Joao P. A. Baptista sind nun (im Titel nur teilweise) übersetzt: „Grow to be great. Wider die Magersucht in Unternehmen." Die beiden Autoren sind Partner der auf dem deutschen Markt noch kaum bekannten Mercer Management Consulting-Gruppe. Ihre Ratschläge sind ebenso atemberaubend wie die Grundidee:

■ Optimierung des Kundenportfolios
■ Entwicklung neuer Erfolgsprodukte und Dienstleistungen
■ intelligentes Vertriebskanalsystem

Man solle auf Kosten der derzeitigen Produkte die Entwicklung neuer Produkte vorantreiben. Das Topmanagement müsse den entsprechenden Weitblick für die Kundenbedürfnisse und Ertragspotentiale von morgen mitbringen und in einen stetigen Entwicklungsschub übersetzen.
Die neuen Vertriebskanäle?
Internet.
Wieder einmal das Internet, wieder einmal Negroponte, wenn auch die Prognosen, die gestern für heute gemacht wurden, sämtlich danebenliegen. Noch hat das Internet als Vertriebsweg für die gängigen Produkte und Dienstleistungen keinerlei Bedeutung.
Alte Hüte, welcher Farbe auch immer.

2.3 „Business is simple", eigentlich

Schon abgesetzt von Gary Hamel und C. K. Prahalad, den Autoren des Buches „Competing for the future". Es ist eines der wenigen Bücher, die sich mit der Grundqualität des Managements beschäftigen und die Innovationsarmut der Führungspersönlichkeiten kritisieren. Diese Innovationsarmut ist die Weigerung, Realitäten vorurteilsfrei zur Kenntnis zu nehmen. „Nach unseren Erfahrungen werden etwa 40 Prozent der Zeit eines Managers für die Sicht nach draußen benutzt. Von dieser Zeit wiederum werden 30 Prozent dafür aufgewendet, drei oder vier Jahre in die Zukunft zu blicken. Von dieser Zeit wiederum werden nicht mehr als 20 Prozent aufgewendet, gemeinsam mit anderen eine interdisziplinäre Sicht auf die Welt von morgen zu entwickeln. Im Ergebnis widmet das Spitzenmanagement weniger als drei Prozent seiner Energie der Konstruktion einer Unternehmensperspektive für die Zukunft."
Schlimmer noch: Der Blick nach draußen und in die eigene Zukunft, die mit der Zukunft der Umgebung ja eng verflochten ist, wird delegiert – an Trendforscher und Berater. Nur bieten die einen spektakuläre Einzelbegriffe ohne Kontexte, und die anderen bieten, wie

sich in den wenigen vorangehenden Beispielen schon deutlich abzeichnete, leere Kontexte ohne Konkretisierung. Hans Haumer zum Beispiel, ehemaliger Generaldirektor der österreichischen Banken Erste/GiroCredit und heute „Berater", schreibt in einem Gastkommentar des gehobenen Boulevardblatts *Kurier* – auch nichts Neues. Unter dem Titel „Dieses Land braucht eine neue Strategie: als weltweiter Spezialist" informiert Haumer darüber, daß Österreich Teil eines globalen Systems sei, sich im Leistungswettbewerb eine Nischenstrategie suchen müsse, wirtschaftlich nutzbares „Geistkapital" pflegen, mit anderen Worten: eine „flexible Spezialisierung" betreiben müsse. Nun kann man sicher von einem Gastkommentar im Umfang von 3300 Zeichen keine weltbewegenden Einsichten erwarten, aber derart oberflächliche Begriffe rechtfertigen nicht einmal einen Zwanzigzeiler.

Schließlich tritt die Figur auf, die sich als Würze jedes Kongresses und jedes Seminars versteht, indem sie überhaupt alles in Frage stellt. Im Wirtschaftsjournalismus-Sommerloch 1996 war es Jack Welch, seit 1981 amtierender Chef des unermüdlich wachsenden Giganten General Electric, der einer staunenden Leserschar seine Zettelkästen offenbaren ließ, in verständliche Buchform gebracht von Robert Slater. Quintessenz: „Ein guter Manager ist einer, der das Managen seinläßt." Eine gute Führungskraft brauche sich nur fünf Fragen zu stellen, sagt Welch, schreibt Slater. Und die sind ganz einfach:

- Wie sieht die globale Wettbewerbssituation für Sie aus?
- Was haben Ihre Konkurrenten in den letzten drei Jahren unternommen?
- Wie haben Sie sich im selben Zeitraum Ihren Konkurrenten gegenüber verhalten?
- Wie könnten Ihre Konkurrenten Sie in Zukunft angreifen?
- Welche Pläne verfolgen Sie, um Ihre Konkurrenten zu übertreffen?

„Business is simple" heißt das Buch. Slater rät denjenigen, die es nicht verstehen, in verschiedenen Beiträgen, in denen er verdeutlicht, was Welch meint: „Stehen Sie den Leuten, die für Sie arbeiten, nicht länger im Weg."
Business *is* simple.

Wenn man die Spielregeln des Erfolgs beherzigt, „Spielregeln für Sieger", wie sich Gertrud Höhler im Titel eines ihrer Bücher ausdrückte. Es sind „Spielregeln", die mittlerweile ganze Buchreihen füllen, ja ganze Verlage ernähren, die Interpretationshilfen für die Endzeit des Jahrtausends anbieten. Noch 1230 Tage bis zum Jahr 2000, was immer das sagt. Auf jeden Fall ist im Zeichen dieser aufgesetzten Mystik ein wildes Wettrennen um den frühesten Termin der Ausnutzung des mythischen 2000er-Datums im Gange. Da ist noch einiges zu erwarten, zum Beispiel vom Autor Horx, der sein Oeuvre in alle Windrichtungen erweitert, um dereinst auch wirklich kein Thema ausgelassen zu haben. Als Herausgeber zeichnet er verantwortlich für das zumindst vom Titel her anspruchsvolle Projekt „Leben im 21. Jahrhundert", wo Lester Thurows „Zukunft des Kapitalismus" oder Dirk Maxeiners und Michael Mierschs „Öko-Optimismus" erscheinen (ein Part im Chor der Optimisten der Naisbitt-Fraktion). Ebenfalls 1996 ist das in Buchform zusammengeschnittene „Gespräch" Horx – Steilmann ediert, auf das im entsprechenden Kapitel noch einmal Bezug genommen wird. Ansonsten ist vom „Empowerment" bis zur Magie für Manager in Gloria Miyo Goldinis „Managermagier" alles vertreten, was die Branche an hektisch sprudelnden Ideen ausstößt.

Kaum formiert sich ein Gedanke, schon ist er ein Buch. Ein Bestseller über „Milleniumsmoral" oder „Clicking", „Megatrends" oder „Magische Masse", ein Bestseller mit religiösem Anspruch, mit erzieherischem Anspruch, geschrieben von einem Mitglied der neuen „Ritenkongregation".

Denn die Gesellschaft hungert nach Ideen, nach Betreuung, nach festen Regeln, nach einer Sprache, mit der sich die komplizierten Dinge des Alltags einfach benennen lassen, nach Ritualen und Verkündigungen.

3 Gesellschaft und Wirtschaft: Die neuen Pflegefälle

3.1 Der Kollaps der Bildungsinstitutionen

Das Bildungssystem unserer Gesellschaft hat offensichtlich versagt. Diese Diagnose wird sich im Laufe der Argumentation dieses Buches noch mehrmals aufdrängen. Unter Bildungssystem ist die „lebenslang lernende" Gesellschaft insgesamt gemeint – Politik, Elternhaus, Schule, Universität. Niemand weiß offensichtlich mehr, wo es entlanggeht:

■ Politiker wissen ihren Wählern nicht zu sagen, mit welchen Konzepten sie die Arbeitslosigkeit bekämpfen und wie sie den in gängigen Begriffen dokumentierten Strukturwandel sinnvoll nutzen werden. Das heißt, daß eine politische Betreuung durch hochrangige Spezialisten einer stammelnden Hilflosigkeit gewichen ist, die auch nur die populistischen Begriffe nutzt, mit deren Hilfe die Apokalyptiker und die Euphemisten die Zukunft beschreiben – ja sie lassen sich zum Teil von den Essayisten dieses Genres beraten. Die Wähler rennen ihnen derweil in Scharen davon, kaum verwunderlich, wenn sie kein klares Konzept vermitteln.

■ Eltern wissen nicht mehr, welchen Beruf sie ihren Kindern empfehlen sollen. Sie wissen nicht einmal mehr, was sie selbst tun sollen, um sich für die Zukunft abzusichern. Man predigt auch ihnen „lebenslanges" Lernen. Man redet auch zu ihnen von Schlüsselqualifikationen. Man bietet ihnen Bücher an, getrennt nach Männern und Frauen natürlich, weil es eine höchst lukrative Marktnische darstellt, beide gegeneinander auszuspielen. Firmen bieten ihnen Weiterbildungskurse und Seminare an. Die Flexibilisierung der Lebensarbeitszeit ist in der Diskussion, wobei dann die freie Zeit zur Qualifikation genutzt werden soll. Aber zu welcher? Und wo? An Volkshochschulen?

■ Sollten ihnen dort Diplompädagogen weiterhelfen? Doppelverdienende Pädagogenehepaare, die ein Leben in alternativer Saturiertheit pflegen können? Wirtschaft findet in deren Ausbildung nur dann statt, wenn sich ambitionierte Hochschullehrer, durch persönliche Erfahrungen dazu angeregt, im Rahmen ihrer Lehrfreiheit für Wirtschaft zu interessieren beginnen. Daß sie es aber sind, die in einer geradezu verleugneten Modernität über ihre Kompetenzen auch im Dienstleistungssektor neue Impulse – sozialpolitisch wertvolle Impulse – setzen könnten, wird in der Ausbildung weitgehend ignoriert. Woher sollten sie also die Kompetenz nehmen, ein wirtschaftspolitisches Bildungsprogramm zu entwerfen, das den Teilnehmern eine Zukunftssicherung vermittelt?

■ Lehrer wissen nicht mehr, welches denn das Leben sein wird, für das zu lernen ist. In ihrer Ausbildung sind wirtschaftliche Wahlpflicht- oder gar Pflichtstudien nicht vorgesehen. Wirtschaft ist auch hier ein Unwort. Wirtschaft ist der Bereich des Bösen. Welch ein gesellschaftspolitischer Irrtum: Da werden immer noch Schüler von Menschen unterrichtet, die ihnen keinerlei praktische Hinweise auf Strukturveränderungen geben können, die sich nur mühsam mit der Welt draußen aus der Sicht des Beamtenstatus abquälen, die nicht einmal verstehen, was sich im wirklichen Leben abspielt. Denn ihre Professoren an den pädagogischen Akademien verstehen es auch nicht.

■ Die Kinder sind, im klassischen Paradox von den Zwergen, die auf den Schultern von Riesen stehen, heute in vielen technischen Bereichen versierter als ihre Eltern. Aber wenn sie von ihren Eltern etwas über die Wirtschaft lernen, dann ist es die Angst um den Arbeitsplatz, dann ist es Streß und Burnout. Niemals (oder nur in wenigen Ausnahmen) ist es eine vernunftbetonte Auseinandersetzung mit der Zukunft, die ja für die Kinder in der Regel ein wenig länger dauert als für die Eltern. So wissen die Kinder über vieles mehr als die Eltern. Aber alles das hat keinen Zusammenhang, weil ihnen die intellektuellen Werkzeuge fehlen, um verstreute Erfahrungen in einen größeren Kontext einzuarbeiten.

■ Sie sind auch in vielen gesellschaftlichen Bereichen (vermeintlich) versierter als ihre Eltern, weil sie mehr fernsehen und dort in einer Schwemme dubioser Talk-Shows und Realityserien eine

Vulgärsoziologie und Pseudoaufklärung (auch in sexueller Hinsicht) erfahren, die völlig zusammenhanglos auf Effekthascherei aus ist. Ansonsten erfahren sie über Wirtschaft aus den Teeniezeitschriften, in denen wie in einem Börsenblatt regelmäßig die Gagen skelettartiger Models und trendiger Boy- und Girliegroups aufgeführt sind. Später fügen sich dann, wenn sie tatsächlich in wirtschaftlich verantwortungsvolle Positionen kommen, die Berater an diese Talk-Show-Kultur an.

■ Was für die Pädagogenausbildung gilt, trifft weitgehend für die Ausbildungsgänge der Sozial-, Kultur und Kommunikationswissenschaften zu. Diese Disziplinen stranden regelmäßig beim Versuch, sich auf die Zukunft einzustellen, nicht zuletzt deshalb, weil sie ein ständisches Privilegiensystem repräsentieren. Der Beleg ist einfach, beispielsweise am Fall der Kommunikationswissenschaften: Jahrzehntelange Studien zur Ethik der Massenmedien blieben dramatisch erfolglos. Ein einzelner Hamburger Anwalt, der eine Entschädigungsklage für die monegassische Fürstentochter durchficht, erreicht in wenigen Wochen mehr als zwei Jahrzehnte Diskussion um die Ethik der Massenmedien. Kabelpilotprojekte sind von der Wirklichkeit als sinnlose Planspiele überführt. Hunderte von Diplomarbeiten, Tausende von Seminarstudien über Gewalt im Fernsehen sind ohne jeden Einfluß, ohne jeden Erfolg geblieben. L'art pour l'art.

■ Das gilt auch in den Gesellschaftswissenschaften, die ja eigentlich angetreten sind, Entwürfe für eine gemeinsame Zukunft zu wagen. Von Wirtschaft hört man in der Soziologie beispielsweise schon sehr viel. Traditonell geht es um die Analyse der – wie auch immer begrifflich kaschierten – Klassenunterschiede. Das ist notwendig und richtig. Die Frage ist, was denn die immerwährende Reproduktion der kritischen Auseinandersetzung bewirkt hat. Die Antwort ist einfach: nichts. Daher sind Begriffe wie „Globalisierung" und „Risikogesellschaft" willkommene Geister, die man nicht gerufen hat, die man aber auf gar keinen Fall wieder loswerden möchte. Denn sie belegen wiederum auf eingängige Weise den Opferstatus derer, die sich den wirtschaftlichen Maximen nicht beugen wollen.

■ Dieser Opferstatus ist einer der beliebtesten Selbstcharakterisierungen in der modernen Gesellschaft. Das gilt keineswegs nur für Deutschland oder für Europa. Mittlerweile hat die amerikanische Soziologie, die sich mit den jakobinischen Entartungen der PC-(Political-correctness-)Bewegung beschäftigt, eine „Kultur der Viktimisierung" ausgemacht: Die bequeme Selbstdefinition als Opfer der (historischen, politischen, gesellschaftlichen) Verhältnisse und damit der Nutznießer dieser Verhältnisse, also anderer, führt zu gesellschaftlicher Identität. Nicht die gemeinschaftliche Lösung gemeinsamer Probleme steht auf der Tagesordnung, sondern Ein- und Ausgrenzungen. „Die Hölle, das sind die andern", schrieb Sartre einmal. Es wurde posthum zum Motto einer gesellschaftpolitischen Haltung.

■ Verbreitetstes Beispiel ist der Konflikt zwischen Männern und Frauen. Die neue Tabuisierung dieses Themas schreibt vor, daß die Opfer-Täter-Rollen klar verteilt sind. Das vernünftige Konzept einer „androgynen" Bewältigung der Probleme (also geschlechtsunabhängig über die jeweiligen Potenzen der beiden Geschlechter nachzudenken und sie zum Nutzen des Gemeinwohls einzusetzen) wird in einer Art Walpurgisnacht zerfetzt, die in der Kriegserklärung der Geschlechter endet. Trendige Journalisten orten denn auch in diesem Markt eine Absatzchance und hängen sich in nuancierter Imitation an. „Böse" Mädchen sind gut, Jungs sind auf schechte Weise „böse". „Gute" Mädchen sind gut, aber geraten in eine „Mona-Lisa-Falle" und müssen deshalb auf gute Weise „böse" werden. Die Betreuung durch eine Pseudotherapie ersetzt das wirklich gesellschaftliche Lernen.

■ Mitarbeiter wissen nicht, wohin ihre Firma läuft. Ihre Vorgesetzten können es ihnen auch nicht sagen. Denn die Manager begreifen die Dynamik der Märkte nicht mehr oder sind überfordert und brauchen ihrerseits Betreuung, so wie Lehrer Betreuung brauchen, weil sie von Burnoutsyndromen geschüttelt sind. So sind also überhaupt die professionellen Betreuer dieser Gesellschaft insgesamt am Ende und geifen ihrerseits auf Betreuung zurück, die ihnen aus Beratungsfluten, Trendpop, esoterischen Heilsideen und reinem Aberglauben erwachsen. Am Ende ziehen sie den Mond oder die Tarotkarten zu Rate (siehe dazu Kapitel 8.2). Brav reagieren wieder die Zeitungen und erfüllen den kommerziellen Zweck dieser verantwortungslosen Esoterik, indem sie – nicht nur in Boulevardzeitschriften – selbst auf den Wirtschaftsseiten „Mondhoroskope" austüfteln lassen.

3.2 Die schleichende Machtergreifung der Psychotechniker

Dieses Motiv ist neben dem der „bösen" Mädchen eines der erfolgreichsten der letzten Jahre. Denn es kaschiert sich als Wiederentdeckung einer Wahrheit hinter der kalten Verstandesvernunft und als Mittel gegen den „rational overchoice". Da hilft auch keine Widerlegung. Da helfen keine Polizeiberichte, in denen auch bei ärgster Strapazierung der Statistik die Verbrechensrate bei Vollmond partout nicht steigen will; keine noch so findigen Manipulationen an den Statistiken der Spitäler, weil die Geburtenrate bei Vollmond ebenfalls nicht steigt. Das einzige, was man findet, ist eine Massierung der Geburtenzahlen am Montag. Das ist interessant, weil der Montag ja eigentlich der Mondtag ist. Aber das hält leider nicht. Denn die Erklärung ist simpler: Am Wochenende werden weniger Geburten künstlich eingeleitet, weil mehr Ärzte frei haben. Dennoch: Der Mond ist das Erfolgsstück der letzten Jahre. Es zeigt, wie die Branche arbeitet. Denn Erfolg kennt viele Kinder. Noch einmal und vorsichtig ausgedrückt: Die „nuancierte Imitation" ist ein wesentlicher Teil des Geschäfts. Was geht, wird reproduziert. Selbst die Autoren der Originale schrecken nicht davor zurück, sich selbst permanent zu plagiieren und die einmal formulierten Erkenntnisse in vielerlei Verästelungen noch einmal zu vermarkten. Was sich bei den überaus erfolgsträchtigen „Prophezeiungen" und Erkenntnissen der Celestine zum Beispiel in einer geradezu frechen Durchsichtigkeit als kommerzielles Prinzip selbst entlarvte, müßte dem Publikum eigentlich aufgefallen sein – die steten Fortsetzungen ein- und desselben winzigen Gedankens mit Hilfe immer neuer Selbstvervielfältigungen und Merchandizingerweiterungen, die natürlich immer wieder Geld kosteten. Das alles vollzieht sich in einer Zeit, in der immer weniger Geld vorhanden ist!

Aber so schnell können auch Autorenpaare (auffälliger „Trend":
Naisbitt/Aburdene mit den „Megatrends", Ehrhardt/Johnen mit den
„bösen Mädchen" und der „Angst des Mannes vor der starken Frau",
Paunegger/Poppe mit dem „richtigen Zeitpunkt", James Redfield/
Salle Merill Redfield mit den „Prophezeiungen der Celestine") gar
nicht sein, daß nicht andere Autorinnen und Autoren und natürlich
ihre Verlage jedes auch nur erdenkliche „Me too"-Produkt auf den
Markt werfen und allerlei Spezialitäten und Sonderfassungen des
Problems ersinnen, um an der Konjunkturtorte ein wenig mitzunaschen: Christine Hermann-Lisi legt 1996 mit einem Buch nach, das
sich „Mondmacht" nennt und im Untertitel „lunare Einflüsse auf
das irdische Leben" zu erklären vorgibt. Erschienen ist es im Verlag
Hugendubel. Winfried Noé veröffentlicht im selben Jahr als Falken-
Taschenbuch „Besser leben nach dem Mondlauf". Christine Zacker
widmet sich bei Heyne der Ernährung und bringt ebenfals 1996 in
der zweiten Auflage „Die Mond-Diät" auf den Markt: „Schlank und
schön im Einklang mit dem Mondjahr". Claudia Graf widmet ihre
Kraft dem Nachwuchs und recherchiert in „Die zwölf Mondkinder"
darüber, „was das Mondzeichen über Charaker, Gefühlswelt und
Entwicklung der Kinder aussagt". Benno Werner schließlich, dem
offensichtlich zum Mond nichts mehr einfällt, greift mutig nach anderem Gestirn: „Im Einklang mit der Sonne. Gesundes Leben im
Rhythmus der Jahreszeiten".

So kommt eine neue vulgarisierte Rousseausche Naturlehre auf
uns zu, auch für Manager, die ihre Selbstfindung praktizieren und
Büro und Bequemlichkeit verlassen, um sich schonungslos ihren
psychischen Innereien zu widmen. Burnout der Vernunft auch hier:
„Wildering" nennt sich das, Überlebenstraining in ungeheizten
Camps, schlechtes Essen, sinnloser Drill, „Körperarbeit" – Zeitverschwendung, natürlich mittlerweile auch exklusiv für Frauen. Aber
es ist nicht nur Zeitverschwendung, sondern auch ein selbst aufge-
legtes Arbeitsmarktprogramm für die wachsende Zahl der Psychotherapeuten, die sich mit aller Macht in die Medien drängen. Denn
nur das sichert noch halbwegs das Überleben einer großen Schar
von Absolventen, die es nicht mehr schafften, in den staatlichen
Dienstleistungen wie Universität, Volkshochschulen und Beratungsstellen unterzukommen. Sie sind die Speerspitzen der Popularisie-
rung von andernorts mühsam erarbeiteten Einsichten, wie etwa der

einer wachsenden Androgynie unserer Gesellschaft (siehe dazu Kapitel 10.1). Wenn das nicht mehr reicht, kommen die Geistlichen, Modepfarrer Traugott Giesen aus Keitum/Sylt zum Beispiel, der mittlerweile auf allen erdenklichen Trendtagen zu finden ist, oder der Moraltheologe Dietrich Schorlemmer, der vor zufrieden nickenden Managern die Unlust an der Dienstleistungsgesellschaft mit Bibelsprüchen geißelt (siehe Kapitel 12.1). Es ist durchaus kein Zufall, offensichtlich, wenn eine Reihe der Protagonisten der Trendmanie, namentlich John Naisbitt, als Kind dazu auserwählt waren, Priester zu werden. Es ist umgekehrt sicher auch kein Zufall, wenn Priester in diesem Geschäft erfolgreich mitmischen – aus welch ehrenvollen Motiven heraus auch immer. Damit vermengt sich am Ende alles, verläßt, wie im ersten Kapitel beschrieben, auch die Gefilde des harten Wirtschaftslebens, um dem ordinären Arbeitslosen auf der Straße neue Hoffnung einzuhauchen.

Dieses Scharnier ist genial von der amerikanischen Unternehmensberaterin Faith Plotkin eingehängt worden, die in ihrem neuen „Popcorn-Report" jubelnd über die Chancen der Arbeitslosigkeit parliert. Esoterik, Management, Psychotherapie und Selbsterfahrung, Religiosität, Spiritualität und natürlich eine populistische Form des geschäftstüchtigen Feminismus – alles mischt sich zu einer beseelten Beratungspublizistik, einer wenig hilfreichen gesellschaftlichen Fürsorgeeinrichtung: der populistischen Psychologie. Die wird in dieser Funktion am dramatischsten vom Vielschreiber und Aquarellisten Peter Lauster repräsentiert. Er ist „psychologischer Berater, Therapeut und Schriftsteller", wie sein Verlag informiert, ein Mann, der schneller schreibt als sein Schatten. Er offeriert ein lückenloses Programm der „Ich-Werdung", in dem sich die betreuungssüchtige Gesellschaft nun endlich daheim finden kann. Es ist ein Programm der grenzenlosen Selbstaufgabe für ein ganzes Leben im psychologischen Laufställchen, wie die Sammlung des Lauster-Titelregisters zeigt: Ausbruch zur inneren Freiheit. Mut, eigene Wege zu gehen. Lassen Sie sich nichts gefallen. Die Kunst, sich durchzusetzen. Selbstbewußtsein. Stärkung des Ich. Die zweite Geburt der Selbstwerdung. Selbstfindung. Meditation zur Entspannung und Loslösung. Menschenkenntnis. Körpersprache, Mimik und Verhalten. Lassen Sie der Seele Flügel wachsen. Wege aus der Lebensangst. Das Lauster Lebensbuch. Heilende Gedanken zur Selbstentfaltung und Befreiung. Lebenskunst. Wege zur inneren Freiheit. Wege zur Gelassenheit. Die Kunst, souverän zu werden. Der Sinn des Lebens. Die Liebe – Psychologie eines Phänomens. Die sieben Irrtümer der Männer. Flügelschlag der Liebe. Gedichte und Aquarelle von Peter Lauster. Geheimnisse der Liebe (Anthologie). Liebeskummer als Weg der Befreiung. Berufswahl. Interessenfindung und Information für Ausbildung, Studium und Berufswahl. Der Begabungstest – Talente selbst entdecken und entfalten. Intelligenz – Das Trainings- und Testprogramm. Persönlichkeit – Ein Beratungs- und Testprogramm zu Ihrer persönlichen Entfaltung. Das Wahrheitsspiel (Gesellschaftsspiel). Sensis – Ein spannendes psychologisches Gesellschaftsspiel. Statussymbole. Die Demaskierung der menschlichen Eitelkeiten. Sammelband: So stärken Sie Ihr Selbstbewußtsein; und als letztes nun auf dem Weg zur Rekordmarke von insgesamt fünfeinhalbtausend Seiten Trost und Rat die schriftliche Talk-Show: außen top, innen flop. Hinter die Masken der Schönen, Reichen und Berühmten geschaut. 352 Seiten und offensichtlich die Ausbeute einer Reihe von Therapiegesprächen des Psychologen Lauster.

Das hat Tradition in der Psychologie. Weil sie in vielen ihrer ungezählten „Schulen" (Freudianer, Lerntheoretiker, Anhänger C.G. Jungs, der sicher auch bald wiederenteckt wird) keine Belege der Wirksamkeit von Theorien besitzt, sind es die Gespräche mit Patienten, Klienten, Kunden – wie immer man will, aus denen – essayistisch – Erkenntnisse destilliert werden. So machen sie es alle. Was sie auf der Couch hören, wird, anonym natürlich, zu einem Buch. Die Schweigepflicht wird nicht gebrochen, denn es tauchen (siehe im Kapitel über Ute Ehrhardt) nur Vornamen oder „Fälle" auf. So geschehen denn auch in den aufgebrochenen Tabuzonen der Sexualoffenbarungen, die sich als Beratung tarnen, Offenbarungen, die mittlerweile auch das Privatleben der Manager in der Öffentlichkeit preisgeben. Denn mit der Sexualität scheint diese Gesellschaft überhaupt nicht zurechtzukommen. Talk-Shows, Beratungen in Frauenzeitschriften, ja in Tageszeitungen wie dem österreichischen Millionseller *Kronenzeitung*, Sektionen in *Amica*, Sex überall. Hilfeschreie einer orientierungslosen Pflegefallgesellschaft. In die mischen sich nun die Hilfeschreie aus den Topetagen der Wirtschaft. Die österreichische Psychotherapeutin Rotraud Perner beispielsweise nuancierte eine amerikanische Erfolgsidee und machte ein Managementproblem öffentlich, über das normalerweise nicht gesprochen wird: Impotenz. In hübsch-naivem Versmaß kam der Titel daher: „Management macht impotent". Die Profikümmerin mitleids-geschüttelt: „Mit wem, wenn nicht mit dem Coach, soll ein Mana-ger denn reden?" Und liefert gleich auch eine Managementtheorie von eindringlicher Originalität: „Die Spitze ist nun einmal dünn, die Luft ist es dort auch, und meistens steht der Manager allein da." Nicht einmal mit der Ehefrau könne das Armutschkerl reden. Denn entweder versteht die nichts vom Geschäft. Oder sie beginnt, mit ihm zu rivalisieren. Mit Kollegen geht es schon überhaupt nicht. So bleibt also nur der berufstherapeutische Dienst, der Coach, die Couch. Natürlich gehören, wenn man schon ein Gespräch mit einer Thera-peutin führt, „Kenntnisse der Tiefenpsychologie und in deren Fol-ge der psychotherapeutischen Forschung" dazu. Das heißt: „Ein Coach muß Psychotherapeut sein."

Ogger hatte wohl doch recht: Nieten im Nadelstreif.

Unbetreut und daher bibbernd vor Realitätsangst.

Jetzt auch noch: Nieten in Pyjamastreifen.

3.3 Manager als gefährdete Spezies

Das paßt in ein altes Bild, wieder einmal. Denn auch Günter Og-ger ist mit seinem Erfolgsbuch über die dämlichen Manager nur der Systematisierer eines seit Jahrhunderten gepflegten Vorurteils, ja — eines biblischen Vorurteils, daß nämlich eher ein Kamel durchs Na-delöhr gehe als ein Reicher in den Himmel. Das Böse, das sich im Reichen, im Unternehmer, im Kapitalisten niedergelassen hat, ist ein altes Motiv der Literatur, das bruchlos in den Film und dann ins Fern-sehen übernommen wurde. Zunächst gab es ja noch eine Tradition, aus der heraus man das verstehen konnte: Sozialkritik, Klassenkampf, Manchesterkapitalismus. Das war der Stoff der Romane und der Thea-terstücke mit revolutionärem Anspruch. Romane, die das Elend der Arbeitermassen in den Schlachthöfen von Chicago inszenierten wie Upton Sinclair im „Sumpf" von 1906, der Bert Brecht zur „Heiligen Johanna der Schlachthöfe" inspirierte, und die eine Tradition fort-setzten, wie sie etwa in Victor Hugos „Les Misérables" (1862) oder in Gerhart Hauptmanns „Weber" (1892) durchgespielt wurden.

Die Hartherzigkeit des Reichen faszinierte schon lange: die Dramatiker, die Märchenerzähler, die Lustspielautoren und Erzähler, die Shakespeare, Wilhelm Hauff, Molière und Dickens; in ihren Shylocks, den kalten Herzen, den Harpagnons und Ebenezer Scrooge schufen sie die Gestalten. Und wenn schon nicht Hartherzigkeit die verstockten Charaktere prägte, dann war es doch zumindest kleinbürgerlich-geldgierige Saturiertheit: Emile Zolas zwanzig Bände über die Rougon Macquarts und Sinclair Lewis' „Babbitt" (1922), der unentrinnbar in den Konventionen der Geldgeschäfte verfangen war, so wie später, in den siebziger Jahren, Joseph Hellers Slocum, der sich feige in die raffgierige Unmoral seiner Company fügt.

Die Geschichte der Wirtschaft in der Literatur ist eine Geschichte des Bösen in der Welt, der Ausbeutung und des Opportunismus.

Unternehmer und Manager sind durchwegs üble Charaktere. Sie betrügen, intrigieren, manipulieren, verhökern ihre Töchter in Zweckehen, malträtieren ihre Frauen, saugen ihre Schuldner aus, lassen sich scheiden oder auch nicht, das alles aus taktischen Erwägungen, Liebe und Mitmenschlichkeit ist ihnen ein Fremdwort, Profit buchstabieren sie in allen Sprachen: Opportunismus.

Zur Freude der Massen.

Der Verriß des Reichtums wird zum Unterhaltungsstück. Nicht nur in der Literatur. Auch im Film, im Fernsehen. Immer wieder wird das gleiche Motiv intoniert: Upton Sinclairs „Petroleum" wird zu „Dallas", Scott Fitzgeralds „Großer Gatsby" zur Trivialserie „Die Schönen und die Reichen". Im Börsenthriller „Wall Street" gibt Michael Douglas einen Dr. Faustus der Finanzwelt, der, statt das Gretchen zu schwängern, einen jungen Mann ins Verderben jagt und schließlich selbst zur Hölle fährt.

Kalt kalkulierte Kriminalität.

Wirtschaftsverbrechen.

Steuerhinterziehung.

Aktenmanipulation.

Insidergeschäfte.

Werkspionage.

Korruption.

Intrigen.

Betrug.

Das ist das Biotop der Wirtschaftsweltenlenker hinter den großen Schreibtischen in den Dreihundertquadratmeterbüros. Man wird es schwer haben, einen Roman, einen Film, ein Fernsehspiel über betrügerische Arbeiter zu finden, über die Unmoral der kleinen Leute, allenfalls über ein paar Fahrraddiebe. Aber die sind Opfer eines unabwendbaren Schicksals.

Das Publikum kann darin eine Unsicherheit kompensieren. Auf dieser Basis erweitert sich das Geschäft. Die altbekannten Motive verdichten sich in den achtziger Jahren zu einem neuen Literaturgenre, zum Wirtschaftsthriller – getragen von Serien-Bestsellerautoren wie Michael Ridpath, Harold Robbins und Sydney Sheldon, vom ehemaligen Banker Michael Crichton oder dem Anwalt John Grisham, dessen „Firma" so unmoralisch ist, daß sie selbst die Mafia aufs Kreuz legt. Das sind Lehrstücke in öffentlicher Meinung, die bittere Rache nimmt für Re-engineering, Globalisierung und Personalabbau. Oder der vertagte Klassenkampf der Altachtundsechziger, die ihren Marsch durch die Institutionen noch lange nicht beendet haben und die Lesermassen mit dem Zerrbild des intriganten Managers ideologisch schulen?

Das ist eine durchaus ernsthafte Theorie, die eine Reihe konservativer Politgruppen in den USA nachhaltig beschäftigt. „Die Intellektuellen an den Swimmingpools in Hollywood", wetterte der republikanische Rechtsaußen, Senator Jesse Helms aus North Carolina, „stellen eine größere Bedrohung des amerikanischen Systems dar als die Sowjetunion." Die Sowjetunion gibt es nicht mehr, die intellektuelle Bedrohung besteht weiter.

In Europa nimmt man es etwas gelassener, wenngleich die tiefe Kluft, die sich zwischen den Schriftstellern und der Welt der Wirtschaft auftut, auch hier irritierend wirkt. Noch einmal Nestlé-Chef und Salzburg-Förderer Helmut Maucher: „Jedes international agierende Unternehmen wird von Kreisen, die nicht direkt mit der Wirtschaft verbunden sind, mitunter kritisch angegangen. Dazu gehören insbesondere Intellektuelle, Künstler und jede Menge Leute, die zwar nicht böswillig sind, aber wenig von Wirtschaft verstehen und fragen, ob es denn richtig ist, daß Unternehmer so einen Haufen Geld verdienen."

Aufklärung fehlt.

Aber wo ein Problem ist, gibt es Lösungen.

Und wo Unverständnis herrscht, tauchen Berater auf.
Sie vermitteln.
Sie schlagen Brücken.
Sie betonen das Gemeinsame.
Sie verkaufen den literarisch geschundenen Managern und Unternehmern wohlfeil den Geist der Klassik. Den Geist, wohlgemerkt, nicht den Grundstoff. Denn auch die Philosophie hat Konjunktur, seit der ehemalige IBM-Manager Luciano de Crescenzo einen Bestseller über die Vorsokratiker lancierte (ausführlich dazu Kapitel 8.3). So wird die große Philosophie, die ehedem den Impuls zur bedächtigen Kritik gab, zu leicht verdaulichen Häppchen, zum Lieferanten für tröstliche Kalendersprüche: „Mit Platon zum Profit", „Seneca für Manager", „Dialoge mit Sokrates", und „Mit Goethe zum Gewinn". Letzteres ist ein „Literatur-Lesebuch für Manager", mit hundert kurzen Lesestücken und kleinen Wirtschafts-Lebensregeln, nach Epochen gegliedert, ein eher peinlicher Versuch, am Beratungsgeschäft ein wenig mitzunaschen.

4 Planet Telluride: John Naisbitt und Patricia Aburdene

4.1 Trendforschung als Homöopathie fürs Hirn

Nichts von dem, was John Naisbitt sagt, ist falsch.

John Naisbitt kann gar nicht falsch liegen, weil seine Vorhersagen keine sind. Was er anbietet, sind zusammengelesene, sortierte Zeitungsnotizen. Das System, nach dem er oder seine Mitarbeiter arbeiten, ließe sich als Kristallisation der Selbstbestätigungen kennzeichnen: Um ein Kristall werden weitere passende Kristalle angelagert, bis das Gestein in einer schillernden Vielfalt aus immer gleichartigen, sich wechselseitig belegenden Beispielen eine gewisse Größe und einen Glanz erreicht hat, der alle anderen überstrahlt. Dabei werden nur die Belege gesucht, die passen. Darin läßt sich erkennen, daß „Mister Megatrend", der sehr großen Wert darauf legt, alle Trends gemeinsam mit seiner Frau Patricia Aburdene ausgearbeitet zu haben, den Medienbetrieb sehr gut kennt. Die Bestätigung dessen, was ist, wird zur Sensation, wenn sie auf den Begriff gebracht wird. Dieser Kreislauf ist wichtig für das Geschäft – für die Akquisition und die Werbung. Da paßt endlich auch einmal das Wort fraktal: was nämlich die Publikationspolitik betrifft.

Naisbitt ist die Populärversion von Alvin Toffler, des Autors von „Zukunftsschock", „Die dritte Welle" und „Machtbeben". Toffler seinerseits war die Populärversion der wissenschaftlichen Zukunftsforschung. Das heißt: Wir erleben einen fortlaufenden Prozeß der Verdünnung von Zukunftswissen. Waren in der Zukunftsforschung des Hermann Kahn zum Beispiel noch mathematische Systemanalysen die Grundlage, arbeitete Toffler bereits mit dem Prinzip der Zettelkästen des Wissens der sechziger und siebziger Jahre, das er virtuos in Zusammenhänge brachte. Naisbitt sammelt Zeitungsclips. Nach welcher Methode, bleibt unklar. Er jedenfalls nennt sie „Contentanalyse" (vgl. Kapitel 13.1). Diese Zeitungsclips bringt er auf einen Begriff. Wenn es genügend sind, wird dieser Begriff zu einem Megatrend. Das ist alles. Naisbitt ist also die homöopathische Kur für den geschundenen Geist des Managers oder der Managerin, die täglich von harten, kleinen, biestigen Lästigkeiten konkreter Natur gepeinigt werden. Diese intellektuelle Homöapathie weist eine klare Strategie auf: Verdünnt wird, was bereits verdünnt in Zeitungen steht. Verdünnt wird weiter, was als verdünnte Verdünnung schon in den früheren Büchern des Trendpaares Naisbitt/ Aburdene steht, dann noch einmal verwässert auf Vorträgen, in unablässiger Folge in Interviews zu Beiträgen verdünnt, die nur noch Spurenelemente von Informationen beinhalten. Darüber steht dann beispielsweise: „Die wichtigsten Thesen des amerikanischen Trendforschers John Naisbitt zu Internet und Multimedia", wie in der österreichischen Zeitschrift *TV-Media* im Sommer 1996 zur Computermesse Cebit. Eine dieser wichtigsten Thesen, die Naisbitt bei einem Besuch in Wien anläßlich eines Vortrags über praktisch alles – „politische, ökologische und mediale Megatrends" – (für das kolportierte Honorar von 50.000 Mark) verbreitete, war diese: „Je globaler das Internet wird, desto stärker wird das Individuum. Das Zauberwort heißt Transparenz. Um Ihnen ein Beispiel zu geben: Als im entlegensten Winkel von Mexiko die Indios gegen die Regierung rebellierten, stand dieses Faktum innerhalb kürzester Zeit im Internet. Und die ganze Welt erfuhr in Lichtgeschwindigkeit von Unterdrückung und Aufständen."

Das ist ein bezeichnendes Beispiel für die beliebteste Strategie der „Konfabulation": Es wird eine dramatische Behauptung aufgestellt, in diesem Falle: Das Internet verhindert Diktaturen und fördert Demokratie (hat Simon Peres gesagt, sagt Naisbitt). Dann wird ein Beispiel eingefügt, das im Kontext dieser Behauptung die Funktion eines Belegs erhält, ohne daß dieses Beispiel mit der Behauptung unmittelbar zu tun hätte oder auch nur den Hauch eines Beleges beinhaltet. Denn die Welt kümmerte sich herzlich wenig um den Aufstand der Indios der Mexiko. Sie kümmerte sich nicht einmal um das ehemalige Jugoslawien. Sie kümmert sich trotz Internet wenig darum, daß 840 Millionen Menschen hungern. Sie kümmert sich nicht um die brutalen Auseinandersetzungen von Tutsi und Hutus. Aber das Beispiel und die These legitimieren eine Balkenüberschrift: „Weltfrieden via Internet".

Mit dieser Vereinseitigung der Perspektiven dokumentiert sich aber noch etwas anderes: Früher, zu Zeiten der seligen Achtundsechziger-Revolution, hätte man gesagt, daß es sich hier um einen intellektuellen Trick handelt, darum, daß das Bewußtsein sich durch Ideologien manipulieren läßt. Abgesehen davon dokumentiert die Rebellion der Studenten von 1968, wie aus der vereinzelten Aktion (Berkeley, Kent, Frankfurt, Heidelberg, Berlin) ohne Internet eine weltweite Bewegung entstehen konnte, die zumindest starke Abstrahlungseffekte auf die Mentalität der Gesamtgesellschaft hatte. Da bestimmte das Sein das Bewußtsein.

Aber hier ist etwas anderes gemeint, wenn vom Sein die Rede ist, das dem Bewußtsein seine inhaltlichen Befehle erteilt. Naisbitt ist ein Paradebeispiel dafür. Er residiert in einem Ort namens Telluride, Colorado, und habe, wie die Medien unermüdlich wiederholen, sein Büro in Washington, D.C., seit Jahren nicht besucht. Mit seinen Angestellten kommuniziert er über Fax und Internet. Die Welt läßt er sich aus Zeitungen und Zeitschriften näherbringen. Auch wenn er nun die Methode der „content analysis", die Naisbitt nach eigenen Worten benutzt, systematisch und nach allen Regeln der wissenschaftlichen Vorschriften anwenden würde, bleibt immer noch die Tatsache, daß es eine Welt ist, wie sie sich für Zeitungsmacher darstellt: sensationell. Denn eine normale Welt ist für Medien – und sie sind die hauptsächlichen Werbeträger für die Botschaften Naisbitts – völlig uninteressant. Die Zeitschriften destillieren die Sensation aus der Normalität. Die Trendforschung im Stile eines John Naisbitt destilliert daraus wieder eine Normalität, die zur Sensation wird. Wenn diese „Urtinktur" aus der Lektüre (sei's drum: aus der Contentanalyse) identifiziert ist, wird sie zum Thema eines Buches über den Fortgang der Welt: Das ist Homöopathie.

In seinem Buch über das globale Paradox zum Beispiel betet Naisbitt, in der mittlerweile dem Genre der „Trend"-Literatur ganz eigenen Stil, immer wieder diese Formel herunter, in unendlichen Variationen:

Je globaler die Wirtschaft, desto größer die Macht der kleinsten Akteure.

Dabei ist der Gedanke nicht einmal neu, sondern bloß – verdünnt. Denn er war schon das Leitmotiv in Alvin Tofflers „Machtbeben". Toffler schrieb: „Eines aber steht fest: Die Meinung, eine winzige Handvoll Riesenkonzerne werde die Wirtschaft von morgen beherrschen, ist eine Witzbuchkarikatur der Wirklichkeit." Faith

Popcorn, die nichts Modisches ausläßt, benutzt das Motiv denn auch virtuos für ihre Belange: „Überall auf der ganzen Welt verzeichnen die großen Konzerne Einbußen, rücken mittelständische Unternehmen in die Rolle des bevorzugten Arbeitgebers." Dies fand man ebenfalls schon bei Toffler: „Der mittelständische Unternehmer ist der neue Held (oft auch die neue Heldin) der Wirtschaft ... So zeigt sich immer deutlicher, daß die Firmengiganten, die das Rückgrat der Schornstein-Industrie bildeten, für das rasante Geschäftsgeschehen von heute zu langsam und zu schwerfällig sind. In den USA geht nicht nur der größte Teil der 20 Millionen neuer Arbeitsplätze seit 1977 auf das Konto der Kleinbetriebe, sondern sie leisteten auch den Löwenanteil der Innovation."

Die Frage ist nur: Warum sterben dann die kleinen Läden? Warum funktionieren dann die Supereinkaufszentren in den Brachen der Vorstädte? Warum zerreibt sich der mittlere Mittelstand zwischen den kreativen One-person-ventures und den wachsenden Konglomeraten der mittelständischen Giganten? Noch eine Frage stellt sich: Wenn Naisbitt und seine Epigonen tatsächlich Zeitungen und Zeitschriften systematisch auswerten, wie kommt es dann zu dem charakteristischen Optimismus, den die populistische Trendforschung pflegt? Denn es ist doch eine alte, empirisch belegte Einsicht, daß die Medien systematisch die „bad news" pflegen und nichts mehr scheuen als das normale Positive ohne Sensation?

4.2 Naisbitts China-Syndrom

Der Optimismus, der die Visionen der Trendforscher durchwegs auszeichnet, der sich zunächst in der amerikanischen Trendliteratur durchgesetzt hat und nun vehement von Gerken und zum Teil aggressiv von Horx praktiziert wird, setzt den Kontrapunkt zu einer Welt, die alles andere als optimistisch stimmt. Dabei ist eines richtig: Vernunft dokumentiert sich sicher nicht in Weinerlichkeit oder in strategischen Klageliedern, die nur aus Legitimationsgründen angestimmt werden. Dennoch darf nicht übersehen werden, daß es Tendenzen in dieser Welt gibt, die zu großer Besorgnis Anlaß geben. Es ist typisch für die Argumentationsweise Naisbitts, es ist auch typisch für die Nachfolger und Trittbrettfahrer der „Trend"-Konjunkturen, daß sie die Schatten der politischen und wirtschaftlichen Entwicklungen beispielsweise in Schwarzafrika und Lateinamerika aus dem Fokus ihrer Bestandsaufnahmen ausblenden. Die werden allenfalls am Rande erwähnt. Naisbitts Welt erinnert an die Landkarten der alten Griechen: Es kommt nur vor, was bekannt ist oder – in diesem Falle treffender – was bekannt sein darf, um die entzündeten Optimismen mit einem Stakkato an Belegen zu begründen.

„Als ich China besuchte", schreibt Naisbitt, „fragte ich viele Menschen, wie die marktwirtschaftliche Reform sich auf ihr persönliches Leben ausgewirkt habe. Fast jeder versicherte mir, daß sich sein Lebensstandard erhöht habe."

Braucht es mehr Belege?

Viele Menschen?

Fast jeder?

Von jenen, mit denen Naisbitt (in welcher Sprache?) gesprochen hat?

Es ist immer wieder erstaunlich, daß sich gestandene Führungskräfte einen derart einseitigen Blickwinkel bieten lassen, herausgerissene Bruchstücke, die Politikern und Trendgurus ins Konzept passen, die einen guten Titel für ein Buch abgeben („Megatrends Asien"), die das Schreckensbild der Konkurrenz malen, ohne daß die Autoren die Geduld hätten, ein (vermeintliches) Phänomen auch nur über einige Jahre hinweg zu beobachten. Die Wirklichkeit sieht anders aus. Sicher spricht manches dafür, daß China, Indonesien, Taiwan und andere Schwellen- und Tigerstaaten gigantische Märkte repräsentieren. Doch diese Option auf eine ungewisse Zukunft ist nicht ohne Risiko.

Denn Japans Wirtschaft verliert an Schwung, wie es so schön heißt. Für 1997 rechnen japanische Wirtschaftsexperten mit einem rückläufigen Wachstum. Im Fiskaljahr 1996/97 sollen es zwei Prozent sein. Im Folgejahr gar nur ein Prozent. 1995 waren es noch 2,2 Prozent. Als Begründung für die Verlangsamung werden die Erhöhung der Verbrauchssteuer und geringere öffentliche Investitionen genannt.

Aber all das beschreibt nicht die Mentalität, die sich in Japan verbreitet hat. Man liest in ernsthaften Reportagen der großen Nachrichtenmagazine, die in Naisbitts Listen eigentlich repräsentiert sein müßten, gelegentlich von hohen Selbstmordraten bei Schülern, die dem Leistungsdruck nicht mehr gewachsen waren. Man liest von einer geradezu clanartigen Abhängigkeit der Mitarbeiter in Unternehmen. Mittlerweile geben die japanischen Großunternehmen diese Prinzipien allerdings auf. Seniorität ist nicht mehr die Grundlage, auf die sich bauen läßt – diese Sicherheit war es ja, die die Leistungsmotivation der Angestellten (die sprichwörtliche Arbeitsmoral) begründete. Unter der Oberfläche scheint es schon lange zu rumoren. Nun dominieren mehr noch als die Wirtschaftsinformationen die Berichte von einem lückenlosen Netz des organisierten Verbrechens die Schlagzeilen. Neuere japanische Filme vermitteln das Bild einer trostlos gestreßten Gesellschaft voller Gewalt und Ärger. „Die Japaner sind zornig", sagt Masato Harada, einer der bekannteren neuen Filmregisseure, die sich nun international in kokettem Understatement „Filmemacher" nennen. „Sie müssen so viele Dinge ertragen: Die Politiker sind ihnen entfremdet, überall sind zu viele Menschen, zu viele Autos. Einfach erdrückend. Eine Gesellschaft voller Streß."

Japan, das Musterland der globalen Expansion, ist nicht nur in sozialpolitische, sondern auch in wirtschaftliche Turbulenzen geraten. Die Bücher über „Kaizen" und „Keiretsu" und sonstige mystische Paraphernalien kann man auf den Mist werfen. Das Land geht mehr und mehr dazu über, westliche Managementpraktiken zu adaptieren, Consulting, Outsourcing, Personalabbau, interessanterweise in einem Moment, in dem in Europa und in den USA die Diskussion beginnt, ob Schlankheit eines Unternehmens wirklich die einzige Zukunftssicherung darstellt, oder ob nicht vielleicht auch etwas Intelligenz dazugehört. An Japan läßt sich überdies die Zukunft der asiatischen Märkte studieren. Nach einem beispiellosen, wenngleich keineswegs so blitzartigen Wachstum, wie es oft dargestellt wird (immerhin begann die systematische Industrialisierung des Landes schon in den dreißiger Jahren), droht nun die Last sozialer Verpflichtungen die Wirtschaft abzuwürgen. Sozialausgaben werden bis zum Jahr 2025 mehr als die Hälfte des nationalen Einkommens verschlingen. Am Ende des Fiskaljahres 1994/95 betrug die Rate bereits 35,8 Prozent des Bruttoinlandsprodukts. Das amtliche Budgetdefizit, das derzeit 2,4 Prozent des Bruttoinlandsprodukts beträgt, wird, fürchten die Experten, in den nächsten drei Jahrzehnten auf 14,7 Prozent ansteigen.

Das ist auch ein Blick in die Zukunft.

Eine Reihe von Zukunftsgurus folgt indes eher Naisbitt und feiert die Märkte der sogenannten Tigerstaaten mit reinstem Enthusiasmus. Das zeigt, daß sie sich mit den komplexen wirtschaftlichen Realitäten wenig beschäftigen. So sind beispielsweise die Leistungsbilanzdefzite vieler ostasiatischer Länder in einer bedrohlichen Schieflage. Die Inlandsnachfrage steigt schneller als die Produktion. Einfache, gefährliche, aber unumgängliche Lösung: Sie müssen mehr importieren, als sie exportieren können. Hongkong und Südkorea, hat das *Manager-Magazin* ausgerechnet, müssen 1996 bereits zwei Prozent der jährlichen Wirtschaftsleistung aufbringen, um das Ungleichgewicht im Zahlungsverkehr auszutarieren. In den von Naisbitt und anderen Visonären der rosigen Zukunft Südostasiens hochgejubelten Zukunftsmärkten Thailand, Malaysia, Vietnam belaufen sich die Fehlbeträge mittlerweile auf durchschnittlich siebeneinhalb Prozent des Bruttoinlandsprodukts. Auch in Indonesien liegt der Wert für das Bilanzdefizit schon bei vier Prozent.

Entweder müssen bald die hohen Importe gedämpft werden. Das wird den westlichen Industrienationen sowohl an den Verdienst als auch an die Lust zur Investition in den besagten Ländern gehen. Oder sie müssen mehr exportieren. Das wird zumindest schwierig, weil einige der Exportmärkte ihrerseits genau die Waren in die Tigerstaaten exportieren wollen, die dort produziert werden. Das rasante Wachstum von bis zu 39 Prozent im Falle Chinas zwischen 1993 und 1996 hat noch eine andere Konsequenz: Mangel an Arbeitskräften und Inflation (in China bei 13 Prozent). Damit nimmt der Kostendruck zu. Die einzige Möglichkeit ist die Verlangsamung der Konjunktur.

4.3 Die unsichtbare „Weltmacht der kleinen Akteure"

Die Zweifel an einer ordentlichen Contentanalyse verstärken sich, wenn man Naisbitts These von den kleinen Akteuren näher betrachtet. Selbst bei einer höchst oberflächlichen Auswertung der Zeitungsmeldungen muß zumindest zur Kenntnis genommen werden, daß es eine gigantische Fusionswelle gibt und daß der Trend offensichtlich gerade das Gegenteil dessen nahelegt, was Naisbitt im „Global Paradox" etwa einhundertmal herunterbetet: die große

Zukunft der kleinen Akteure durch Telekommunikation. Das Buch wird noch munter verkauft, während die neuesten Fusionsstatistiken auf den Markt kommen. Im Jahr 1996 erreichten die Mergers einen Wert von 1,14 Billionen Dollar. Das ist kein Übersetzungfehler: Es sind tatsächlich 1.140.000.000.000 Dollar. Damit übertrafen die hektischen Aktivitäten zur Vergrößerung der ohnehin schon großen Konglomerate die Vorjahresssumme um 27 Prozent. Mehr als die Hälfte dieser Fusionen wurde im Heimatland von „Mister Megatrend" vollzogen. Also hätte es da auch in den Zeitungen stehen müssen. Immerhin waren es über 10.000 Zusammenschlüsse.

Dies stand denn auch allein fürs letzte Jahr in den Zeitungen:

■ Milliardendeal der deutschen Versicherungriesen: Die Allianz Holding, Europas größte Versicherungsgruppe, und die Münchener Rückversicherungs-Gesellschafts-AG ordnen ihre Marktanteile im Sommer 1996. Die Allianz gibt ihren 51prozentigen Anteil an der DKV (Deutsche Krankenversicherung AG) an die Münchener ab. Diese revanchiert sich mit ihrer Beteiligung an der Hermes-Gruppe sowie an der Vereinten Krankenversicherung. Auf diese Weise sichert die Allianz-Gruppe, die immerhin rund 70 Milliarden Mark an Beiträgen einstreicht und einen Börsenwert von 60 Milliarden Mark repräsentiert und eine herausragende Stellung auf dem Markt der privaten Versicherungen kontrolliert, darüber hinaus Anteile von Hapag Lloyd, Baufirmen, MAN, Thyssen, RWE, Schering, Bayer, Continental, der Metallgesellschaft, Linde, BASF, Veba und der BHF-Bank. Einsparungen im Bereich Vertrieb, EDV und Verwaltung sind geplant. Auf deutsch heißt das: Personalabbau. Wer von den Entlassenen einen neuen Job findet, muß ihn in der schrumpfenden Zahl kleinerer Unternehmen suchen, in Firmen beispielsweise, die den Großen zuarbeiten – mit eben den technischen Dienstleistungen, Vertriebs- und Logistikangeboten, die in den Mammutkonzernen abgebaut werden.

■ Trotzdem ist die Position der Allianz-Gruppe als größte europäische Versicherungsgesellschaft gefährdet: Die UAP, der größte Versicherer der Franzosen, schließt sich mit der Nummer zwei des Landes, der Assekuranzfirma AXA zusammen. Nach einem Aktientausch im Frühjahr 1997 hat sich eines der größten Konsortien der Welt gebildet, auf jeden Fall das größte in Europa, mit einem starken Arm auch in Deutschland – denn die UAP kontrolliert die deutsche Colonia Versicherung. Die Reaktion der Colonia-Vorstandsvorsitzenenden, berichtet die *Zeit,* sei gelassen. Die Befürchtung, zu sehr unter französischen Druck zu geraten, scheint verfrüht. Es ist zwar noch ein Gerücht: aber die Allianz plant offensichtlich die Übernahme des angeschlagenen Banken- und Versicherungsriesen Crédit Lyonnais.

■ Zum selben Zeitpunkt, an dem der Reigen der Take-over auf dem Versicherungssektor eröffnet wird, schluckt der Spielzeuggigant und „Barbie"-Erzeuger Mattel den größten amerikanischen Konkurrenten Tyco, der vor einigen Jahren die Modellautofirma Matchbox zugelegt hatte. Bereits 1993 hatte Mattel seinerseits Fisher Price eingekauft. Tyco kostet die „Barbie"-Eltern Mattel 1,7 Milliarden Dollar. Der Spielzeughandel ist überhaupt nicht begeistert, denn Jill Barad, Mattel-Präsidentin, und Tyco-Sprecher Arthur Ruland zerstörten schon im Vorfeld alle Hoffnungen auf günstigere Einkaufspreise. Im Gegenteil: Die amerikanischen Händler befürchten massive Pressionen: Mattel wird sie zwingen können, schlecht verkaufbare Produkte im Paket mit abzunehmen, meint der Vizepräsident des Konkurrenten Galoob, Gary Niles. Damit seien die Kosten für Lagerhaltung auf die Händler umgewälzt. Die deutschen Hersteller wollen die amerikanische Fusion „sehr aufmerksam beobachten", wie Siku-Verkaufsleiter Hartmut Schulz mitteilte. Siku verbreitet Matchbox-Miniaturen in deutscher Lizenz. Für Mattel wird jedenfalls alles billiger: Produktionslinien werden weltweit zusammengefaßt, der Umsatz soll auf 7,5 Milliarden Dollar jährlich steigen. Mit der Übernahme von Tyco wird übrigens auch der Druck auf die Nummer zwei der amerikanischen Spielzeughersteller größer, auf Hasbro. Mattel hatte erst Ende 1995 versucht, diesen Konzern zu übernehmen. Das Angebot wurde abgelehnt. Jetzt versucht man es halt mit einem Zangenangriff.

■ Die US-Konzerne WorldCom Inc. und MFS Communications fusionierten ebenfalls 1996. Sie repräsentieren einen Börsenwert von 14 Milliarden Dollar. Die neue Firma MFS WorldCom wird einen Umsatz von 5,4 Milliarden Dollar haben. Weitere vier Telefon- und Kommunikationsgesellschaften der USA haben ihrerseits Fusionspläne veröffentlicht: Die New Yorker NYNEX schließt sich mit der Bell Atlantic zusammen. Das Einzugsgebiet der Firmenaktivitäten wird der Nordwesten der USA sein. Die SBC Communications in Texas kauft die Pacific Telesis Group und überweist dafür 16,5 Milliarden Dollar. Damit entsteht ein regionales Monopol im Südwesten. Es ist zu erwarten, daß die Abwehrkämpfe gegen den Expansionsdrang der neuen Riesen zu weiteren regionalen Fusionen führen werden. Entlassungen, die in die Hunderttausende zählen, werden erwartet. Die Jobs, die diese Entlassenen dann ausfüllen werden, ähneln oft denen, die sie vorher hatten. Sie werden dieselben Tätigkeiten in kleineren Firmen verrichten – zum halben Gehalt.

■ Achtzehn Monate nach der letzten Großübernahme kauft 1996 der deutsche Chemiegigant SKW Trostberg für 1,6 Milliarden Mark dem Schweizer Chemieriesen seinen Geschäftsbereich Bauchemikalien ab. Die Sandoz-Tochter Master Builders Technologies ist mit 1,3 Milliarden Mark Umsatz der weltgrößte Anbieter auf dem Gebiet der Betontechnologie. Das fusionierte Unternehmen wird an 100 Produktionsorten in 40 Ländern mit rund 6500 Beschäftigten im Gesamtbereich der Bauchemie die Nummer eins sein. Die vergangene Übernahme des französischen Bauchemikalienherstellers der Sanofi-Gruppe und andere Käufe haben den Prozeß der Globalisierung der SKW beschleunigt. Man plant eine Kapitalaufstockung, um die finanziellen Mittel für weitere Übernahmen zur Verfügung zu haben. Pläne zu Personaleinsparungen wurden auf der Pressekonferenz nicht genannt.

■ Die British Telecom übernimmt den US-Telefonkonzern MCI-Communications für rund 20 Milliarden Dollar. So entsteht unter dem Namen Concert der zweitgrößte Telefonkonzern der Welt. Der Umsatz dieses Giganten wird umgerechnet 62 Milliarden Mark betragen – pro Jahr. Er bedient 43 Millionen Privat- und Geschäftskunden in 70 Ländern. Das Aktienkapital beider Firmen besitzt einen Wert von etwa 64 Milliarden Dollar. Die Fusion, so berichten Wirtschaftszeitschriften, ermöglicht Einsparungen im Wert von 3,75 Milliarden Mark innerhalb der nächsten fünf Jahre. „Einsparungen" ist eines der euphemistischen Synonyme für Personalabbau, vulgär auch: Entlassungen. AT & T,

Amerikas bekanntester Kommunikationskonzern, reagierte bereits: Man erwarte, daß die Aktivitäten der Briten auf dem amerikanischen Kontinent mit einer Öffnung des britischen Marktes für amerikanische Anbieter einhergehe.

■ Weitere Fusionen in den USA: Die Elektrizitätsgesellschaft Enron Corp. in Houston, Texas, übernimmt die Portland General Corporation in einem Aktientausch von 2,1 Milliarden Dollar. Erwartet wird ein Umsatz von zehn Milliarden. Damit entsteht das siebtgrößte Energieunternehmen in den USA. Die Versicherungsgesellschaften werden auch immer größer: Die Washington Mutual Inc. zum Beispiel kauft die American Savings Bank. An der Westküste der Vereinigten Staaten entsteht damit die drittgrößte Sparkasse in den USA, die sicher auch ihre Filialen in Telluride, Colorado, unterhält, wo Naisbitt von der Macht der kleinen Akteure träumt – trotz der 3521 Zusammenschlüsse von Unternehmen allein auf dem amerikanischen Markt im Jahre 1995. Ein Jahr zuvor waren es noch 2958. Drückt man das Volumen dieser Übernahmen in Dollarwerten aus, erscheint unter dem Strich die Zahl 356 Millarden. Das setzte sich 1996 ungebrochen fort: Capital City, das vor Jahren schon den Fernseh-Network ABC kaufte, ist nun seinerseits für 19 Milliarden Dollar von Disney übernommen worden. Und damit ist keineswegs nur eine amerikanische Spezialität beschrieben. Im ersten Quartal 1997 summierte sich der Wert der Fusionen nach einer Berechnung der amerikanischen Wertpapier-Datenbank Newark auf 183 Milliarden Dollar.

■ Die Nachricht lief am 15. Dezember 1996 abends durch die Medien: Der weltgrößte Hersteller von Zivilflugzeugen, Boeing in Seattle, will den angeschlagenen Großkonzern McDonnell-Douglas erwerben und erweitert damit sein Angebotsspektrum im Konkurrenzkampf gegen den europäischen Flugzeugbauer Airbus Industries. McDonnell Douglas mit seinen mehr als 63.000 Beschäftigten kostet Boeing 14 Milliarden Dollar. Insgesamt wird der neue Konzern zunächst mehr als 190.000 Menschen beschäftigen. Schon vor der Pressekonferenz am Sonntag, dem 15. Dezember, legten die Aktien beider Konzerne zu. Wenige Tage zuvor hatte Boeing bereits den Rüstungsproduzenten Raytheon für 3,2 Milliarden Dollar übernommen. Gleichzeitig hatten sich die

Flugzeugbauer Lockheed und Martin Marietta zusammengeschlossen – um gleich darauf die Militärelektronikkonzerne Loral Northrop und Gruman einzukaufen. Boeing und McDonnell verfügen im Falle einer Fusion gemeinsam über ein Angebotspolster von mehr als 600 Flugzeugen im Wert von etwa 100 Milliarden Dollar.

■ Mitte Dezember gab die österreichische Bank Austria ein Angebot für die ebenfalls österreichische Creditanstalt in der Höhe von 16 Milliarden Schilling ab. Damit entsteht Österreichs größtes Bankenkonsortium, das zwar im internationalen Vergleich immer noch eine geringe Größe repräsentiert – die neue Bank liegt auf Rang 30 der europäischen Banken. Aber die Fusion zeigt, daß sich in der Relation in allen nachindustriellen westlichen Ländern die gleichen Prozesse entwickeln: Die Globalisierung fordert die Zusammenschlüsse von Kapazitäten – einerseits, um die Kosten zu reduzieren, andererseits, um dem Konkurrenzdruck von außen angemessen zu begegnen. Es findet also, wohin immer man schaut, eigentlich in großem Ausmaß das Gegenteil von dem statt, was John Naisbitt prognostizierte. Die Tatsache, daß derzeit im Outsourcing-Verfahren untergeordnete Hilfsdienste in sogenannten kleineren Dienstleistungsunternehmen untergebracht werden, darf nicht darüber hinwegtäuschen, daß hier erst der Anfang zu einer wiederum neuen Entwicklung gelegt ist: zur Globalisierung der Dienstleistungsindustrie (siehe Kapitel 12.3).

■ In Europa fusionierten beispielsweise Ciba Geigy und Sandoz, Aérospatiale und Dassault, Karstadt und Euro-Lloyd. Die Fusion der Baugiganten Hochtief und Philipp Holzmann wurde vom deutschen Kartellamt untersagt. Die deutsche Telecom ist mit der France Telecom beim US-Konzern Sprint eingestiegen, Bosch zahlte 2,2 Milliarden Dollar für den Bremssystemhersteller Allied Signal, Hoechst kaufte sich für 7,1 Milliarden Dollar Marion Merril Dow. Nun sind die Deutschen im österreichischen Handel unterwegs: Rewe kaufte sich zum Beispiel bei Billa ein. Im Frühjahr 1997 gehen die Stahlarbeiter Nordrhein-Westfalens auf die Straße, weil der Gigant Krupp eine äußerst unfreundliche Übernahme des doppelt so großen Stahlkochers Thyssen plant. Man einigt sich friedlich. Die Fusion wird auf den Stahlbereich eingeschränkt. Und so weiter.

5 Low-Budget-Hoffnungen für Arbeitslose: Faith „Popcorn" Plotkin

5.1 Vom Verschwinden des Mittelstandes

Arbeitsplätze durch die wachsende Zahl der klein- und mittelständischen Firmen? Bei verschrägter Perspektive läßt sich eine solche Behauptung aufstellen. Interessanterweise ist es aber eben umgekehrt, wenn man sich traut, den Kopf gerade zu halten: Die Zahl der Arbeitsplätze in den kleinen und mittleren Betrieben ist zunächst einmal direkt abhängig vom Wachstum der Großunternehmen. Denn deren Rationalisierungsstrategien sind nur durchzusetzen, wenn sich eine Herde von Putzerfischen um den Koloß schart. Sie sind die Garanten dafür, daß die Logistik billig und zuverlässig abgewickelt werden kann. Und sie sind die Arbeitnehmer der Großen von gestern. Aber selbst bei dieser Perspektive kommen Zweifel: Amerikanische Untersuchungen, die von Naisbitt und Konsorten eigentlich auch hätten zur Kenntnis genommen werden müssen, bescheinigen den Großunternehmen weiterhin ihre Pionierstellung bei der Bereitstellung von Arbeitsplätzen. Außerdem entwikkeln größere Unternehmen, wie beispielsweise Banken, ihre eigenen mittelständischen Töchter, die etwa Softwarelösungen ausarbeiten oder Gesundheitsmanagement betreiben. Baugiganten eröffnen Logistikunternehmen für die Bauabwicklungen internationaler Konzerne, gehen also auch den Weg in die technischen Dienstleistungen, nicht nur in den USA, sondern auch bei uns, wie etwa der Mittelständler Rogner in Kärnten.

Der interessanteste Befund der vorangehenden Aufstellung, die sich in extenso verlängern läßt, ist dieser: Er ist Ergebnis derselben Methode, die Naisbitt anwendet – der Lektüre von Zeitungen und Zeitschriften und der halbwegs systematischen Auswertung der Wirtschaftsberichterstattung. Selbst wenn mißliebige Kritiker dieser Auswahl Einseitigkeit vorwerfen wollten, käme doch unter dem Strich heraus, daß auch die andere Perspektive einseitig ist. Denn nach dem alten Satz des kritischen Rationalisten Karl Popper, daß schon ein einzelner andersartiger empirischer Befund die gesamte Theorie zu Fall bringt, kann das Fazit nur lauten: Naisbitt liegt falsch. Aber die Zweifel lassen sich doch deutlicher formulieren. Denn sie werden weiter gestützt durch neuere amtliche und wissenschaftliche amerikanische Statistiken.

In seinem Buch „Lean and Mean: The Changing Landscape of Corporate Power in the Age of Flexibility" weist der bekannte und angesehene Wirtschafswissenschaftler Bennett Harrison nach, daß seit 1962 in den USA der Anteil der in Firmen bis 100 Mitarbeiter Beschäftigten nicht gestiegen ist. Er liegt konstant bei etwa 38 bis 45 Prozent. Zwar sind 89 Prozent der amerikanischen Firmen Kleinbetriebe mit weniger als 20 Mitarbeitern. Doch stellen sie nur ein Fünftel aller Jobs im Land zur Verfügung. Großunternehmen sind weiterhin technologisch und arbeitsmarktmarktpolitisch führend. Big Companies mit mehr als 5000 Angestellten (und das sind nur 0,2 Prozent aller US-Firmen) stellen immerhin 29 Prozent der Jobs. Der Marktforschungs- und Beratungsriese Dun & Bradstreet stellte eigene Untersuchungen an und kommt zum Ergebnis, daß drei Viertel aller Jobs, die im Zeitraum zwischen 1985 und 1988 geschaffen wurden, von gerade 0,3 Prozent der neugegründeten Firmen kamen – und die beschäftigten alle über 100 Mitarbeiter.

Wie kommt die Auffassung zustande, daß es die kleinen schnellen innovativen „creative shops" sind, die das Jobwunder in den USA bewirkten? „Small is beautiful" – besonders, wenn die Rede auf die Schaffung von Jobs, Kreativität und Innovation kommt, lautet die allgemeine Auffassung, in der die Kleinunternehmen neben „Mom 'n Dad" und dem „apple pie" zu einer kulturellen Ikone avancierten. Aber die Auffassung wird in der letzten Zeit stark in Frage gestellt. Die neuere Forschung zeigt, daß Kleinunternehmen nicht mehr Jobs schaffen als große Firmen, darüber hinaus sind sie weniger innovativ, wachsen langsamer und bieten niedrigere Löhne und Sozialleistungen. „Das ist eine ernüchternde Feststellung für Frauen, die bislang der Idee sehr aufgeschslossen gegenüberstanden, daß ein Kleinunternehmen der beste Platz für sie sei", schreibt die Journalistin Juliet Shor in der Zeitschrift *Working Women* im November 1994. Sie erläutert auch, woher eigentlich die verbreitete Überzeugung komme, daß kleiner auch besser für die Wirtschaft sei: von David Birch, einem früheren Forscher des MIT.

Birch leitet heute eine Beratungsfirma (Cognetics) in Cambridge, Massachusetts. Seine Statistiken machten Hoffnung (ähnlich, wie sie mit denselben Argumenten 1996 noch von Faith Popcorn verbreitet wurde). Wie üblich, ist die Sache durch statistische Tricks zustande gekommen. Denn ein Kleinunternehmen blieb in der Nomenklatur ein Kleinunternehmen, wenn es mit weniger als 20 Mitarbeitern startete – ungeachtet der Tatsache, daß es möglicherweise nach einem Jahr 100, nach einem zweiten 500 Angestellte beschäftigte: Alle 480 Jobs, die in dieser Zeit geschaffen wurden, erschienen in den Charts als „created by small businesses". Darüber hinaus sind die prozentualen Gewinne und Verluste durch saisonale Schwankungen in Klein- und Großunternehmen ohne statistische Gewichtung nicht miteinander zu vergleichen. Es kommt hinzu, daß etwa 1,2 Millionen Kleinunternehmen, die von Frauen geführt wurden, in der Birch-Statistik als lineare Hochrechnung aus den Statistiken bis 1988 erscheinen – ungeachtet der Tatsache, daß zu diesem Zeitpunkt eine Rezession einsetzte, die alle Berechnungen über den Haufen warf. So kann also auch hier das Gegenteil oder zumindest doch ein doppelläufiger Trend behauptet werden.

Drei Wissenschaftler des National Bureau of Economic Research, ebenfalls mit Adresse in Cambridge, Massachusetts, förderten denn auch den Befund zutage, daß Kleinunternehmen tatsächlich zwar den größten Anteil an der absoluten Job creation hatten, gleichzeitig aber auch den größten Anteil an Job destruction. In den Kleinunternehmen hielten sich die meisten Jobs nicht einmal halb so lang wie in den größeren Firmen. Das ist übrigens in Österreich und Deutschland nicht anders. Die Insolvenzstatistiken liegen hoch wie nie zuvor. Gleichzeitig ist auch die Rate der Firmengründungen hoch wie nie zuvor. Nur sterben größere Unternehmen. Die Neugründungen, von denen sehr viele die Fünfjahresfrist nicht überleben, sind in den meisten Fällen Notgründungen: Outsourcing-Maßnahmen durch entlassene Führungskräfte, Scheinselbständigkeiten, Einmannbetriebe, Berater. Birch selber hat mehrfach in Kommentaren im *Wall Street Journal* seine Statistiken korrigiert. Heute geht er davon aus, daß das Wachstum von Firmen wichtiger für den Arbeitsmarkt ist als die Größe. „Die Botschaft: Medien und Politiker sollten angesichts dramatischer statistischer Behauptungen ein wenig skeptischer sein, auch wenn die Statistiken von etablierten Akademikern stammen", schreibt Juliet Schor zusammenfassend. „Und wir sollten etwas skeptischer gegenüber der Idee des Small business sein, die mir doch ein riskanter Vorschlag zu sein scheint."

Das gilt auch für Europa.

Denn das eigentliche Problem der USA liegt in der sinkenden Qualität der Jobs für die unselbständig Beschäftigten. Die reine Zahlenmechanik sagt da wenig. Bekannt ist nur, daß es eben nicht die Jobs sind, die Naisbitt mit der Globalisierung der Telekommunikation entstehen sieht. Massenhaft arbeiten Amerikaner heute weit unter ihrer Qualifikation. Massenhaft arbeiten sie zudem unstetig, in wechselnden Jobs, stets bedroht von Entlassungen, in einer abwärts weisenden Spirale der immer geringeren Entlohung.

Doch sie arbeiten.

Wie sie zum Teil arbeiten, hat der amerikanische Journalist Jesse Katz in einer Reportag über den „Chicken Trail" für die Los Angeles Times zusammengefaßt: „Stundenlohn sechs Dollar 70".

Auch das nennt man Jobwunder.

Der „neue Popcorn-Report", der den Quertitel „Clicking" trägt, ist das Buch zum Jobwunder. Oder genauer gesagt: Es ist das Buch für diejenigen, die vom amerikanischen Jobwunder nicht so wirklich profitieren konnten, für diejenigen, die nicht zu den oberen Zehnteln mit Einkommenszuwächsen von 50 und 60 Prozent gehören, es ist für diejenigen, die dramatische Einkommenseinbußen hinnehmen mußten, für die es auch mit zwei oder drei Nebenjobs nicht mehr dazu reicht, ihre Kinder aufs College zu schicken. Das sind immer mehr. Die Familien, die man zum Mittelstand rechnen kann, reduzierten sich in den letzten zehn Jahren von 61 auf 50 Prozent. Weit über neun Millionen arbeitende Amerikaner gelten offiziell als arm. Insgesamt sind 36 Millionen unter der Armutsgrenze. Das entspricht dem Stand von 1962. Dabei ist ein neues Phänomen entstanden: die „working poor". Vom das ganze Berufsleben lang bei einer Firma Beschäftigten zum Doppel- und Dreifachjobber mit interimistischer Kurzzeitarbeitslosigkeit. Seit 1987 ist der reale Durchschnittsverdienst eines Arbeiters um zehn Prozent zurückgegangen. Dabei verdienen die Firmen mehr denn je: „Der im Aufschwung geschaffene Wohlstand wurde vor allem an die Aktionäre verteilt, nicht an die Beschäftigten", räumte Gordon Richards, Chefökonom des Arbeitgeberverbandes, ein. Doch der Optimismus bleibt ungebrochen: „Langfristig wird sich die Produktivität auch auf die Löhne auswirken", wie Wayne D. Angell, ehemaliger Vorsitzender des Federal Reserve Board, in *Business-Week* schrieb. Noch sieht es für viele nicht danach aus. Noch sieht es eher nach einer gigantischen Verarmung des breiten Beschäftigtenstandes aus. Denn dem Jobwachstum stehen gigantische Entlassungen gegenüber.

Das eingesparte Geld fließt in Treasury bills, Municipal bonds und Staatsanleihen mit relativ hoher Rendite. „Ganz allgemein kann man nicht sagen, daß es an Geld fehlt; es fehlt nur an Geld, das in wirtschaftliche Sektoren investiert wird, die unmittelbar mit der Produktivität zusammenhängen, die aber geringer kurzfristige Erträge garantieren", so die Soziologen Stanley Aronowitz und William DiFazio. Mit anderen Worten: Der Wirtschaft geht es immer besser. Den Arbeitnehmern geht es immer schlechter. Vier Jahre nach dem Beginn des letzten Aufschwungs ist die Produktivität auf dem höchsten Stand der letzten 45 Jahre. „Viele gutbezahlte Jobs und Jobs mit sozialen Absicherungen in der Industrie und in den Büros verschwinden (gleichzeitig) zugunsten mittelmäßiger und unsicherer Jobs. Das unterscheidet diese Konjunktur von allen vorangehenden. Der Trend, der 1980 einsetzte, hat ein neues Bild der amerikanischen Arbeitsgesellschaft hinterlassen. Teilzeitarbeit, vorübergehende Jobs, Jobs, in denen kaum mehr bezahlt wird als das regierungsamtlich festgesetzte Existenzminimum. Jobs, in denen als Sozialleistungen allenfalls ein paar Urlaubstage zugestanden werden, ersetzen die dauerhaften Arbeitsplätze, wie man sie nach vergangenen Rezessionen wiederfand." So stand es in der *New York Times,* die gleich auch die Begriffe dieses düsteren Trends lieferte. Es sind nicht die schillernden Begriffe der Konsumwelt und der Pop-Trendforschung. Es sind dennoch eindrucksvolle Begriffe:

„contingent workers"
„flexible workers"
„assignment workers"
„disposable workers"
„just in time workers"
„throwaway workers"

5.2 Das Feuer der Gefeuerten

In einer solchen Mentalität lassen sich Durchhaltebücher gut verkaufen. Daher ist wenig verwunderlich, daß die geschäftstüchtige Faith „Popcorn" Plotkin und ihre Partnerin Lys Margold, die sich aus kosmetischen Gründen ebenfalls einen Nom de guerre zugelegt hat und aus dem Margold ein Marigold konstruierte, blitzschnell umgesattelt haben. Die Beratungsdienste für die großen Firmen spielen nun eine geringere Rolle als der Trost für die Zurückgebliebenen, die ihr Schicksal als Chance sehen sollen. So wird ein neuer Markt aufgerissen, wie in den Penny Arcades für die Arbeitslosen der dreißiger Jahre. Nun macht das Kleinvieh den Mist. Das hat den Vorteil, daß man nichts Neues schreiben muß.

„Clicking" also, der „neue Popcorn-Report" mit den alten Weisheiten für die breite Masse. Grundthese ist die alte amerikanische Einsicht, daß man sich am besten mit den eigenen Händen am Schopf aus dem Sumpf zieht. Die Egonomics, die Popcorn im „ersten Popcorn-Report" prognostizierte, der Trend zur egoistischen Wirtschaft, werden umgedeutet in eine Fülle von Chancen, die ganz einfach zu realisieren sind, wenn man bestimmte Trends beachtet, die sie, Popcorn und Marigold, vorschlagen.

Popcorn ist sich ihrer Sache sicher.

Denn sie sieht sich selbst als Beispiel.

Wo ein Beispiel ist, das wurde mehrfach deutlich, ist ein Trend.

Außerdem betet sie in jedem Kapitel eine Reihe von Credentials herunter, mit denen sie die außerordentliche Qualität ihrer Arbeit dokumentiert. Die in der Branche mittlerweile übliche Selbstbelobigung ist auch bei Popcorn eines der Lieblingsmotive. Fazit: Wer nicht auf Faith hört, muß fühlen. Denn es ist „stets die gleiche Lektion: Wenn Firmen versuchten, die Ergebnisse unserer Trendanalyse zu ignorieren und die erforderlichen Anpassungen zu umgehen, folgte statt eines Click die Bauchlandung". Dafür gibt es im Buch eine Menge Belege, von denen allerdings eine Vielzahl mitunter hart am Rande der falschen Tatsachenbehauptung lavieren. Zum Beispiel diese: „Eine unserer Vorhersagen, 1980 zuerst in der *New York Times* veröffentlicht, erwies sich um mehr als vierzehn Jahre verfrüht. Wir hatten prognostiziert: ‚Halten Sie Ausschau nach einem kleinen Auto mit ... Power und Pfiff, aber sehr günstigem Benzinverbrauch.' Auch zehn Jahre später waren wir immer noch felsenfest von unserem Kleinauto überzeugt, wie im Popcorn-Report nachzulesen ist ... Im März 1994 wurde dann endlich der Prototyp unseres Traumautos präsentiert: das Swatchmobil."

Hier wird er Eindruck erweckt, daß BrainReserve das Swatchmobil erfunden habe; daß Hayeks Idee, den Geniestreich der bunten Plastikuhr in anderen Produktbereichen zu wiederholen und nun den Vorstoß zu wagen, aus dem New Yorker Brain-Trust der Damen Plotkin und Marigold kam. Auch „daß die Banken in Schwierigkeiten sind, wußten wir schon seit langem (ein angeschlagenes System am Rande des Zusammenbruchs)".

Aber hier geht es weniger um die Eitelkeit. Hier geht es um das Geschäft, um geschickte Konfabulationen, die Werbung für Brain-Reserve machen sollen.

„Clicking" ist das Brevier der wirklichen Wahrheit, erkannt von einer Seherin, die sich geradezu mystische Kräfte zuspricht und eigentlich alles schon erfunden hat, was an die süffisante Karikatur der Alleserfinder erinnert, die Roland Topor (für den Sektor der Kunsttrends) 1975 unter dem Titel „Mémoires d'un vieux con" verfaßt hat.

„Meine beachtlichen Talente für die Bildenden Künste", schrieb Topor, „zeigten sich bereits in meiner frühesten Kindheit." Leider wird der Autor und Ich-Erzähler des Buches selber kein Künstler, so wie Trendforscher selber keine Unternehmer werden – beziehungsweise, wenn sie welche waren, sehr oft scheiterten. Topor erfand statt dessen (natürlich ex post) alle wesentlichen Kunstrichtungen des Jahrhunderts, beeinflußte alle namhaften Künstler, riet Picasso zur blauen Periode, hatte alles entworfen, bevor es die anderen taten. Das alles ist in einem selbstverliebten Stil geschrieben, der verdächtig nahe bei dem liegt, der mittlerweile ganze Passagen der Trendliteratur prägt.

„Clicking" allerdings ist ein genuine Popcorn-Erfindung. „Clicking" ist ein Wortgeschöpf, das aus den Begriffen **C**ourage, **L**oslassen, **I**ntuition, **C**harakterstärke und **K**now how zusammengesetzt ist. Spielerei. Aber das passe zu ihr, sagt Popcorn. Ihr gefalle der Begriff, er sei wie sie: spaßig, witzig, funky, quicklebendig, ungewöhnlich, befreiend, unvergeßlich. Er enthält in der Tat alle Ingredienzen der modernen Optimismusphilosophie vom „Emotionalen Quotienten" des Daniel Coleman bis zum neuen Lauster-Psychotrend des „Loslassens", der mittlerweile auch die grassierenden Pfarrerkolumnen erreicht hat. „Das Leben ruft uns zu", predigt also Traugott Giesen, „daß wir verzichten müssen – sagt Goethe. Und doch ist das ja nur die halbe Wahrheit. Jedes Loslassen ist auch ein Freilassen. Abschiede haben neben Verlusten auch Freispruch und auch neues Ausschauhalten bei sich. Nur leere Hände können gefüllt werden."

Es ist atemberaubend, wie nah der Prominetenpfarrer damit – sowohl vom Thema als auch von der Diktion her – an den Low-Budget-Hoffnungen agiert, die Popcorn in ihrem Buch für Arbeitslose, Unterbezahlte und Unzufriedene bereithält. „Wir wollen Ihnen helfen", schreibt sie, „das Wo, Was und Wie zu erkennen, damit es auch bei Ihnen clickt. Wie und warum es bei bestimmten Menschen geclickt hat oder noch clicken könnte, darum geht es in fast allen Beispielen dieses Buches. Und wenn es clickt, dann beginnt das Ganze oft mit einer mutigen Tat, mit Courage."

Das klingt wie wie im *Reader's Digest,* der erfolgreichsten Zeitschrift der Welt, in deren Schicksalsberichten Menschen wie du und ich sich aus der übelsten Situation wieder herauswanden und neues Leben kreierten. Popcorn ist *Reader's Digest* in reinster, instrumenteller Weise, durchsetzt mit jenem haltlosen Pragmatismus, der noch – und das ist schon fast wieder bewundernswert – die schlimmste Ausweglosigkeit als Chance zu erkennen rät: „Nehmen Sie Ihr Schicksal in die eigenen Hände! Wer gefeuert wird, in dem kann neues Feuer entbrennen. Und am Ende steht dann womöglich der Erfolg in einem Beruf, der Ihnen mehr bedeutet, der vielleicht sogar noch lukrativer ist als der alte, in dem es nicht mehr weiterging." Damit praktiziert sie die beliebteste Übung der Pop-Trendpropheten, wie sie in virtuosem Nachvollzug der Popcorn-Praxis beispielsweise in Gertrud Höhlers sozialdarwinistischen Büchern „Spielregeln für Sieger" und „Wettspiele der Macht" gepflegt wurde: die Produktion von Kalenderweisheiten. „Wer wirklich etwas taugt, der läßt sich nicht unterkriegen" sagt Popcorn. „Die Wirtschaft ist ein Auslesesystem unter lauter Siegern", sagt Höhler.

Damit sind wir bei der neuen Wahrheit.

Die besteht aus krassem Individualismus, aus Isolation, aus der Idee der Chance. Sie ist amerikanisch. Diese Idee beflügelt die Phantasten, die aus der europäischen Wirtschaft eine amerikanische basteln wollen. „Sich selbständig machen heißt die Devise. Dabei spielt es keine Rolle", sagt Popcorn noch einmal beschwörend, „ob Sie selbst gekündigt haben oder gehen mußten, solange sie nur lächelnd und mit positiver Motivation aus der Sache hervorgehen."

5.3 Clicking Testimonials und zündelnde Ideen

„Richten Sie sich", so der Ratschlag an Frauen, „neben der Küche ein kleines Büro ein und fangen Sie an." Viele machen es so, behauptet sie und betet damit wieder einmal die längst falsifizierten Birch-Statistiken herunter. Aber auch wenn man nachweist, daß die Zahlen nicht stimmen, glaubt Frau Plotkin das eben einfach nicht. „Wir glauben jedoch, daß die Statistik der Non-Tech-Heimunternehmen nicht genau genug ist und daß die Umsätze dieser Firmen in Wirklichkeit höher sind – wegen des enormen Anteils von Tauschgeschäften, die wir in diesem Bereich erleben ... Manche zögern, die Telefongesellschaft von ihrer Tätigkeit zu unterrichten, weil sie die höheren Kosten für Geschäftsanschlüsse fürchten ... Und wer ein Appartement bewohnt, legt vielleicht auch keinen besonderen Wert darauf, den Vermieter oder die Wohnungsverwaltung wissen zu lassen, daß die Wohnung auch beruflich genutzt wird." Das mag alles sein – doch gibt es die Statistik dieser Art von Dienstleistungen, und zwar recht präzis. Es handelt sich in diesen Fällen nämlich um einen anderen Trend: Schwarzarbeit.

Aber derartige wirtschaftspolitische Feinheiten sind nicht Sache der beiden Autorinnen. Denn sie können ihren Optimismus belegen. Sie belegen ihn in der altbekannten Strategie der bereits erwähnten Konfabulation: Sie suchen Beispiele, zum Teil berühmte Beispiele, von denen nie so ganz deutlich wird, ob es Ratschläge der BrainReserve waren. Jerry della Femina und seine Werbeagentur, zum Beispiel. Klassische amerikanische Karriere: Aufstieg aus Brooklyn, Biographie strukturiert durch Courage („startete eine preisgekrönte Karriere als Mitarbeiter, später Leiter einer Werbeagentur"), Loslassen („verkaufte die Agentur"). „Was Know how und Charakterstärke in seinem Leben bedeuten, liegt auf der Hand." Oder ein Paul F. Rikkenbach jr. aus East Hampton („Ich habe dort mein Wochenenddomizil", erklärt Popcorn überflüssigerweise): „Nach vierzehn Jahren als Ortspolizist wurde er erfolgreicher Immobilienmakler, bevor er zum Bürgermeister einer der namhaftesten Kleinstädte im ganzen Land gewählt wurde." Eine andere Möglichkeit ist (siehe auch die deutsche Version Hera Lind) Bestseller schreiben: „Joseph Wambaugh war vor dem Bestsellererfolg von ‚Finnegan's Week' Polizist, Michael Crichton studierte in Harvard Medizin. Und Tom Clancy verdiente seine Brötchen als Versicherungsagent, ehe er Bestseller schrieb."

Man muß nur den richtigen Zeitpunkt treffen, also jene Konstellation der eigenen und der mystischen Kräfte um uns herum, nach der Menschen seit je verzweifelt suchen. Es ist kein Zufall, daß die mondsüchtige Fibel „Vom richtigen Zeitpunkt" gerade jetzt einen irrsinnigen Erfolg verbucht. Sie kam halt zum richtigen Zeitpunkt, mit den alten Weisheiten, die schon in jedem Bauernkalender stehen, ein wenig mystisch aufgepeppt natürlich, voll hinein in die Marktnische der Ausnutzung verunsicherter Menschen der Pflegefallgesellschaft. Selbst die Wortwahl ist gleich, denn, so Popcorn, „der erfolgreiche Click hat auch mit dem richtigen Zeitpunkt zu tun. Oder mit dem Ausnutzen eines glücklichen Zufalls. Das tat zum Beispiel Fran Drescher, die Schöpferin und Hauptakteurin der sehr erfolgreichen Fernsehshow The Nanny. Anscheinend wollte niemand der kratzbürstigen, draufgängerischen Schauspielerin mit der nasalen Stimme und dem Unterschichtakzent eine Chance geben." Eines Tages im Flugzeug nach London erspähte sie den Chef der Unterhaltungsabteilung von CBS. „Diese einmalige Gelegenheit ließ sich Fran nicht entgehen. Sie setzte sich neben ihn, und während des ganzen Transatlantikfluges stand ihr Mundwerk nicht still."

So einfach ist das.

Das Beispielstakkato, mit dem sie ihre These vom neuen Trend des Tellerwäscher-zum-Millionär-Märchens garniert, funktioniert nach dem Überlastungsprinzip, das Masse suggeriert, so wie der Erfolg einer Radiosendung dann als gesichert gilt, „wenn die Telefone nicht stillstehen". Wie viele Anrufer es sind, die die Leitungen blockieren (zwanzig am Tag, fünfhundert, zehntausend?), ist unerheblich. Es herrscht die gemeinsame Überzeugung, daß die Tatsache einen Erfolg symbolisiert. Hier symbolisieren selektiv zusammengesuchte Beispiele den vermeintlichen Trend. Darauf folgt dann die thematische Suggestion. So viele Beispiele müssen doch repräsentativ sein.

Zwar gerät manchmal die Argumentation ein wenig durcheinander. So wird etwa auf Seite 185 der deutschsprachigen Hardcoverausgabe als nachahmenswertes Servicebeispiel folgendes erwähnt: „Wenn sich die lange Produzedur (beim Tanken) nicht abkürzen läßt, dann möchte man wenigstens unterhalten werden. Eine Tankstelle in Los Angeles etwa hat an ihren Zapfsäulen Minifernsehgeräte installiert. Dort wurde der O.-J.-Simpson-Prozeß live aus dem Gerichtssaal übertragen." Zwei Seiten weiter heißt es dann: „Man hat verschiedentlich versucht, den Leuten die Wartezeiten mit Unterhaltung zu verkürzen. Doch Ted Turners Idee, in der Nähe der Supermarktkassen Fernsehgeräte aufzustellen, erwies sich als kurzlebig. Wahrscheinlich empfanden die Leute diese Berieselung eher als störend."

Aber wer liest den Report schon so genau? Wichtiger als diese kleinen Sperrigkeiten ist ohnehin die geradezu selbstverliebte Botschaft des Buches, die nichts anderes ist als unverhohlene Werbung für die Firma BrainReserve. Denn wenn man die weiteren Beispiele in diesem Buch betrachtet, dann haben Faith Plotkin und Lys Margold die halbe amerikanische Wirtschaft gerettet. „Als Gründerin und Leiterin meiner eigenen Firma, BrainReserve, arbeite ich für meine Auftraggeber an diversen anspruchsvollen Projekten, die alle mit einer Kombination von Ideen, gesellschaftlichen Trends und einer Zukunftsvision zu tun haben." Zum Beispiel im Falle des Nob Hill Lambourne Hotels von Chip Conley in San Francisco, „der sich nach der Lektüre der BrainReserve Trends entschloß, seinen Gästen eine neue Dimenson von Service und Komfort zu bieten: Ihnen steht jetzt in seinen Hotels eine Büroausrüstung ebenso zur Verfügung wie in jedem Zimmer eine Gesundheitsbar und diverse Serviceangebote von der Aromatherapie über Yoga bis zur Reflexzonen-Fußmassage." Belobigender Kommentar, wenn jemand so präzis nach der Popcorn-Methode agiert: „Bravo, genauso wird's gemacht. So wendet man die Trends kreativ an."

Die Trends: Sie sind das Skelett des Erfolges. Sie sind die Leitlinien der Popcorn-Methode. Die Trends, die sie in „Tausenden von Interviews" und in der Auswertung von über zweihundert Zeitungen und Zeitschriften herausgefunden hat. Daß hier wie überall Selbstverständlichkeiten in priesterlicher Attitüde durch die Zuschreibung eines Begriffs zu vorgeblichen Visionen werden, funktioniert wieder durch das Doppelspiel von semantischen Täuschungsmanövern der Autoren und Selbsttäuschung der Leser: Die Erwartung nach Neuem wird erfüllt. Es ist eine Selffulfilling prophecy des Seminarbetriebs: Man erwartet, etwas zu hören, das neu ist, aber doch auch die eigenen Beobachtungen bestärkt, ihnen einen legitimierenden Begriff und eine Struktur gibt. Schon die Bezeichnungen der 16 Trends für die Zukunft erweisen sich als inhaltsleere Sprechblasen oder als längst bekannte Trivialitäten, die zum Alltagsleben aller Generationen gehörten und weiter dazugehören werden. Doch die Magie der Begriffe suggeriert Neues. Wie in der wirklichen Magie: Was aus dem Hut herauskommt, muß irgendwie vorher hineingezaubert werden. Der Unterschied ist nur, daß diese Trendforschung geschickter ist als Varieté-Magie. Sie zaubert aus dem Hut, was die, denen man es vorzaubert, hineingegeben haben, ohne daß sie sich präzis erinnern. So finden sie dies und reißen staunend ihre Augen auf. Denn sie finden es ja wieder in den Zeitungen und Zeitschriften, die dem Zeitgeist auf der Spur sind. Und was in der Zeitung steht, das wissen wir, hat Gewicht:

▨ Cocooning
Das Leben im Kokon. Bedürfnis, sich vor den unerfreulichen, gefährlichen und unvorsehbaren Realitäten der Welt da draußen zu schützen und abzuschotten.

▨ Clanning
Der Wunsch, zu einer oder mehreren Gruppen von Gleichgesinnten zu gehören, die gemeinsame Ideale vertreten und uns in unseren eigenen Grundüberzeugungen bestärken.

▨ Fantasy-Abenteuer
Etwas Nervenkitzel bei risikoarmen, aber trotzdem aufregenden Unternehmen: beim Reisen, beim Essen und in der virtuellen Realität.

▨ Genießen? Jetzt erst recht!
Wir stürzen uns, der Bevormundungen müde, in heimliche Orgien; „pleasure revenge" nennt Popcorn diesen Trend; aus Rache für die Diät ein großes Eis essen.

■ **Kleine Genüsse**
Weil alles immer teurer wird, suchen die gestreßten Konsumenten nach Möglichkeiten, sich mit erschwinglichem Luxus im kleinen selbst zu belohnen.

■ **Die Suche nach Halt und Sinn**
„Ein neuer Trend": Die Suche nach den geistigen Wurzeln in der Vergangenheit. „Unsere Gesellschaft sucht nach Halt", beginnt das entsprechende Kapitel. „Sie schwimmt, aber sie ist immerhin noch nicht ganz verloren."

■ **Egonomics**
Der Wunsch nach Individuellem. „Firmen oder Service-Anbieter, die dem Ego ihrer Kunden schmeicheln und die Außerordentliches bieten, sollten großen Erfolg haben."

■ **Weibliches Denken**
Nicht mehr zielorientiert und hierarchisch, sondern prozeßhaft, familiär, auf Anteilnahme und Mitwirkung setzend.

■ **Mannzipation**
„Ein von uns geprägtes Wort." Neues Denken für den Mann: „Warmherzigkeit und individuelle Freiheit. Männer werden sich ihrer Tränen nicht mehr schämen. Auch werden sie nicht mehr zurückzucken, wenn es um die Babypflege geht."

■ **99 Leben auf einmal**
Wir müssen ständig vieles auf einmal erledigen, sagt Popcorn hier, und haben an unserem High-Tech-Lebensstil schwer zu tragen.

■ **Aussteigen**
Die Entscheidung für einfacheren, erfüllten Lebensstil.

■ **Gesund und lange leben**
Ein ganzheitlicher Ansatz für das Wohlbefinden.

■ **Länger jung bleiben**
Die nostalgische Sehnsucht nach einer unbeschwerten Kindheit als Spaß und Trost in unserem Alltagsleben.

■ **Der wehrhafte Verbraucher**
Möglichkeiten, als Verbraucher durch Druck, Protest und Politik
Einfluß auf den Markt nehmen zu können.

■ **Gegen die Großen**
„Soziobeben" – eine der beliebtesten Vokabeln der Popcorn-Reports: Die Stützen der Gesellschaft in Wirtschaft und Politik werden als Vorbilder in Frage gestellt.

■ **S.O.S. – rettet unsere Gesellschaft**
Die Wiederentdeckung des sozialen Gewissens, Verbindung von
Umweltbewußtsein, Moral, Leidenschaft und Mitleid. „Nur so
kann unser gefährdeter Planet gerettet werden."

Da ist nun alles drin, alles, was unverbindlich ist, was sich ju-
gendfrei verbreiten läßt, was den unmittelbaren Alltag betrifft, was
ohnehin bekannt ist. Es handelt sich allerdings durchweg um Vor-
dergründigkeiten. Die Anonymisierung durch Shareholder-value-
Konzepte und die Globalisierung der Industrien beispielsweise sind
Fremdworte in dieser romantischen Welt der kleinen Genüsse und
der kleinen Widerstände. Das sind die Trends, mit denen man die
Ideen abgleichen soll. Das Täuschungsmanöver ist perfekt: Es werden nur Lösungen angeboten, aber die Probleme nicht benannt, so
daß auch die Prüfung nicht vollzogen werden kann, ob die Lösungs-
vorschläge angemessen sind. Ja, es werden nicht einmal die nachweislichen Linien des Strukturwandels zur Dienstleistungsgesellschaft vernünftig analysiert. Hier herrscht eine Romantik der unter-
nehmerischen Miniaturen vor, was sich dann in den bitter-trivialen
Vorschlägen für erfolgreiche Neubeginne drastisch niederschlägt:

■ **Pannini-Bars** für den amerikanischen Markt („diese kleinen, war-
men, italienischen Brötchen mit Schinken, Käse, Tomaten").

■ **Pommes-frites-Stände mit Mayo und Ketchup** (allen Ernstes). „Was gibt
es in den Niederlanden außer Ketchup nicht alles an leckeren
Saucen zu Pommes frites? Dünne Mayonnaise mit Zitronenge-
schmack, feurige Chilisauce, Senfsauce mit kleingehackten Pick-
les ..." und das alles von Heinz Tomato Ketchup ...

■ **Reflexzonen-Fußmassagen im Flugzeug**

■ **Spezielle Yoga-Hosen.** „Wäre das nicht ein Markt für Clevere?"

■ **Telefon-Service,** der den Anrufern Komplimente macht („Wähl-ein-Kompliment"), „für jene unter uns, deren Selbstbewußtsein nicht sehr stark ausgeprägt ist."

■ **Alte Heilmittel wiederbeleben.** Gesundheitsrestaurants in Singapur mit Hühner-Seepferdchen-Gerichten. „Aufgepaßt, ihr Schnellrestaurantketten: Irgendwann kommt etwas in dieser Richtung auch bei uns."

Was bleibt am Ende?

Überhebliche Selbstbespiegelung wie in einem schlechten Werbeprospekt.

„Zukunftsgedanken gehen mir und Lys niemals aus. Noch während wir die letzten Seiten dieses Buches scheiben, kommen uns schon wieder neue Ideen, die noch weiter in die Zukunft weisen. Und das hört auch nicht auf, wenn Sie das fertige Buch in Händen halten." Diese Ideen reichen sehr weit, überschreiten die Grenze zum Phantastischen – und zu dem, was sich ethisch noch rechtfertigen läßt. Das scheint eine Berufskrankheit zu sein. Denn wie Gerd Gerken in „Trends 2015" mit der Idee der Genomanalyse als Voraussetzung für die Einstellung von Beschäftigten erliegen auch Plotkin und Margold dem übermenschlichen Rausch des Machbaren: „In dichtbevölkerten Ländern werden die Jungen und Mädchen schon bei der Geburt zeitlich befristet sterilisiert. Erst wenn sie sich im späteren Leben bewährt haben (guter Charakter, Familiensinn und ähnliche Kriterien), wird die Sterilisierung rückgängig gemacht."

6   Verkanntes Genie im Trendchaos: Gerd Gerken

6.1   Das Ende der Trends als Trend oder umgekehrt

„Trends 2015" ist ein Buch im üblichen Gerken-Stil, atemlos dahingeschrieben, bestehend aus Aphorismen, Zukunftsfieberträumen, unverständlichen Wortschöpfungen und allumfassenden Wissensvermittlungen, in denen der Worpsweder Guru von der Chaosforschung bis zum Cybersex, von der Atomphysik bis zur Gentechnik, von der Hirnforschung bis zum Marketing, von der Werbung der Zukunft bis zum Taoismus, von alternativen Energien für die neue Lust am Auto bis hin zu jener dubiosen genomanalytischen Durchleuchtung ohne falsche Bescheidenheit buchstäblich alles erklärt. „Trends 2015" ist nur deshalb in diesem Zusammenhang von Bedeutung, weil Gerken, noch während dieses Buch in den Verkaufslisten aufscheint, in einem weiteren Elaborat, „Magische Masse", die Trendforschung überhaupt und damit sich selber ad absurdum führt.

Es ist zweitens bemerkenswert, weil es der verbreiteten gesellschaftlichen Mode zur Zerstörung der Vernunft durch Aberglauben, pseudoindianischen Hokuspokus und Esoterik das Wort redet. Denn Gerken feiert sich als „Schamane". So ruft er nun die schamanistische Revolution aus („dream time returns") und empfiehlt Managern in „Trends 2015" „nagualistische" Schwitzbäder und anderen Unsinn. Nachweislichen Unsinn: denn das „große Nagual", das Gerken als kollektive Inspirationsquelle feiert, hat mit den indianischen Ritualen des gemeinschaftlichen Schwitzens nichts zu tun; Nagualismus ist die Überzeugung bestimmter mittelamerikanischer Stämme, daß das Leben eines Menschen untrennbar mit dem Leben eines Tieres oder einer Pflanze verbunden sei. Die Achtzehnjahresvorausschau beinhaltet überhaupt eine eindrucksvolle Sammlung solcher Fehler, manche so plump (wie die nicht existierende „Tachyonenenergie", mit der Gerken die Autos in naher Zukunft auf achtspurigen Autobahnen bewegt sieht), daß man glauben könnte, der Mann lache sich heimlich über die Leichtgläubigkeit seines zahlenden Publikums ins Fäustchen und teste aus, wie weit er gehen kann. Dann aber gibt er in gelegentlichen unbezahlten Interviews zu erkennen, daß er das unverständliche Gemurmel durchaus ernst meint und offenbart in reiner Form das semantische Prinzip seines Denkens: den in sich selbst kreiselnden Widerspruch, der so lange spiralförmig durchformuliert wird, bis ihm jede Bedeutung ausgetrieben ist. „Ich glaube", gab Gerken vor einem Jahr in der *Wirtschaftswoche* programmatisch zum besten, „daß ein Leben erst dann gelingt, wenn es immer mehr wird, je mehr man von seinem Leben ablebt. Dahinter besteht die Annahme, daß der Sinn darin besteht, mein Leben immer spurenloser zu machen. So lange, bis sich schließlich auch die Idee des Sinns auflöst ... Am Ende möchte ich absolut keine Ziele mehr haben. Kein Ziel ist mein Lebensziel ... Je leerer man wird, desto mehr wird man zur Potentialität, also zur höchsten Energie des Lebens ... Ich arbeite seit längerer Zeit nicht mehr im üblichen Sinne, also mit Wille, Ernst, Planung und Leistung. Deshalb weiß ich im Moment noch nicht so genau, wofür ich arbeiten würde, wenn ich arbeiten würde."

In diesem Stil geht es weiter: mit der planvollen Negierung der Frage und der unaufgelösten Konfrontation der eigenen Meinung.

Ob er Wert auf öffentliches Ansehen lege? „Soviel, daß die Öffentlichkeit nicht merkt, daß ich keinen Wert darauf lege."

Worauf er stolz sei? „Auf nichts."

Ein Rat für jüngere Menschen? „Versuchen Sie mit ungefähr 20, einen mentalen oder spirituellen Lehrer zu finden, damit Sie der rationalen Dressur, die unsere Kultur vollzieht, entgehen können. Bitten Sie diesen Lehrer, Ihnen beizubringen, wie Sie Ihr Gehirn so programmieren, daß Sie sich immer wieder von allen Programmen befreien können. Und wenn Sie so einen Lehrer nicht finden, dann machen Sie es Do-it-yourself, also in etwa nach dem amerikanischen Motto Sex, Drugs und Rock 'n' Roll."

Man glaubt es nicht: Diese Mischung aus Esoterik, negativer Dialektik, falsch verstandenem Taosimus, Vulgärschamanismus, überzogener Eitelkeit und – „Sex, Drugs und Rock 'n' Roll" stellt also für viele Manager eine Quelle unternehmerischer Inspiration dar, für die sie Honorare in Höhe eines ihrer Monatsgehälter hinblättern. Damit wird die klägliche Unsicherheit, die Hilflosigkeit der betreuungssüchtigen Gesellschaft noch einmal beispielhaft offenkundig. Denn die Akzeptanz dieser inhaltsleeren Aussagen offenbart erneut das quasi-religiöse Element dieser Exerzitien, wie sie in leicht veränderter Form auch vom Jesuitenpater Rupert Lay in sündteueren Seminaren gepflegt oder von Trendpfarrer Traugott Giesen und dem Moraltheologen Friedrich Schorlemmer gepredigt werden (vgl. Kapitel 12.1). Diese Flucht vor der Verantwortung tarnt sich als Selbstfindungsprozeß. Es ist eine erbarmungswürdige Regression, die Sehnsucht gestandener Führungspersönlichkeiten nach der vermeintlich seligen Kinderzeit. Es ist die Sehnsucht nach einer Zeit, als man von einem der zweifelhaften Buchclubs gekeilt wurde, aber Gott sei Dank noch so jung war, daß die Eltern diese Fehlentscheidung mit ihrer Unterschrift widerrufen konnten.

Diese Regression offenbart sich bei Gerken also im goutierlichen Selbstwiderspruch. Die Antworten im Interview sind wie die Reaktionen eines trotzigen Kindes: Kein Sinn als Sinn des Lebens, keine öffentliche Anerkennung als Ziel des öffentlichen Auftretens, Ziele durch Absichtslosigkeit zu erreichen, und schließlich, in der gesamten Arbeit und dokumentiert im letzten Werk „Magische Masse": als Trendforscher alle Trends zu negieren, als Soziologe der „fraktalen Gesellschaft" die Masse wiederzuentdecken.

Dahinter steht noch etwas: Die Lust an der Umwertung aller Werte, Aufregung und dann schließlich auch das Geschäft. Das wird im Buch „Magische Masse" recht deutlich. Denn „Magische Masse" ist weniger Aufklärung über die Gesellschaft als Zeichen für die Verärgerung des Gurus, daß sich so viel Konkurrenz etablieren konnte. Also muß Gerken, der allmählich verblassende Leitstern der deutschen Trendbewegung, um wieder einen Schritt vorn zu sein, nun das Ende der Trendzeit verkündigen. Aber das ist nicht alles: Die offensichtlich sehr geduldigen Leser werden von Gerken in diesem Buch auf spektakuläre Weise mit dem Ende verschiedener Epochen vertraut gemacht. So wird das „Markentuning" zum „magischen Code", es entsteht eine „Wild future", in der die Manager den Abschied von den kalten Strategien lernen müssen, also vom Marketing. Das dreht sich ebenfalls so schnell im Keis, daß wie bei Faith Popcorn mitunter das reine Gegenteil von dem behauptet wird, was noch wenige Seiten zuvor im selben Buch stand: „Da haben wir es, dieses tradierte Denken in Profilen", ätzt Gerken gegen den rationalen Geist des heutigen Managements, dem er das Rhizomprodukt verkaufen will. „Ein Rhizom ist genau das Gegenteil eines Profils. Es muß deshalb die Aufgabe sein, das Markenprofil zu zerstören." So liest man es auf Seite 107, garniert mit dem Beispiel Coca-Cola, das eine erfolgreiche Markenzerstörung absolviert habe. Acht Seiten weiter erklärt Gerken dann das „Tuning von Marken" durch Multimedia: „Zuerst muß man sehen, daß der innere Charakter von Multimedia überaus günstig für Vernetzung, Kooperation, Co-Evolution und Verschmelzung ist. Multimedia wird deshab den Schritt weg vom Marketing und hin zu Interfusion sehr begünstigen. Und die Marke wird dabei eine zentrale Rolle spielen."

Denn Multimedia sei, so Gerken weiter, „das Ende der Information". Multimedia verändere die Welt des Managements dramatisch. „Exformation statt Information" bringe das neue Multimedia-Zeitalter – wieder die Erläuterung eines Begriffs mit Hilfe einer epochalen Zuschreibung und wieder der semantische Taschenspielertrick, die Antwort auf eine nicht gestellte Frage aus dem Gegenteil des Üblichen herauszuzupfen und sich damit als Seher der Zukunft zu deklarieren.

6.2 Märchenhafte Managementberatung

„Magische Masse. Die Rückkehr der großen Mengen" – der Inhalt des Buches ist leicht erzählt: Gerken sieht, daß er mit seinen Mutmaßungen über die hoffnungslose Aufspaltung der Gesellschaft („fraktaler Markt") nur oberflächliche Zeiterscheinungen abgebildet hat, erklärt flugs das, was ihm immer schon widersprach, zum neuen Trend und ruft nun das Gegenteil von dem aus, was vorher Kern seiner Aussagen war.

Diese Inszenierung wird wortgewaltig und im Wortsinne märchenhaft vorbereitet, indem er sich selber in einer Geschichte als „Guru" feiert, die ohne einsichtigen Grund die ersten elf Seiten des Buches beansprucht und den Verdacht der regressiven Kindlichkeit mehr als reichlich nährt. Gerken erzählt ein Märchen, das auf wahren Begebenheiten beruht, allerdings einen anderen Ausgang nimmt als in der Wirklichkeit. Es handelt sich offensichtlich um die Geschichte der Zigarettenmarke „West" aus dem Hause Reemtsma, das sich von

Gerken eine „fraktale" Werbekonzeption hat aufschwätzen lassen. Diese Konzeption basierte auf der Zerstörung des Markenkerns, so wie Gerken es predigte. Sie führte die Marke an den Rand des Ruins, weil sie gerade durch den Verlust einer allumfassenden Identifikation durch die Aufsplitterung in viele kleine Bedeutungspartikel sämtliches Profil verlor. Heute geht man bei Reemtsma wieder andere Wege. Die Verantwortlichen für den Flop sind, so konnte man in Branchenmagazinen lesen, versetzt oder entlassen. Gerken aber erzählt die Geschichte, als sei sie der Geniestreich eines begnadeten Beraters, „eine Geschichte aus dem Land des Marketings". Sie ist nichts anderes als eine eher peinliche Selbstbeweihräucherung und die Botschaft, daß Manager Idioten sind. Daß sie in diesem Fall zudem noch klar zu identifizieren sind, überschreitet eigentlich die Grenze zur Frechheit, illustriert auf jeden Fall aber jene neue Arroganz, die die Kaste der Trendforscher derzeit hemmungslos pflegt.

Ein Produkt funktioniert nicht mehr, erzählt Gerken. Die Kunden spielen nicht mehr mit, weichen, sosehr man sich auf sie einstellt, auf andere Nischenprodukte aus, wechseln ihre Bedürfnisse. Nach einer Reihe untauglicher Versuche kommt es zur Frage, wie man den Kunden ihr sprunghaftes Verhalten wieder abgewöhnen kann. Wie es der Zufall will, tritt ein „gerade sehr aktueller Unternehmensberater" auf, „den man Guru nannte (niemand wußte warum)".

„Nun ja, antwortet der Guru", schreibt Gerken, der dieser Guru ist, „eigentlich sollten wir bei Ihrer Philosophie bleiben, also bei close to customer. Einmal close bedeutet immer close, will sagen, lassen Sie uns doch ruhig mit den Konsumenten mitgehen. Ja, lassen Sie uns den modischen Tanz ihrer Selbstüberraschungen mitmachen. Lassen wir doch unsere Produkte mit den Moden der Konsumenten mittanzen. Die Epoche der Fraktalisierung beginnt nämlich ..."

Und so weiter.

Natürlich geht es auch weiter wie im Märchen.

Die Marketingleute hören nicht auf den Guru.

Aber wie sagte Faith Popcorn so originell: „Wer nicht hören will, muß fühlen."

Also wird reumütig der Guru wieder engagiert.

Diesmal wallfahrtet man zu ihm nach Worpswede. Immer noch zweifelnd, denn es wäre ja, wenn man der Theorie des fraktalen Marktes folgte, alles offen?

„‚Nun ja‘, antwortete der Guru, während er allen ein neues Glas Cos d'Estournel 1982 einschenkte, ‚diese prinzipielle Offenheit, die in der Tat das Ergebnis der ganzen Fraktalisierung ist, bedeutet aber auch die Rückkehr der großen Umsätze. Denn nun gibt es keine festgefügten Besitztümer mehr. Alles atomisiert sich, und das ist die Renaissance der großen Masse.‘"

Da ist sie wieder, die verworrene Dialektik, die Spielerei mit der semantischen Selbstaufhebung jeglicher Einsicht. Das geht so schnell, daß das staunende Publikum überhaupt nicht mitbekommt, daß es hier um dünnste Platitüden geht, die zudem noch auf einer – um es vorsichtig zu sagen – fadenscheinigen Adaption der Chaosforschung beruht, dem „Fraktal", dem Prinzip der Selbstähnlichkeit: Eigentlich ist das, was Gerken da predigt, genau das Gegenteil, die Zerstreuung einer Marke in alle möglichen Unterschiede. Aber was macht das schon, wenn nur überzeugend genug argumentiert wird. Wenn Begriffe wie „Massen-Mythos" fallen, wenn der Weg vom „Profil zur Faszination" beschrieben wird, wenn von der „Marke, die ein Fraktal ist, das ein Mythos ist" die Rede ist, das alles zudem noch in lukullischer, um nicht zu sagen kitschiger Atmosphäre. „Später gegen Abend gab es Nudeln im Garten", erzählt Gerken, um die nächste Selbstbelobigung einzuleiten, „während oben im Sommerhimmel die Fledermäuse vorbeiglitten, so elegant und so schnell wie die fraktalen Moden des neuen Marktes."

Dann kommen sie dahinter, die Manager des Zigarettenkonzerns, der zwar nicht genannt, aber mit dem koketten Hinweis „test it" irgendwo im Text identifiziert (man könnte allerdings auch den Eindruck gewinnen: verhöhnt) wird. Dann verstehen sie, daß die neue Masse eine „Masse aus Unikaten" ist, und sie fahren (warum, das wird nicht deutlich) zu einem anderen Marketingaltmeister mit Namen Domizlaff, der natürlich bestätigt, was der Worpsweder Guru ihnen geraten hat. Spitzbübisch lächelnd attestiert er der Gerkenschen neuen magischen Masse am Ende des ersten Kapitels – „Genialität".

Während Leserinnen und Leser noch darüber nachdenken, ob sie nun mehr die Chuzpe bewundern sollen, den nachweislich fehlgeschlagenen Versuch eines Werbekonzepts als geniales Beispiel der eigenen Beratungstätigkeit zu verkaufen, oder sich von der triefenden Selbstverherrlichung angewidert fühlen, schaltet Gerken um.

Er wird aggressiv.

Beginnt mit harscher Kritik an IBM und am Bertelsmann-Konzern, der beispielsweise in der neuen Videowelt keine Rolle mehr spiele. Warum? „Bertelsmann hat vergessen, seine nächste Zukunft zu erfinden", „Skyways", „Cyber-Culture", „digitale Prozeßsteuerung des bürgerlichen Lebens", was immer das heißt. All das habe Bertelsmann verschlafen, sagt Gerken. Der Weltkonzern hat es versäumt, „unlogische Zukünfte" zu erfinden. Denn es reiche nicht mehr aus, Trends zu analysieren. „Die Trends verbrennen im Zeitgeist, weil es zu viele Trends zur selben Zeit gibt."

Genau das war die Kritik an Gerken und den anderen Trenderfindern: daß die selbsternannte Trendforschung wahllos aus den zahllosen Möglichkeiten der Verhaltensoptionen ein paar Beobachtungen herausgriff, mit klingelnden Worten behing und dann lautstark damit die Zukunft interpretierte, obwohl man beliebig viele andere Ausdrucksaktivitäten der modernen Gesellschaft auch als Trends hätte ausrufen können. Gerken war mit einer Reihe von Büchern wie dem noch aktuell in den Listen befindlichen „Trends 2015" und zuvor schon „Trendzeit" ja wesentlich an der Beschleunigung dieser Inflation beteiligt. Nun bringt das nichts mehr. Also kehrt er zurück zur soziologischen Nichtbeobachtung, daß eine Gesellschaft recht viele Möglichkeiten ausgeheckt hat, den Alltag zu gestalten, sich zu kleiden oder Zigaretten zu rauchen. „Ein Kaleidoskop von Möglichkeiten", läßt Gerken uns fettgedruckt wissen, „in dem alle Möglichkeiten kurzfristig zur Mode werden können."

Dem Ärger über die Flut von Trendkonkurrenten läßt er unverhohlenen Lauf. Es ist wie im Busch, wo der Medizinmann böse wird, wenn ein anderer Medizinmann auftaucht und ihm sein Terrain streitig macht. „Es gibt inzwischen in Deutschland sieben Trend-Institute", klagt der gescheiterte Werbeagenturbetreiber Gerken in herablassendem Ton, „unzählige Ich-auch-Experten, meistens Werbeleute und Journalisten. Als ich 1976 mit meinen ersten Trend-Diagnosen begann, hätte ich vermutlich auch nicht zu prognostizieren gewagt, daß es schon 1994 mehrere Trend-Tage geben würde."

Das sei nun also alles vorbei. Die, die sich heute noch mit Trends abgeben, seien veraltet. Er habe, schreibt Gerken weiter, eine Wette abgeschlossen: „In der zweiten Hälfte der 90er Jahre werden die Trends ganz unwichtig werden – weil dann die Zukunft zum Trend wird." Was immer das heißt und wo er diese Wette abgeschlossen

hat, wo sie nachzulesen ist, um was gewettet worden ist (vermutlich um Cos d'Estournel), was sie überhaupt bedeutet, bleibt im dunkeln. Ebenso wie der Sinn der Erläuterungen zum Totentanz der
Trends. „Wir verlassen die Gegenwart der Trends, um Zukünfte erfinden zu können." So kann man die Trends beruhigt vernachlässi-
gen. Damit wird auch die Konkurrenz immer unwichtiger, weil er,
Gerken, schon wieder wie der Igel einen Schritt weiter ist als all die
Hasen. Man brauche sich doch nur umzusehen: „Schon heute sagt
die Generation X, entsprechend einer repräsentativen Umfrage des
Wiener, daß es Spaß macht, neue Trends zu schaffen. 63 Prozent
sehen sich bereits als private Trendmacher."

6.3 Trendverbrennung durch den Trendberater

Diese Bemerkung – immerhin in einem Buch aus dem Jahr
1996 – ist insofern interessant, als es die deutsche Ausgabe des
Trendmagazins *Wiener* seit 1994 nicht mehr gibt. Gerken müßte es
wissen. Er war Kolumnist im gescheiterten Trendblatt. Der stellver-
tretende Chefredakteur des Magazins, Michael Konitzer, wurde dann
kurzzeitig Trendforscher bei einer großen Hamburger Werbeagentur, nannte sich dort „Turbulenzforscher" und entdeckte solche bahnbrechenden Dinge wie „Work wear", Mode im Arbeiterstil. Konitzer, der Koautor des Gerkenschen Trendbuches „Trends 2015" ist,
arbeitet heute bei Microsoft.

Also keine Trends mehr? Nein. Nur noch ein „Kaleidoskop von
Möglichkeiten, in dem alle Möglichkeiten kurzfristig zur Mode wer-
den können". Das ist Botschaft des Buches „Magische Masse". Aber
auch hier nistet der Widerspruch im System. Denn die Werbung am
Ende des Buches bleibt treu bei dem, was Gerken seit Jahren am
Ende aller seiner Bücher als Dienstleistung offeriert: Trends. Sein
Institut habe es sich zur Aufgabe gemacht, liest die verwunderte
Leserschaft nach der Zertrümmerung aller Trendwerte, „der Wirt-
schaft weltweit wichtige zukunftsweisende Trends in qualifizierter
und regelmäßiger Form zu präsentieren. Basis ist das RADAR-Sy-
stem, das als Analyse-Verfahren Anfang der achtziger Jahre von Gerd
Gerken entwickelt wurde, um die Komplexität und Dynamik von
Trends systematisch erfassen zu können." Gerken müßte als Autor

des Buches „Magische Masse" eigentlich gegen sich selber ein Verfahren wegen Geschäftsschädigung anstrengen. Denn auch die Inhaltsanalyse der „Medien mit frühen Inhalten" bleibt im Programm, wo doch die Medien nichts anderes seien, als – so könnte man Gerken in verständliches Deutsch übersetzen – Durchlauferhitzer der Scheintrends, die im Prozeß des „Naming" (siehe Kapitel 7.1 über die Methoden von Horx und Wippermann) von Trendkonkurrenten erfunden werden.

Das RADAR-System basiert laut Selbstbeschreibung des Instituts auf 26 Megatrends und beobachtet kontinuierlich die dynamischen Verläufe von rund 170 Trends. Darüber hinaus werden globale Metatrends diagnostiziert und ganze Trendlandschaften beschrieben. Im Buch vor der Werbestrecke heißt es: Trends sind auf jeden Fall „untauglich für globale Managementfragen". Die Medien seien überhaupt nur Recyclinghilfen für publicitysüchtige Me-too-Trendforscher: „Ihre Trendprognosen stimmen ... erst dann, wenn sie es geschafft haben, den medialen Fokus auf ihre Prognosen zu steuern. Ohne Beherrschung der Media literacy funktioniert demnach das Trendgeschäft nicht." Großzügig erstickt Gerken also die Kritik, die vom Autor dieses Buches im Februar 1995 formuliert und dann in der Öffentlichkeit breit diskutiert wurde, indem er sie als eigene Einsicht ausgibt. Dennoch akquiriert er mit der Inhaltsanalyse der Medien, ohne näher zu erklären, wie diese Inhaltsanalyse funktioniert (siehe dazu Kapitel 13.2).

Aber um Logik geht es hier offensichtlich nicht. Vielleicht spielt sich Gerken ja unbewußt mit seiner Liebe zur negativen Trivialdialektik selbst einen Streich und behauptet wieder einmal etwas, das dann um die eigene Achse gedreht das Gegenteil und das Gegenteil vom Gegenteil ergibt – etwa so: Es gibt keine Trends mehr, und das ist der Trend, der alle Trends in sich aufhebt, und solange der Markt Trends haben will, bekommt er auch Trends von Gerken, der sich aber bereits auf die neue Marktlücke vorbereitet, wo es keine Trends mehr gibt.

Chaos.

Ein Chaos aber, das sich als tiefe Einsicht des zunächst verkannten Visionärs gebärdet, der eigentlich alles erfunden hat und dabei ist, weiteres zu erfinden. Gerade deshalb wirkt die Beharrlichkeit, mit der der Widerspruch zwischen Buchinhalt und Werbung für Trendanalysen durchgehalten wird, fast amüsant. „Der eine oder andere Leser weiß", schreibt Gerken, „daß ich mich vor einigen Jahren schon von der Idee der Megatrends, wie sie John Naisbitt und ich *(John Naisbitt und ich!)* gegen Ende der siebziger Jahre favorisiert haben, getrennt habe. 1976, als ich mit Trendberatung in der deutschen Wirtschaft begann, präsentierte ich überwiegend Einzeltrends und später Megatrends." Aber damit ist die arrogante Selbstbeweihräucherung und die Niederbügelung der Kritiker noch nicht zu Ende. Selbst Faith Popcorn gerät ins Gerkensche Fadenkreuz. „Wenn z. B. Faith Popcorn im März 1994 behauptet, ‚noch 5 Jahre, ... dann übernehmen die Frauen in Politik und Wirtschaft die Macht‘, dann ist das keine verläßliche Prognose. Was diese Trend-Prognose bewirkt, ist lediglich ein Verschieben des Kaleidoskops." Gerken hingegen sah das Ende voraus: „Als ich vor einigen Jahren mein Buch ‚Abschied vom Marketing‘ schrieb, gab es sehr viel ungläubiges Staunen über diese These." Mittlerweile sei die Idee von vielen Großunternehmen adaptiert worden. Ob sie im einzelnen Gerkens Beratungsdienste in Anspruch genommen haben, ist dabei unwichtig. Er feiert sich als Erfinder – erneut läßt Topor grüßen. In der zweiten Hälfte der achtziger Jahre begann Gerken mit *Meta*trends zu arbeiten, wie er sagt. „Das sind die Trends, die andere Trends steuern." Nun ist also auch das vorüber, jetzt organisiert sich der Geist seine eigenen Überraschungen. Der Manager, der trotzdem „mit dem Effekt der Kausalität und der Finalität arbeitet, wird zum Urheber von negativen Schatten-Effekten. Anders gesagt: Je rationaler man in evolutionären Märkten managt, umso irrationaler werden die Entgleisungen."

Was das im einzelnen bedeutet, bleibt lange unklar. Und es ist einfach zu mühsam, den verworrenen Gedanken des Buchs über die Magische Masse im einzelnen nachzugehen. Oder vielleicht auch: Es ist unmöglich, diesen Gedanken nachzugehen, weil das Werk eine wüste Ansammlung unverbundener Aphorismen darstellt, die immer wieder auf einen Punkt zurückführen, in dem dann die Gedanken doch klar zu erkennen sind: der Konkurrenz die Fähigkeit zur Managementberatung absprechen. „Sie (die Manager) bestellen bei den Trend-Instituten und Trend-Beratern Trend-Verläufe, die real sein sollen. Aber sie bekommen lediglich ein Abbild der instabilen und fluktuativen Beziehungen zwischen den Trends, die ihrerseits

wieder instabil und fluktuativ sind. Erst das Trendgerede", kritisiert Gerken, „erzeugt die Trends."

Man steige also mit den falschen Instrumenten in das Trend-
management ein. „Man vergewaltigt die Trends durch Logik und
macht aus ihnen die Ursachen für Miß-Management." Aber was darf
man statt dessen glauben? „Da unsere Gesellschaft immer mehr zum
fraktalen Archiv wird, das sich permanent bewegt, wird die Self-
fulfilling-Dynamik im Sinne der Autopoiese immer wichtiger." Da
ist nun wieder einer dieser Begriffe, „Autopoiese", ein Wort, das
die Trendforscher neuerdings noch viel mehr fasziniert als das Wort
„fraktal". In das Umfeld der Trendforschung, nämlich in die system-
theoretische Soziologie, wurde es durch Niklas Luhmann gebracht,
dem wir auch den semantischen Bestseller „Reduktion von Komplexität" verdanken. Der Kern der in sich oft widersprüchlichen
Argumente liegt stets in der Chaosforschung, naheliegenderweise.
Denn Chaos, so Gerken, sei das Wesen der Trends. Jedes Chaos wiederum habe drei Regeln. Folglich hätten auch die Trends, die keine
sind, sondern Chaos, drei Regeln, und wieder regnen einige Begriffe
auf die Leserschaft herab:

- ■ **Wandernde Attraktoren**
- ■ **Fraktale**
- ■ **Bifurkationen**

Beim letzten ist Gerken allerdings nicht schnell genug gewesen, weil diese „Bifurkationen" auch schon beim Trendgespann Horx
und Wippermann vorkommen (auch 1996, nun weiß man nicht, wer
den Claim als erster abgesteckt hat) – Bifurkationen also, auf deutsch
„Verzweigungen".

Aber auch das hat Gerken schnell gemerkt und eilt, als seman-
tischer Frankenstein versiert, weiter, zu einem neuen Wortgeschöpf:

- ■ **Emergenz**

„... das plötzliche Aufteten einer neuen Qualität, die sich jeweils nicht durch die Eigenschaften oder Reaktionen der beteiligten
Elemente erklären läßt, sondern durch eine jeweils besondere selbst-
organisierende Prozeßdynamik." Nun ist das auch kein wirklich neues Wort, sondern stammt wieder aus der Soziologie, wo mit diesem
Begriff schlicht zeitgeistige Strömungen und sich zu ungeahnten Kon-

sequenzen summierende Handlungen beschrieben werden, die dann in ihrem Ergebnis eine neue, von niemandem beabsichtigte Qualität besitzen. Wenn also alle Urlauber vernünftigerweise nicht gleich am Morgen nach Schulschluß aufbrechen, sondern einen Tag warten, um den üblichen Staus zu entgehen, entstehen diese Staus gerade wieder, nur um einen Tag versetzt. Das ist eine Emergenz. Die Trends der Zukunft sind nach Gerken also eigentlich die Emergenzen. Das ist schlicht eine Tautologie. Wie auch die Schlußfolgerung für die Arbeit des Managements: Realitäten herzustellen, die nicht im Trend sind.

Das sei die eigentliche unternehmerische Aufgabe.

Man atmet auf, man atmet durch, weil endlich einmal ein klarer Gedanke formuliert ist, aber dann bleibt einem die Luft weg, weil es wieder einmal erst nach wenigen Minuten des Nachdenkens klar wird: Das ist ein uralter Hut und heißt nichts anderes als „unternehmerisches Risiko", das sich auf mutmaßliche Entwicklungen in der Gesellschaft einrichtet, auf demographische Entwicklungen, auf das Zusammentreffen kultureller, wirtschaftlicher, technischer und politischer Faktoren.

Aber so einfach ist es am Ende dann doch wieder nicht. Denn Gerken warnt vor jeder Strategie: „Statt Strategie planen wir die methodische Provokation von überraschenden Erfindungen." Wie das konkret geht, wird natürlich nicht verraten. Wie sich die „Planung für Erfindungen, durch die sich Prozesse selbst herstellen" in ein unternehmerisches Alltagskonzept gießen läßt, das ist nicht Sache der Pop-Trendforscher.

7 Die neuen Renaissancemenschen der Forschung: Horx & Wippermann

7.1 Vom Ende und endgültigen Ziel der Wissenschaften

Eines der Rätsel, dessen Lösung sich einem Beobachter der Beratungsszene nicht erschließen will, besteht darin, daß Trendforscher zu allem etwas zu sagen haben und daß sie als Berater aller auch nur erdenklichen Branchen auftreten. Bei Matthias Horx und seinem Kompagnon Peter Wippermann werden als „Großkunden" beispielsweise Unilever, Beiersdorf, Philipp Morris, Seagram genannt, Vorträge sind dokumentiert vor der Autoindustrie, der Gastronomie, vor Berliner Immobilienmaklern und vielen anderen – kurz, vor jeder auch nur erdenklichen Klientel. Horx und Wippermann gerieren sich daher auch in ihrem neuesten Werk „Was ist Trendforschung?" als die Leonardos der Gesellschaftswissenschaft. Das heißt: die gesamte abendländische Wissenschaft wird neu definiert und in ihrer Teleologie aufgeblättert. Was kommt heraus bei dieser Wissenschaftsphilosophie? Alle Wissenschaft ist nichts anderes als ein Vorlaufprogramm für die Trendforschung, in der sich offensichtlich heute der Hegelsche Weltgeist zu erkennen gibt. Das ist keineswegs übertrieben. Sie schreiben es: „Trendforschung ist im Kern Informationsverdichtung. Ihre fast unlösbare Aufgabe läßt sich in dürren Worten beschreiben: Aus der ganzen universalen Erscheinungsvielfalt muß sie den Weltgeist herausdestillieren." Wie ein doppelköpfiger Phönix steigt strahlend das neue Titanenduo aus der Asche der verbrannten Wissenschaften, verkündet das Ende der alten Weisheiten, die „Krise der klassischen Wissenschaften" und erklärt das Programm des Hamburger Trendbüros „als interdisziplinäre Metawissenschaft". Seine Methode sei das „Sampling", das heißt: die Zusammenschau all dessen, was bislang von der abendländischen, der morgenländischen und vermutlich auch von allen anderen Philosophien und Methoden erdacht worden ist. Die Trendforschung stehe, legt dieser Gedanke nahe, über allem. „Trendforschung sampelt andere Wissenschaften zu einer neuen, holistischen Sichtweise der Welt." Gönnerhaft geht es weiter: „Gehen wir diese Teilwissenschaften, aus denen die Trendforschung ihren Honig saugt, noch einmal der Reihe nach durch."

Gehen wir also.

- Soziologie: „Leidet unter dem Komplexitätsschock."
- Geschichtwissenschaften: „Sind das kleine Einmaleins auch der Trendforschung."
- Markt- und Meinungsforschung: „Liefert wichtige Grundlagendaten."
- Psychologie: „Unverzichtbar für jede holistische Weltbetrachtung."
- Semiotik: „Zentralwissenschaft der Trendforschung."
- Futurologie: „Integraler Bestandteil der Trendforschung."
- Evolutionswissenschaften: „Bieten außerordentlich wertvolle Impulse."
- Chaosforschung: „Hier drängt sich die Analogie mit den Trends förmlich auf."
- Es kommen hinzu: „Evolutionäre Medizin" und „Analogiewissenschaften" und die „Komplexitätstheorie", deren praktische Anwendung auf die Gesellschaft und die Wirtschaft die Trendforschung sei.

Was ist es konkret?

Altbekanntes in neuen Worten.

Der Werbeprospekt des Hamburger Trendbüros enthält zwar das Versprechen, vermutlich mit einem Seitenblick auf den Wortzauberer Gerken, keine wilden Fremdworte zu verbreiten. Indes, der Vorsatz wird nicht nur gebrochen. Denn es sind nicht bloß exotische Fremdworte, die der Leser zu lernen hat. Dazu kommen noch jede Menge Wortschöpfungen, Neologismen, ein willkürliches Vokabular, das man in seiner Eigenwilligkeit nur noch als „horxistisch" charakterisieren kann.

Dieser Horxismus unterliegt denselben Gesetzen, wie sie bereits in der Praxis der bislang beschriebenen Trendforschung deutlich wurden: Es handelt sich um den dünnen Aufguß bereits bekannter Theorien oder literarischer Moden, dabei insbesondere und immer wieder des Konzepts der „Generation X", aufgelesener Modeweisheiten, die sich auf ein enges Feld der Accessoires-Industrie konzentrieren und in swingenden Begriffen als Trend ausgewiesen werden. „Wenn ein Phänomen ... einen logischen Abdruck, eine Plausibilität, eine Gestalt in unseren Hirnen hinterläßt", dann gehe es ans „Naming" – auf englisch. Weil die deutsche Sprache zu wenig Esprit habe. Tendenzen, die ohnehin jeder klar erkennen kann, werden mit einer Worthülse ummantelt, manche davon sind schlicht Synonyme, modernistische Anglizismen hängen wie Lametta in dieser Dekoration und sagen noch weniger. Aber sie sind eben glänzender – prozeßhafter, wie Horx, der sich damit gleich auch noch als linguistischer Wissenschaftstheoretiker zu erkennen gibt, meint. „Die deutsche Sprache ist furchtbar holzschnittartig. Sie ist nicht aufgebaut auf prozeßhaftem Denken. Die Amerikaner haben dieses -ing, mit dem ein Phänomen benannt wird, das sich in die Kultur reinbewegt."

Wenn nun „einige einfältige Kritiker" (vgl. Kapitel 1.2) nachfragen, wie stark ein Trend sei, wie lange er andauern werde, dann gibt es nicht etwa eine Antwort. Dann wird das „Quantifizierungsdilemma" ins Feld geführt: „Die Antwort, die wir auf diese Frage geben müssen, ist im Wesen unserer Zunft bereits festgelegt. Sie muß sibyllinisch ausfallen, weil sich in ihrem Inneren ein Paradox verbirgt." Die Stärke und Dauer von Trends könne man schon abschätzen, ja. Aber da es sich um „die Analyse komplexer Systeme im Hinblick auf die zukünftige Entwicklung" handelt, lassen sich die Einschätzungen nicht in präzise Zahlen fassen. Mehr noch und noch schwammiger: „Wenn es stimmt, daß die Königsaufgabe der Trendforschung darin besteht, für komplexe Dynamiken in modernen Gesellschaften Sprachbilder zu finden, dann können ihre Prognosen nicht im eigentlichen Sinne falsch sein." Mit anderen Worten: Begriffe lassen sich beliebig und beliebig häufig bestätigen, wenn sie nur so allgemein sind, daß das Universum der Bedeutungszuschreibungen galaktische Ausmaße besitzt. Alles ist Cocooning, „ein ganzes Mündungsdelta von Bedeutungen"; alles ist „Rezessionskultur" und „neue Langsamkeit", alles „neuer Victorianismus" (mit c) und „Soft Individualismus", „Basic" und „Prosuming" oder „Apokalyptizismus", garniert mit „New Work", „Magischer Surrealismus", „Compost Modernism", „Technomaden", „Moral-plus-Faktor" und anderen Belegen eines Talents: schillernde Poesie, aber auch schlichte Übernahmen aus den Headlines der aktuellen Zeitungen und Zeitschriften wie etwa „Aufstand der Alten" (siehe Kapitel 11.1).

Schon das Standardprogramm dessen, was die Hörer und Kunden an Einsichten zu erwarten haben, zeigt sich in dieser Mischung aus willkürlicher Benennung und trivialen Einsichten der Marketingpraxis: Da gibt es allem voran die Mär vom aktiven Kunden, der gleichzeitig Konsument und Produzent sei, was dann mit dem Begriff des „Prosuming" ausgedrückt wird. „Prosuming" tritt an die Stelle von Consuming, benennt den Trend „weg vom Massenkonsum – hin zu den Bedürfnissen des einzelnen Konsumenten". Es werden immer mehr Warenkonzepte entwickelt, bei denen der Konsument seine höchstpersönliche und ganz und gar individuelle Ware zusammenstellen kann. Prosuming ist unmittelbar an Individualisierungstendenzen gekoppelt, sagt Horx. Es wird gestützt von multimedialen Technologien und „serviceorientierten Dienstleistungen". Da ist es wieder einmal, das Schlagwort der neunziger Jahre: Dienstleistungsgesellschaft. Es wäre, nebenbei bemerkt, interessant zu wissen, was nicht-serviceorientierte Dienstleistungen sein sollten, aber das ist nur eine kleine Frage am Rande. Wichtiger ist, daß der Gedanke der Dienstleistungsgesellschaft auch hier wieder als Lückenbüßer für Erklärungen herangezogen wird, obwohl in der gesamten Arbeit von Horx und Wippermann kein strategisches Konzept sichtbar wird, mit dessen Hilfe sich der wirtschaftliche Strukturwandel in seinen Konsequenzen für unternehmerische Entscheidungen fassen läßt.

Eine andere Methode der Innovationssteuerung neben dem „Prosuming", so Horx, sei die „trendgeführte Innovation". Produkte und Konzepte werden entlang von Trendströmungen erdacht und konzipiert. Konkret heißt das beispielsweise:

„Schlichtheit wird als edel und schön umdefiniert und neu empfunden." Weiter: Gleichheit und Serialität würden als positiv empfunden. Wie Serialität nun wiederum mit den Individualisierungstendenzen zusammenpaßt, bleibt offen. Weiter: „Weglassen" sei eine Kunst mit Kultcharakter. Pures steige im Ansehen. Da aber „pur" sowohl deutsch als auch ein abgewetzter Werbebegriff ist, wird er von Horx anglifiziert und als Trend „Basic" benannt. „Basic" finde derzeit vor allem in stilführenden Mittelschichten statt, „Basic" sei in seiner „generationsübergreifenden Potenz" nichts anderes als die Grundlage zur „neuen Mitte".

7.2 Wirklichkeitsverzerrung und alte Hüte

An dieser Stelle muß man kurz einhaken. Die Grundlage dieser Behauptung ist einfach falsch. Sie widerspricht allen soziologischen Einsichten. Denn einerseits steht der Mittelstand vor der Bedrohung durch Verarmung, was sich in jeder Statistik der Konsumdaten und der frei verfügbaren Haushaltseinkommen nachprüfen läßt. Andererseits steht der unternehmerische Mittelstand im Bereich des Handels, des Gewerbes, der gewerblichen und der sonstigen Industrie vor einem dramatischen Wandel: Es wird in naher Zukunft nur noch kleinste Hot shops geben, die sich im technischen Dienstleistungssektor (vgl. wieder Kapitel 12.3) zu ständig wechselnden, aufgabenbezogenen Assoziationen zusammenschließen. Es wird auf der anderen Seite in wachsendem Maße Konglomerate geben, die an die Grenze zur Großkonzernstruktur stoßen. Die Mitte bricht weg. Auch das ist in der Insolvenzstatistik der letzten Jahre deutlich nachzulesen. In dieser Situation eine Grundlage für eine neue Mitte zu diagnostizieren ist schlichtweg unsinnig.

Zurück zum „Basic"-Trend.

Eng assoziiert damit sei, so Horx in einer weiteren tiefen Einsicht, die Tatsache, daß Produkte eine „gesicherte Herkunft" („Origin") haben sollen – besonders im „Food-Bereich" gedeihen Regionalprodukte und nostalgische Warenkonzepte. Und schon reitet Horx auf der neuen Esoterikwelle. Denn eine weitere Schnittmenge mit dem „Basic"-Trend bestehe zum „Spiritual"- und „Wellness"-Trend. Die Reduzierung auf das Wesentliche werde als meditativ empfunden, als „seelisch-geistig" („Zen-Effekt"). Schließlich kommt das „Generation-X-Lebensgefühl" dazu. Dieser sogenannte Trend ist eigentlich nichts anderes als die frischfröhliche Ausschlachtung eines sogenannten Kultbuches von Douglas Coupland, dessen Titel allmählich in den Besitz derer überzugehen scheint, die ihn am häufigsten zum Beleg ihrer Thesen benutzen. Es ist die Übereignung eines soziologisch inspirierten Romans über die „Baby busters", also jene amerikanische Generation, die unter der Tatsache leidet, daß ihre den geburtenstarken Jahrgängen entstammenden älteren Geschwister noch auf Jahrzehnte hinaus alle lukrativen Jobs besetzt halten. „Generation X" ist als unvermeidliches Schmuckstück in die

Accessoireskiste der Pop-Trenprognosen eingegangen. Ein düsteres Accessoire, denn es will zeigen, daß „die" Jugend der Neunziger zu Ironie und Sarkasmus, Melancholie und Gebrochenheit neigt und die Erfahrung „lebensbiographischer Unsicherheit" erleidet. Codierte Haltungen sind demnach „stumme Romantik", „subtiles Zitat", „Skepsis", „Ironie", „Altklugheit, gemischt mit Sehnsucht nach Unschuld und Naivität", aber auch „wachsender Zynismus".

Bereits diese Aussagen über die Trends der Neunziger zeigen, wie das Trendbüro arbeitet: Es sammelt, systematisiert und bietet in einem intellektuellen Recyclingverfahren Selbstverständliches an, das mit dem Etikett der Neuheit beklebt wird, obwohl diese Beschreibung „stumme Romantik, Skepsis, Ironie, Altklugheit, Zynismus" auch die Zusammenfasssung eines Buches des bekannten Soziologen Helmut Schelsky aus den fünfziger Jahren sein könnte: „Die skeptische Generation"; obwohl diese Begriffe auch auf die Jugend und die jungen Erwachsenen im Berlin der zwanziger Jahre zuträfen, wie etwa in Carl Zuckmayers Biographie „Als wär's ein Stück von mir" beschrieben; obwohl sie die Begriffe eines exegetischen Aufsatzes über die „Leiden des jungen Werthers" sein könnten, um nur wenige Beispiele dafür zu nennen, daß es sich hier um gänzlich anwendungsoffene und damit auch überall anwendbare Begriffe und gleichzeitig um uralte gesellschaftliche Erscheinungsweisen handelt. Wer sich gelegentlich mies fühlt, gemeindet sich in die Seelenlage dieser Begriffe (es gibt ja einige andere auch noch) ein. Es steht stark zu vermuten, daß es in den trostlosen Novembertagen mehr Mitglieder der „Generation X" gibt als im Sommer. Leider werden Statistiken dieser Art nicht geliefert. So läßt sich wieder etwas ganz Normales als Konsequenz einer bedeutungsvollen Zeiterscheinung interpretieren, was die, die sich damit interpretieren, erneut zu Opfern der Gesellschaft stempelt. „Ich leide, also bin ich" – das sei die „Krankheit der Moderne", schreibt der politische Essayist Pascal Bruckner in seinem neuen Buch. Infantilismus und die Tendenz, sich als Opfer zu begreifen, seien krankhafte Symptome unserer Gesellschaft, allerdings goutierlich gepflegte Symptome, die sich in der Haltung der Politik gegenüber und auf die Beziehung zwischen den Geschlechtern auswirke. Man muß ergänzen: Diese Haltung ermöglicht die populistische Trendforschung, die immer neue Erklärungsmuster für Betroffenheiten ausheckt und damit ihr Geld verdient.

Ein weiterer Trend, den Horx entdeckt, ist der „Antigeschmack", auf englisch „bad taste", repräsentiert in den Auftritten eines Helge Schneider, in den Cartoons von Beavis & Butthead, in der absichtsreichen Blödheit von Fernsehshows. Aber auch das galt immer schon. Otto Waalkes, ein altes Phänomen aus den Achtzigern, in den sechziger Jahren waren es die Insterburgs. In der Fünfzigern blödelte sich der grenzgeniale Heinz Ehrhardt in die Ewigenliste der Humoristen. Dennoch, für Horx ist das ein neuer Trend, der sogar noch weiter geht und in der „Ekellust" mündet: „Bei den Jüngeren wächst die Lust an allem, was eklig ist: Wurmlollis, glibbrige Spielzeuge, Ekelfood mit lustvollen Aspekten." Auch Grunge und Ugly Design stünden für diesen Trend. Die interessante Frage ist nur: Warum hat denn niemand, warum hat kein Gerken, keine Popcorn, kein Naisbitt und kein Horx „Grunge" vorhersagen können, bevor er im Seattle der späten achtziger Jahre entstand; warum wurde die „Ekellust" zum vermeintlichen Trend, als es die dafür repräsentativen Produkte längst gab: die ekelerregenden Lutscher und Lollis waren längst auf dem Markt, als die Pop-Trendforscher sie entdeckten. Auch der schlechte Geschmack war realisiert, bevor er zu einem klingenden Begriff avancierte. Man sollte sich nur einmal die Listen der B- und C-Movies der fünfziger Jahre anschauen.

Aber eine andere logische Inkonsistenz ist viel wichtiger. An diesen Beispielen wird nämlich besonders deutlich, daß die zu Trends aufgemöbelten Erscheinungen immer schon existieren, ehe die „Trendforscher" sie entdecken. Sie sind die Spatzen der Minerva, die nach Einbruch der Dämmerung herumzwitschern. Hersteller hatten lange bevor die selbsternannten Trendforscher die Entwicklungen erkannten, mit dem Mut ihrer Profession das getan, was ihnen ihre Berufsbezeichnung nahelegt. Sie hatten etwas unternommen. Dann erst kamen die Naisbitts, Popcorns, Gerkens, Horxens und anderen und riefen das als Trend aus, was Produzenten in die Welt gesetzt hatten. In Wien, auf dessen Eigenarten in diesem Buch noch mehrfach Bezug genommen werden muß, gibt es eine in der Wirklichkeit des Alltags wurzelnde Worthülse für diese Strategie. In einer angeregt plaudernden und debattierenden Gruppe sitzt immer einer, der beharrlich schweigt. Doch wenn die anderen zu einem spektakulären Ergebnis gekommen sind, erhebt der Schweigende endlich das Wort und sagt dazu: „Genau, was ich immer sag!"

Dieser Eindruck des semantischen Recyclings von Selbstverständlichkeiten erhärtet sich, wenn man nach den „Konsumententrends" die Horxschen Megatrends zur Kenntnis nimmt, wobei der
Formulierungsenthusiasmus dann geradezu kabarettistische Ausmaße erreicht. Das Ziel ist klar: einen oder mehrere Begriffe zu einer
Trademark des eigenen Unternehmens zu machen, so wie Naisbitt
die „Megatrends" oder Douglas Coupland die „Generation X" der
Welt vermachte.

Beides ist natürlich auch ins Begriffsrepertoire der Hamburger
Trendmagier übergegangen bzw. elegant in die Argumente einge-
gliedert: „Megatrends", sagen Horx und Wippermann, „sind übergreifende, die gesamte westliche Welt betreffende Groß-Trends mit
einer Halbwertszeit von mindestens zehn Jahren." Was heißt das?
Nach zehn Jahren gilt nur noch die Hälfte des jeweiligen Trends?
Oder gilt jeder Trend nur noch halb? Ab wann ist ein Trend dann
keiner mehr?

Wie auch immer: Die Begriffe sind schön – Megatrends und
Halbwertszeit –, der epochale Zugriff – mindestens zehn Jahre – vermittelt das beruhigende Gefühl der Solidität. Sieben „Megatrends"
sind es, die Horx seinen Kunden anbietet:

- **Soft Individualismus**
- **Eklektizismus**
- **Virtualisierung**
- **Rezessionskultur**
- **Post-Emanzipation**
- **Aufstand der Alten** und eben
- **Generation X**

Mit anderen Worten: Auch wieder nichts, was nur annähernd
neu wäre und nicht von Marktforschern und akademischen Soziologen weltweit seit mindestens zehn Jahren als Verhaltensoption
für die Zukunft beschrieben wird. Dennoch werden diese Erscheinungen als epochale Entdeckungen des „Trendbüros" ausgegeben.

- **„Soft-Individualismus"** ist nicht etwa die etwas zu groß geratene
  Übersetzung für die Beobachtung, daß es vielleicht nicht mehr
  ganz so egoistisch zugeht wie in den achtziger Jahren, nein: Es ist
  der bombastische „Wertewandelprozeß der Jahrtausendwende".

■ Die **„Post-Emanzipation"** ist nicht die Tatsache, daß Frauen sich aus dem jakobinischen Feminismus lösen und Männer allmählich begreifen, daß auch sie ihre Rollen verändern müssen, nein: Es ist der „Kampf Männer gegen Frauen".

■ Die **„Virtualisierung"** ist nicht allein mehr die kleine Welt von ein paar Internetsüchtigen oder Compuholics – es ist „die Entstehung eines zweiten Universums". So sind die zusammengerafften Beobachtungen aus dem Alltag auch nicht eben das: zusammengeraffte Beobachtungen aus dem Alltag, sondern – „Trendwelten".

Da gibt es – als Synthese aus den Konsumententrends „Basic und spirituell" – die Trendwelt der „Purifikation", mit dem Antrieb innerer Reinigung und Schuldentlastung. Denn es wird keineswegs nur die Soziologie gefleddert, auch die Psychologie wird zum Steinbruch für Horx-Ideen: Regression und Ängste vor der posthumanen Welt, Geschlechtsrollenkonfusion, alles nett durcheinandergemischt – eine „Blütenlese". Das darf man angesichts der abenteuerlichen Exegesen der Kulturstile in jeder Beziehung verstehen. So kommen schließlich die „neuen Victorianer" über die Welt. Als diese „neuen Victorianer", mit „c", bezeichnet Horx den Neokonservatismus, den er im „bislang wohl wichtigsten Kult-Film der Mittneunziger" manifestiert sieht: „Vier Hochzeiten und ein Todesfall". Dieser Streifen drücke „vielleicht" am ehesten aus, wie die „Rekombination der Werte" sich in der vor uns liegenden Zeit verkaufen werde. „Rekombination", das sei, so Horx, ein Prozeß der „Arten-Biologie": „Elemente des Alten werden mit ‚Neuentwicklungen' kombiniert, damit die jeweilige Art Veränderungen innerhalb ihrer ökologischen Nische abfedern kann."

Nun könnte jemand auf die Idee kommen und das Gegenteil von Horx behaupten, es mit derselben Methode absichern und sagen: Das Böse ist der Trend und zum Beleg den Film „Natural Born Killers" zum „bislang wohl wichtigsten Kultfilm der Mittneunziger" ausrufen. Was in der Tat auch geschieht – im selben Buch, 28 Seiten weiter, von Norbert Bolz.

Die Strategien, die das Horx-Büro vorschlägt, ähneln denen von BrainReserve, wie überhaupt die Nähe des Horx-Konzepts zur „großen Kollegin" mitunter doch überraschend groß ist. Wie bei Popcorn sollen zur Anwendung „Trends gemischt" werden. Denn ein allzu singuläres Konzept muß im breiten Markt scheitern. Wieder einmal muß das Beispiel Body Shop herhalten: Es ist die Mischung aus Fun/Moral/Lebenslust mit Anliegen/Hedonismus mit Präzision, die ein harmonisches Ganzes ergibt. Man solle darüber hinaus Nischen nicht mit Mainstream verwechseln. Der bahnbrechende Vorschlag zur Realisierung lautet: „Will man kleine, aber feine Zielgruppen (strategisch) erreichen, dann kann man sehr konzeptionell, sehr ‚spitz' denken. Will man in den breiten Massenmarkt, dann muß man intergenerativ arbeiten." Aber wie recherchiert man das?

7.3   Trendforschung als Variétézauberei

„Das bleibt letztlich unser Geheimnis", antwortet Horx auf eine Frage des *Hamburger Abendblattes*. „Aber wir werten hier rund 350 Zeitschriften aus, machen intensive Fernsehbeobachtung, informieren uns aus soziografischen Untersuchungen – u. a. die Shell-Jugendstudien, Allensbach-Studien usw. Wenn ein Thema sich verdichtet, fortsetzt und auch in anderen Sektionen der Gesellschaft auftaucht, dann meinen wir irgendwann, daß es sich um einen Trend handeln könnte."

Die Interpretation dieser Trends vollzieht sich dann mit Hilfe vulgärpsychologischer Quasi-Theorien: Regression, Schuldbewußtsein. Klingende Begriffe. „Mit qualitativen, tiefenpsychologischen Konsumenteninterviews" werden dann die Markenprobleme sondiert. „Wir metaphisieren dabei den Markenkern gern als die DNS der Marke", palavert das Trendbüro, „als ihren genetischen Code."

Metaphisierung!

Naming!

Allen Ernstes bezeichnen sich Horx und sein Kompagnon Wippermann im Buch über die Methoden der Trendforschung als „Magier des Wortes". Daß sich bei derartigem Flachsinn Club-of-Rome-Mitbegründer Ervin Lazlo (der auch immer häufiger in Trendpostillen auftaucht und viel über ethische Netzwerke erzählt), daß sich Soziologieprofessoren wie der Bamberger Gerhard Schulze und der Kommunitarist Amitai Etzioni auf den Trendtagen einspannen lassen, dokumentiert augenfällig die Kotaus der Seriosität vor der Glitzerwelt der Vermarktung. Die Vernunft dankt ab und setzt sich die Narrenkappe auf.

Der Glanz der Seriosität wird also geliehen, zum Teil aus der Prominenz ehedem oder immer noch seriöser Soziologen, zum anderen Teil aus der mühsamen Arbeit von Institutionen, die Tausende Interviews von höchster Qualität durchgeführt haben, die für die eigenen Geschäfte ausgeschlachtet wird. Daß dabei nichts Neues herauskommen kann, liegt auf der Hand. Also bleibt die horxistische Aufklärung schlichte Wortmagie, um es im Stil der überheblichen Selbstbeschreibung („Was ist Trendforschung?") zu sagen. „Trendforscher", schrieb Viola Roggenkamp, „wollen wie Kellner sein. Was sie servieren, haben sie nie angerichtet."

In der Tat: Die Selbstbeschreibungen lassen deutlich erkennen, daß die Methode nichts anderes ist als wortreich verbrämte Mutmaßungen, die auf einer als Inhaltsanalyse ausgegebenen Lektüre von Zeitungen und Zeitschriften basiert. Mehr kann es auch nicht sein. Denn das, was an Arbeit behauptet wird, übersteigt sowohl von der Kapazität der menschlichen Intelligenz als auch vom zeitlichen und finanziellen Aufwand alle Möglichkeiten eines größeren mittelständischen Unternehmens. Das Trendbüro ist, auch wenn man alle Vernetzungen zu ähnlichen Shops mit einrechnet, nicht einmal ein mittelgroßes mittelständisches Unternehmen.

Horx und Wippermann gliedern ihre Arbeit (im Buch „Was ist Trendforschung?") in vier Phasen, wobei die vorpreschende Unbescheidenheit in allen Bereichen als charakteristischstes Merkmal erscheint. Die erste Phase der Arbeit sei „Semiotik", erfährt die neugierige Leserschaft, die schon bei Popcorn, Naisbitt, Gerken, Höhler und all den anderen vergebens darauf gehofft hat, endlich einmal zu erfahren, wie es wirklich geht.

Was ist diese geheimnisvolle Semiotik?

Was bei Horx und Wippermann als „Semiotik" erscheint, soviel kann mit Sicherheit festgestellt werden, ist allenfalls eine feuilletonistische Spielerei mit dem Grundgedanken, daß die Welt ein Text sei. Die daraus resultierenden intelligenten Mutmaßungen haben vor allem einen französischen Zweig sprießen lassen, der sich „Sémiologie" nennt und mit Roland Barthes' „Mythen des Altags" in den frühen siebziger Jahren ihr ebenso programmatisches wie essayistisches Werk fand. Die „Sémiologie" ist die lustvolle Kapitulation vor der Unmöglichkeit, die Welt in ihrer Komplexität zu erfassen. Sie ist gleichzeitig der Versuch, einen Sinn in der ungeheuren

Vielzahl von Medien, Verpackungen, Musikformen, Kleidungsstükken, Gesten, Läden, Attitüden, Symbolen, Codes, Chiffren, Themen, Werbebotschaften zu entdecken und darüber intellektualistisch zu parlieren. Nun aber wird diese wissenschaftliche Partyplauderei zum harten Geschäft, wobei sich die Protagonisten dieses Geschäfts als Auserwählte deklarieren. „Wenn (also) in der ungeheuren Vielzahl von Medien, Verpackungen, Musikformen, Kleidungsstücken, Gesten, Läden, Attitüden, Symbolen, Codes, Chiffren, Themen, Werbebotschaften, inmitten dieser ungeheuren Flut an Bildern, Zeichen, Symbolen, Sprachwendungen sich plötzlich eine hartnäckig wiederkehrende Melodie zusammenfügt, dann müssen wir zur Stelle sein und diese Melodie aufzeichnen und interpretieren.

Dafür üben wir.

Dafür trainieren wir.

Dafür sind, wichtiger noch als alle Datenquantität, Erfahrung und Intuition vonnöten."

Natürlich müsse die Trendforschung auch mit Zahlen und Statistiken arbeiten.

Dazu gebe es die „Vielzahl der Wertewandelstudien, der Konsumentenumfragen, der unterschiedlichsten demoskopischen Erhebungen, der Jugendstudien, der Freizeitverhaltensdaten".

Aus ihnen würden statistische „hard facts" extrapoliert.

Denn natürlich muß Trendforschung zweitens, „wenn sie sich als prozeßhaft orientierte moderne Zivilisationsforschung versteht, auch mit Zahlen und Statistiken arbeiten".

Drittens folge dann der „ökonomische Abgleich", die Entscheidung, ob es sich um einen allgemeinen oder einen Trend auf der Konsumentenebene handelt. Es handele sich um die Phase einer „theoretischen" Bearbeitung. Der subjektive Faktor, den die Kritik der Trendforschung immer wieder nachweisen konnte, wird hier zur Unique selling proposition. Die Analyse erfolge, sagen die Autoren, durch ein „geschultes Expertenteam (Psychologen, Ethnologen, Soziologen, Linguisten und Kommunikationsdesigner), das die gesamte Bandbreite der Markenkommunikation sichtet und deutet". Dabei kämen „multimodale Erhebungstechniken" zum Einsatz (zum Beispiel Collagen) sowie „vielfältige psychologische Techniken", ergänzt durch die Auswertung „der Sekundärdaten der quantitativen Marktforschung (Desk research)". Es folgen viertens „Brand trackings" und „Delphi Analysen", was ein wenig verwundert. Denn der Aufwand für eine Delphi-Analyse, die ihren Namen verdient, ist beträchtlich. Es handelt sich immerhin um eine mehrstufige Befragung von etwa hundert bis zweihundert Experten, die in verschiedenen Phasen der Erhebung mit den verdichteten Befunden der summierten Aussagen konfrontiert werden. Die Kosten für eine ernsthafte Delphistudie liegen bei mindestens hunderttausend Mark. Der Zeitaufwand für eine Delphi-Erhebung beträgt insgesamt etwa anderthalb bis zwei Jahre.

So bleibt als zentrale Methode eigentlich nur die willkürliche Bestandsaufnahme von andernorts bereits erwähnten Eigenarten der modernen Kultur und ihrer Ausdrucksaktivitäten, das, was Horx und Wippermann tatsächlich und durchaus mit einem gewissen Stolz zugeben: das Herausreißen von Seiten aus Zeitungen. Das sei die typische Handbwegung eines Trendforschers.

Wieder also bleibt nichts als die Verdünnung, bis schließlich nur noch Spurenelemente der ehemaligen Wissenschaften in Form wahllos aufgeklaubter Begriffskombinationen übrig sind, die aus dem Zufallsgenerator eines Worterfindungscomputers stammen könnten. Allerdings eines Worterfindungscomputers, dem man noch keine Artificial intelligence hat einhauchen können, aus der heraus sich wirklich sinnvolle Begriffe entwickeln. Das Prinzip ist also dasselbe wie bei Alvin Toffler, John Naisbitt, Faith Popcorn, Gerd Gerken und all den anderen: Sie erfassen alles, wahllos, ungewichtet, individualistisch, unkritisch und affirmativ.

Quasi-religiös.

Und überhöhen es mit einer tiefen philosophischen Selbstdefinition.

8 Letzte Bestellung: Eine Runde Philosophie

8.1 Patchworktrends und der Verlust des Zusammenhangs

Das philosophische Element hat nun in der Tat Einzug in die Pop-Trendforschung gehalten. Das spricht für ihre Attraktivität. Es ist auch einfach, denn faßt man die bislang dokumentierten Methoden und Strategien zusammen, läßt sich nur eines erkennen: Diese Art von Trendforschung ist eine Vulgärphilosophie der postmodernen Beliebigkeit, ergänzt durch etwas, das sich „Konstruktivismus" nennt und von Paul Watzlawick im kleinen Bestseller „Wie wirklich ist die Wirklichkeit?" popularisiert wurde.

Die Welt ist alles, was wir benennen.

Denn gerade das ist der tiefere, wenn auch nicht allzu tiefe Eigensinn des postmodernen Denkens, daß es sich aus zerstückelten Elementen zusammensetzt, die nichts miteinander zu tun haben, aber auf beliebige Weise wieder zusammengebastelt werden können: „Trendmischungen" nennen es Popcorn und Horx und Wippermann, Zukünfte wie aus dem Teeladen oder Anita Roddicks Body Shop. Oder eine Collage von Weisheiten, wie sie Studenten heute auf dem Fotokopierer zusammenschustern, an dem sie Auszüge („Exzerpte") aus Büchern zu völlig neuartigen intellektuellen Produkten umgestalten – ohne sie je zu benutzen. Der ultimative Apparat der Postmoderne ist daher eben der Fotokopierer, vielleicht in einer etwas moderneren Form: der Scanner, eine Art elektronischer Fotokopierer, was nun wieder sehr nah bei der Methode des „Scanning" liegt, die das Horxsche Trendbüro als seinen zentralen Erkenntnisweg deklariert.

Damit endet eine Kultur der Welterfassung dort, wo sie begann – bei der Kopie –, verkehrt aber ihren ursprünglichen Sinn ins Gegenteil. Es waren ja einst die Klosterschulen, in denen junge Mönche durch das Abschreiben der heiligen Schriften und der Bibelexegesen lernten und durch diese Vervielfältigung zur Verbreitung der Ideen beitrugen, die in Büchern archiviert waren. Mit klammen Fingern kopierten diese Mönche in schlecht geheizten Räumen bei trübem Licht Tag um Tag, Nacht um Nacht heilige Schriften, um das Werk zu verbreiten, zur höheren Ehre Gottes, hielten sich aber streng an die Vorlage. Umberto Ecos Roman „Der Name der Rose" wählt sich dieses historische Bild zu seinem Leitmotiv – nicht zufällig. Denn der Roman erscheint auf dem Höhepunkt der Begeisterung für den Dekonstruktivismus, also jener Zerstörung der bekannten Werte, denen sich in vulgärer Form auch Gerken überantwortet. Es werden nicht mehr Kopien ganzer Werke angefertigt, sondern Vorlagen aus willkürlich kopierten Partikeln. Wer „Trends 2015", wer die „Trendbücher" von Horx und Wippermann oder den Popcorn-Report liest, wird verstehen: In allen Elaboraten geht es um eine Sammlung von Aphorismen, Beispielen, Auszügen, Beobachtungen, Kulturpartikeln, Begriffen, kurzlebigen Verhaltensweisen, die aus ihrem Zusammenhang gerissen (also de-konstruiert) gleichzeitig in einen neuen Zusammenhang gestellt (konstruiert) werden.

In überheizten neonlichtdurchflammten Räumen kopieren also die späten Nachfahren der Mönche nun Seite um Seite abschnittweise Sequenzen aus Bücherstapeln, immer ein paar Seiten aus einem Buch, reißen somit aus dem Kontext, was Autoren mühsam zusammengetragen haben, erschaffen neue Werke mit neuem Charakter, die ungelesen in irgendwelchen Aktenordnern vermodern – oder bei Pop-Trendforschern zu neuen Weltsichten avancieren. Stichworte sind nun die Leitsysteme, nicht mehr Zusammenhänge. Die Buchkultur stirbt in dem Moment, in dem das Prinzip ihres Beginns durch die technischen Erleichterungen zum Massenbesitz wird. Niemand braucht mehr Bücher zu kaufen. Niemand braucht, um Weltbibliotheken zu besitzen, noch überhaupt ein Buch. Denn die Fotokopien, auch wenn sie mit Hilfe des noch nicht dramatisch verbreiteten Scanners durch die maschinelle Lektüre in den Computer überführt wird, erlauben die Illusion des intellektuellen Besitzes. Es ist eine wirkliche Magie: Was man schwarz auf weiß besitzt, kann man getrost nach Hause tragen.

Doch die Faszination des Buches bleibt ungebrochen.

Es darf nur kein Buch mehr sein, das einen analytischen Faden verfolgt. Es muß die pointillistische Konstruktion aus zusammengeklebtem bunten Konfetti sein, so daß man hier und da eine Zeile lesen kann, ohne den Zusammenhang zu verlieren – es gibt ja keinen. So ist das, was man da schwarz auf weiß (wenngleich immer häufiger mit schriller Typographie aufgemotzt) besitzt, nicht mehr als Patchwork. Es ist nicht mehr als das bunte Flickenmuster der Zitatenschatzkästlein, wie sie das bildungsbeflissene Bürgertum einer verkitschten Romantik des 19. Jahrhunderts pflegte. Denn es war immer schon eine beliebte Strategie der Halb- und Viertelgebildeten, Bruchstücke aus der Philosophie oder der Dichtung herauszuschlagen und zur bedeutungsschwangeren Illustration der Salongespräche oder Partytalks herumzureichen. Man glaubte und glaubt vermutlich weiterhin, durch die Dokumentation eines Bruchstücks, eines Begriffs, eines Zitats bei den Zuhörern die Vorstellung zu erwecken, man wüßte um das Ganze, um den Zusammenhang.

Das ist ein geschicktes Täuschungsmanöver, das gelegentlich skurrile Züge annimmt, dann nämlich, wenn Sprüche nicht mehr nur die Restbestände einstmals auswendig gelernter Gedichte oder Balladen sind, sondern aufgeschnappte Weisheiten, die andere, die sie von wieder anderen aufgeschnappt haben, als eigene Einsichten und klassische Bildung zum besten geben, um so einen anderen intellektuellen Status vorzugaukeln als ihnen eigentlich zukommt.

Das ist in der Tat: „Magie", allerdings Magie wie in einem mittelmäßigen Variététheater. Diese Kultur der Patchworkcollagen kommt den modernen Medien sehr entgegen. Sie folgen den intellektuellen Gauklern blindlings, obwohl sie wissen, daß das, was die reproduzieren, wieder nur aus anderen Medien abgelesen ist – herausgerissen aus dem aktuellen Anlaß, aus dem Sinnzusammenhang, ohne Gewichtung der Funktion eines Mediums. Damit erfolgt eine weitere Verdünnung, eine weitere beliebige Zusammensetzung von beziehungslosen Partikeln. So lange, bis man vor Bruchstücken überhaupt nicht mehr weiß, um was es eigentlich geht. Dann entsteht plötzlich die drängende Frage nach dem Sinn, eine Frage, die auch nicht mehr in den berühmten Selbstfindungsseminaren beantwortet werden kann, wo man für viel Geld schlechtes Essen und harte Betten zugemutet bekommt und vielseitige Patres über den Kapitalismus plaudern. Doch dort werden die Fragen nur noch drängender, so daß man reumütig umkehrt – dorthin, wo man den Sinn immer schon gesucht hat, zur Mutter der Wahrheit: zur großen Philosophie.

Plötzlich wird eine Wissenschaft ernst genommen, die bis dahin als Spinnerei, brotlose Kunst galt. Ist es verwunderlich, daß die Protagonisten dieser Wissenschaft sich geschmeichelt fühlen? Über Nacht blitzen daher plötzlich Philosophien auf, die den von semantischen Geröllawinen verschütteten Geist wieder ausgraben – und dabei eben die Scharlatanerie fortsetzen, von deren Folgen man sich mit ihrer Hilfe kurieren will. Sie sind die Ablösung der therapeutischen Betreuungen, wie sie von selbsternannten Managementberatern der Psychoszene eine Zeitlang erfolgreich absolviert wurden.

8.2 Die „Akte X" der Managementberatung

Die Initialzündung einer Explosion, deren Druckwellen sich immer noch fortsetzen, kam aus Neapel. Es war ein ehemaliger Ingenieur, der Leiter der IBM-Italia, der sich sinnsuchend aus dem Konzernleben verabschiedet hatte und mit einem Buch über die Vorsokratiker einen Welthit landete. Das mag damit zusammenhängen, daß es De Crescenzo gelang, die Philosophie auf den einzigen Kontext zurückzuführen, der sie wirklich erklären kann: die Biographie der Philosophen, ihre Zeit, ihr Alltagsleben, ihre Gewohnheiten, Essen, Trinken. Es waren bekannte Persönlichkeiten, die dort auftraten: Thales von Milet, Anaximander und Heraklit, der dem Zitatenschatzkästlein der Welt jenes weinselig besonders eindrucksvoll zu intonierende „panta rhei" vermacht hatte, neben diesen Naturphilosophen die Pythagoräer, natürlich der Meister selbst, von dem jeder wissen wollte, wer er war, weil sein Lehrsatz jedem Gymnasiasten Nachtmahre bereitet hatte; dann Parmenides, Zenon, Empedokles, Anaxagoras und Demokrit. Alles in allem war das eine überschaubare Clique, eine überschaubare Welt, eine überschaubare Philosophie, die so um 500 vor Christus ihr gedankliches Wesen trieb, bis der auftrat, dem sie retrospektiv ihren Namen verdanken: Sokrates, der durch seine Technik des Fragens und angeblichen Nichtwissens eine frühe Art der konstruktiven Scharlatanerie entwarf.

So waren denn alle Ingredienzen für einen Erfolg beisammen: das überschaubare Thema, Exotik für die Allgemeinheit, ein Exot auch als Autor, ein gutes Marketing und die romanische Begeisterungsfähigkeit für intellektuelle Spiele. Spätere Bücher De Crescenzos setzen die Verliebtheit ins Antike fort, nutzen allerdings eher die Form der dialogartigen Erfassung der Welt für heutige Themen, vor allem für die Skurrilität der neapolitanschen Variation des italienischen Lebens. Die *Presse* in Wien bezeichnet De Crescenzo in einer Rezension als „praktizierenden Neosokratiker der postmodernen Schule"!

Da war nun alles drin, was den rasch einsetzenden philosophischen Literaturbetrieb charakterisierte (nur De Crescenzo selber nicht): Als Neosokratiker mußten demnach Leute verstanden werden, die ihr Publikum selber sagen ließen, was es eigentlich als Antworten erwartete. Es ist unwahrscheinlich, daß die *Presse* wirklich das gemeint hat. Aber es ist treffend, vor allem erklärt es die plötzliche Nähe zur populistischen Trendforschung, die verdeckt sokratisch vorgeht, indem sie Begriffe schafft, die jeder für sich selber auslegen kann.

Wahrscheinlicher ist, daß sie auf ihre eigene Faszination gegenüber modernistischen Begriffen in postmoderner Komposition hereinfiel. Wie auch immer: Es stimmte für das, was kam. Und es kam viel, was mit dem Etikett des „praktizierenden Neosokratikers der postmodernen Schule" bezeichnet werden konnte. Zunächst einmal kam der nächste philosophische Hit: „Sophies Welt" von Jostein Gaarder, 1990. Es ist ein Buch für Jugendliche. Es begeisterte gleichermaßen die Erwachsenenwelt, vermutlich weil es in einer Sprache geschrieben ist, die jedes Kind versteht, also auch Manager, die wenig Zeit haben und sich, wie in Kapitel 2.2 dargelegt, nach dem seligen Dasein der Kindheit sehnen.

Das Buch verkaufte sich anderthalb Millionen Mal im deutschsprachigen Raum, eroberte Leserinnen und Leser in weiteren 23 Sprachen und erschien vor kurzem in einer Sonderausgabe, bereichert durch ein immerhin 64seitiges „Lexikon zur Philosophie". Das ist geschrieben von Otto A. Böhmer, der bereits die Leser des Magazins der *Frankfurter Allgemeinen Zeitung* mit seinen erfundenen (?) Vignetten aus dem Privatleben großer Philosophen kulinarisch unterhielt und damit De Crescenzos Impuls aufnahm. Vieles ist nicht ernst gemeint, folgt also der Maxime, daß man eher zu lernen bereit ist, wenn das Lernen amüsant ist – eine Einsicht, die man gern und falsch mit dem Hinweis auf Nietzsches „Fröhliche Wissenschaft" garniert.

Auch Intellektuelle lieben Schnitzelliteratur.

Dieses Erfolgsprinzip der kindgerechten Philosophiegeschichte setzte Gaarder nun in einem rührseligen weiteren Stück fort, wo ein leukämiekrankes Mädchen namens Cecilie eines Tages Besuch von einem Engel mit Namen Ariel erhält: „Durch einen Spiegel in einem dunklen Wort". Da werden Kinderfragen beantwortet.

Daß es ein Engel ist, der dem kranken Kind mit den Antworten auf die Fragen des Lebens erscheint, ist kein Zufall. Es ist Zeitgeist. Nachdem auch ein Zwei-Personen-Esoterik-Weltkonzern, der die „Prophezeiungen der Celestine" vermarktet, in der zehnten Prophezeiung am Ende einen Engel auftreten läßt, der weiteres verheißt; nachdem die Esoterikbranche die Engel entdeckt hat und sie zu modernen Wesen umfrisiert, entwickelt sich nun ein weiterer Zweig des Seminarbetriebs, in dem sich die Kommunikation mit den geflügelten Wesen erlernen läßt. Schon reagiert die amerikanische Filmindustrie und sendet den etwas pausbäckigen John Travolta als Erzengel Michael auf die Welt. Es gibt buchstäblich nichts mehr, was sich nicht zum allseitigen Geschäft und als Materie der Unternehmens- und Lebensberatung nutzen läßt.

Wieder finden wir also das durch und durch rationale Prinzip der Selbstvervielfältigung, solange die Konjuktur hält, was übrigens auch der Gruppenkohäsion dient – die Leserschaft stets im Bann zu halten, eine Gemeinde zu bilden, eine Art Geheimbund, „Arbeitsunterlagen" anzubieten, Seminare zu veranstalten, flankierend die Botschaft in Unterhaltungsmedien zu verbreiten –, das gleiche Prinzip wie beim alles beeinflussenden Mond und bei den Trends, wo schon eigene Lexika notwendig werden (von Matthias Horx geschrieben), damit man die geheimbündlerische Sprache noch halbwegs nachvollziehen kann. Wie bei „Indiana Jones" oder den „Abenteuern von Tim und Struppi" gibt es kein Ende. Unvermeidlich folgte auf die „Neun Prophezeiungen der Celestine", um einer möglichen Sättigung vorzubeugen, „Die zehnte Prophezeiung von Celestine", also nur noch eine pro Buch. Das ist natürlich ökonmischer, weil das Autorenpaar plötzlich feststellt, daß es wohl einträglicher gewesen wäre, nicht gleich neun Erkenntnisse in einem Buch zu präsentieren, sondern hübsch eine nach der anderen. Damit hätte man immerhin eine Verneunfachung der Auflage erreichen können. Aber auch so hat man es gerade noch erfaßt. Es erfordert wenig Phantasie, aus einigen Schlußbemerkungen zu folgern, daß bald noch mehr folgen wird. Denn ein Protagonist namens Wil mutmaßt kryptisch und sich elegant in die Kurve zum neuen Angelus-Kult lehnend am

Ende der Phantasiereise: „Ich glaube, wir werden uns als nächstes etwas eingehender mit den Engeln beschäftigen."
Wir dürfen also hoffen.

Wobei manche Hoffnungen schon erfüllt sind: Salle Merill Redfields „Celestine-Meditationshandbuch" und das „Handbuch zur Arbeit mit den neun Erkenntnissen aus dem Bestseller" von James Redfield und Carol Adrienne sind keineswegs die letzten Satellitenpublikationen um den Bestseller. Weil diese Selbstvervielfältigung gar so gut geht, erinnern sich andere Autoren an die Bestseller vergangener Zeiten; ein Paolo Coelho manövriert sich mit dem Lebenshilfemärchenbuch „Der Alchymist" in den Windschatten der kindischen Mythenregatta. Es steht nichts anderes drin als in Celestine, nur ist es diesmal ein Hirtenjunge, der seine Bestimmung sucht, eine geradezu zwangsneurotische Suche nach irrationalen Welterklärungen, wie üblich von Zeitschriften kakophonisch bejubelt.

Oder sie erinnern sich an eigene Reisen und Begegnungen mit indianischen Gurus, wie der Ethnologe Hank Wesselmann, der Celestine-artig mit den „Zwölf Reisen des Nainoa" nachlegt; sie verlängern den Erfolg der „Fünf Tibeter" durch „Das tibetische Buch vom Leben und vom Sterben" – denn auch Gaarders Cecilie stirbt ja, das Sterben verliert seinen Charakter als Tabu –, geadelt durch ein Vorwort des Dalai Lama. Begeistert schwärmen verständlicherweise auch Trendforscherinnen wie Faith Popcorn von den Möglichkeiten des Spirituellen und greifen wieder einmal einen Gedanken auf, der nicht ihrer ist, um ihn als Entdeckung zu deklarieren: „Der spirituelle (parapsychologische, esoterische) Bereich wird einen rasanten Boom erleben. Wenn sich schon die CIA bei ihrer Arbeit spiritueller Helfer bedient, warum sollen nicht auch Oberbürgermeister oder Unternehmensvorstände versuchen, auf übernatürlichem Wege die richtigen Mitarbeiter oder Produkte zu finden?" Sie fügen, wie es beliebte Praxis ist, gleich auch das bestätigende Beispiel für die Kraft des Übersinnlichen ein. Mehr noch, dieser Hang zum Aberglauben ist ihnen sogar die endgültige Dokumentation männlicher Emanzipation. „Bei Weingartens Investment-Fonds (The Astrologer's Fund) werden auch astrologische Daten in die Marktanalyse einbezogen, und Henry (Weingarten) war in der Lage, den Börsenzusammenbruch in Tokio 1990 und den Ausbruch des Golfkrieges ebenso vorherzusagen, wie auf den Tag genau den Zeitpunkt, als der Dow-Jones-Index die 3000er-Marke übersprang. Auch den Tag, an dem der Goldpreis 400 Dollar überschritt, konnte er exakt prognostizieren."

Vielleicht halfen die Karten. Vielleicht schien der Mond nicht, oder es war nicht der richtige Zeitpunkt, und man mußte auf eine andere Weise der verborgenen Realität auf die Spur kommen: „Tarot für Manager" bietet Alexandra Fuzinski an, die nach einer psychologischen Ausbildung als Managementcoach „u.a. für BMW" (so der Klappentext des mystischen Buches) gearbeitet hat. „Schon gleich am Morgen, wenn der Wecker schellt und Sie keine Lust haben, weil Sie sich mit einer Entscheidung schwertun oder nicht wissen, wie Sie sich heute einem Geschäftspartner gegenüber verhalten sollen, würden sie am liebsten die Decke über den Kopf ziehen und zu Hause bleiben", tröstet sie den vermutlich impotenten Managementschwächling. „In einem solchen Falle empfehle ich Ihnen, Ihren Coach – das Tarot – zu befragen. ... Plötzlich sehen Sie Ihr Problem in einem neuen Kontext." Dann soll man sich die Monster anschauen, die aus der Spökenkiekerei erstehen. Was passiert? „Je länger Sie sie betrachten, desto mehr verwandeln sie sich in Engel, bekommen Flügel und lösen sich in Luft auf."

So paßt alles zusammen, und jeder garniert seine Phantastereien mit den erfolgsträchtigen Ingredienzen der anderen.

Weil nun Gaarders „Sofies Welt" ein beunruhigender Welterfolg wurde und dieses Prinzip der nuancierten Imitation die Kernstrategie des Consulting- und Ratgeberliteraturmarktes darstellt, setzte auch hier ein weiterer Autor sich drauf. Vittorio Hösle erfand eine Nora K. und schlachtete die Idee weiter aus. Nachdem sie zu ihrem elften Geburtstag „Sofies Welt" geschenkt bekommen hat, bewegt Nora die Frage, ob die platonische Idee der Dinosaurier mit den Dinosauriern ausgestorben sei. Mit dieser Frage wendet sie sich brieflich an den Philosophieprofessor Vittorio Hösle, mit dem sich im Buch ein reger Briefwechsel entwickelt, in einem Buch, das nichts anders darstellt als den Nachvollzug einer Erfolgsidee, die ihrerseits ausbaufähig ist, denn das Buch ist erst Anfang 1996 erschienen und hat längst noch nicht alle Fragen, die die Kinder dieser Welt an die Philosophie haben könnten, beantwortet. Höchstens eine, aber die nachhaltig: Wie man eine Idee aus geschäftlichen Gründen zum Trend auswalzt, indem man sie nachmacht.

8.3 Instantphilosophie als klassische Lösung

Da rutscht also einerseits die Philosophie, die doch eigentlich der Aufklärung verpflichtet sein sollte (jedenfalls nach heutiger Auffassung), vollends in die Esoterik ab. Andererseits gibt sie den Rohstoff für literarische Geschäfte ab, was ja ihrem Wesen eigentlich nicht entspricht, so daß man wieder einen Philosophen benötigt, um auszukundschaften, warum das so ist: Peter Sloterdijk, Karlsruhe. Das ist der Ort, in dem der Weltgeist des Fußballs kurz herrschte, als Salzburg 1994 den dortigen Verein im Europapokal abfertigte.

Sloterdijk erklärte den rasant wachsenden Philosophieboom im Oktober 1995 im *Manager Magazin*. Denn es war nach De Crescenzo, Gaarder und einer Reihe esoterischer Aberrationen sowie hart am Rande von Plagiaten entlangstreifender Nachvollzüge der Erfolgsrezepte noch einiges passiert. Die Fragen der Redakteure Klaus Ahrens und Hanno Pittner bezogen sich denn auch zunächst auf ein neues Genre, das noch keinen Namen hat und „Instantphilosophie" genannt werden könnte. Denn es waren in renommierten Publikationsunternehmen wie dem Diederichs Verlag in einer Reihe „Philosophie jetzt!" (ein zur Ungeduld des Zeitgeistes passender Titel) Bücher erschienen wie „Platon – ausgewählt und vorgestellt von Raphael Ferber", „Schopenhauer – ausgewählt und vorgestellt von Rüdiger Safranski" oder „Sartre – ausgewählt und vorgestellt von Thomas H. Macho". Weitere folgten über Aristoteles, Schelling und Giordano Bruno. Herausgeber der Reihe: „Philosophiestar" (so das *Manager Magazin)* Peter Sloterdijk. Der war nach seinem ersten Erfolg mit der „Kritik der zynischen Vernunft" im Jahre 1983 in immer engeren konzentrischen Annäherungen schließlich da gelandet, wo alle landen, deren Bücher je auf der Bestsellerliste standen: in der Unternehmensberatung.

Es war ohnehin Zeit, den Anspruch auf dem Markt zu verteidigen, nachdem Konkurrenten wie De Crescenzo und Gaarder aufgetreten waren und – schlimmer noch – der Markt der „philosophical abstracts" beinahe von einem englischen Autor besetzt worden wäre, der die Rezepte der „philosophischen Schnellküche" (Verlagswerbung) noch perfekter beherrschte als der doch noch beherrschte Serienherausgeber Sloterdijk: Paul Strathern. In sechs außerordentlich dünnen Bänden verwurstet Strathern die Gedanken von Plato, Sokrates, Konfuzius, Kant, Hegel und Nietzsche. Mehr als neunzig Minuten brauche man nicht zum Verständnis, verspricht der Verlag. Deshalb heißen die Bücher denn auch, beispielsweise, „Kant in neunzig Minuten". Für einen ehemaligen Philosophiestudenten, der in den späten sechziger Jahren mehrere Semester im Hamburger Audimax den brillant-unverständlichen Ausführungen Carl Friedrich von Weizsäckers in seinen Kant-Vorlesungen zuhören mußte, der Hegels Rechtsphilosophie trotz ihrer semantischen Verdunkelungstaktiken mühsam durchbuchstabierte und sie am Ende auch nicht verstand, wäre es das gewesen: Kant, Hegel in neunzig Minuten, zusammengenommen nicht mehr als drei Stunden. Eine Fahrt im ICE, München-Hamburg, hin und retour, und man hätte den deutschen Idealismus und seine Vorläufer drauf. Ein Transatlantikflug (man kann ja beim Essen lesen), und es wäre die gesamte Neuzeit im Kopf. Ein Monat Geschäftsreisen: Universales Wissen hätte sich angehäuft. Nicht lebensfern, sondern auf die unmittelbaren Belange des Geschäftsmachers zugespitzt: „Mit Platon zum Profit" zum Beispiel, einer kommentierten Sammlung aus 50 Originaltexten von Aristoteles bis Adorno, erschienen in der Edition Blickpunkt Wirtschaft. Oder: „Seneca für Manager" (Insel Verlag). Denn „vieles, was im alten Rom galt, hat auch im modernen Management seine Gültigkeit nicht verloren".

Der wesentliche Bestandteil des Titels ist jener kleine Zusatz, der sich beharrlich in vielerlei Variationen in den bereits nach mehreren tausend zählenden Büchern mit unausweichlicher Konsequenz findet: „... für Führungskräfte" oder „... für Manager". Man kann davor setzen, was immer einem einfällt: Namen, rationale und esoterische Praktiken, Sportarten, Spiele und eben auch „Philosophie". Garniert mit einem weiteren Modewort, „nachhaltig", entsteht so der Eindruck, man sei endlich angekommen in der Welt der tiefen Gedanken, die eine Richtung ins dritte Jahrtausend weisen, wo sie doch – zum Teil – schon eines oder zwei überlebt haben. Nicht mehr die Hektik der Trends von morgen, sondern die Basis der ewigen Wahrheiten wird hier gesucht, eine Archäologie der verschütteten Weisheiten. Deren eine die Verantwortung ist. „Philosophie für Führungskräfte", beispielsweise im Werk von Rainer Otte: „Der Stachel der Verantwortung". „Die Philosophie", schreibt Otte, biete Kompetenzen an, wenn man sie nicht als einen Steinbruch gefälliger Zitate mißverstehe. Leider lasse die Zeitbelastung der Manager („Kaufleute") wenig Raum für die Entwicklung tiefschürfender Gedanken. Deren Entwicklung sei aber notwendig, um zu erkennen, wo man stehe, wie es weitergehen könne, welche Fehler gemacht werden und künftig zu vermeiden seien.

Mehr nicht.

Also wieder einmal die Unbescheidenheit des pragmatischen Universalismus, die ganze Philosophie bis hinein in „die" Antike, in einer intellektuellen Miniaturisierung. Kein Steinbruch für Zitate, sicher nicht. Aber auch nicht mehr. Wie sollte es auch mehr sein, was Rainer Otte den zeitgeplagten Flachdenkern auf 259 Seiten zumuten kann. „Da die Philosophien in diesem Buch – die bis zur Antike reichen – im Zusammenhang mit ihrer lebenspraktischen Übetragbarkeit vorgestellt werden", schreiben Rezensenten, „ist es kein wissenschaftstheoretisch-abstraktes Buch, sondern lesenswert für jeden, der Verantwortung trägt und über die Folgen seines Handelns nachdenkt." Ein Boom an Philosophie herrscht an der Börse des pragmatischen Intellekts also, ergänzt durch Informationsabende der Handelskammern und Seminare der Veranstaltungsfirmen, in denen die verkaufsfördernden, mitarbeitermotivierenden Potentiale der klassischen Philosophie ausgelotet werden sollen.

Aber: Besitzt eine Wissenschaft oder besser: besitzt eine Auseinandersetzung mit der Welt, die erkenntnistheoretisch die Wissenschaft fundiert (und sie manchmal auch in Frage stellt), eigentlich wirklich dieses Potential? Der Philosoph Sloterdijk stieg aus den Bergen des Karlsruher Olymp herab, um den Journalisten des Wirtschaftsmagazins dies zu antworten: „Zu Macht kommt man heute mehr denn je wie zu unehelichen Kindern, eher zufällig und viel zu schnell. Man ist selbst überrascht, daß man vorn liegt, und soll schon Führungsaufgaben wahrnehmen. So kommt es, daß die ungeführten Führer sich nicht ungern bei den alten großen Weisheitslehren anlehnen, östlich wie westlich." Dann kommt, mit der Metapher der Tunnelfahrt, doch wieder ein Schuß Psychoanalyse in die Aufklärung. Denn der Tunnel ist die Metapher für die Geradeausfahrt.

Realitätstunnel.

Ehrgeiztunnel.

Streßtunnel.

Durch die fahren die „linearen Geister. Während sie fahren, reden sie von Visionen. Das geht schief." Es sei denn, man vertraut dem aufklärerischen Geist des einstmaligen Kritikers, der zum Managementberater mutiert und sich werblich anbietet: „Bisher hat noch kein Philosoph von Rang eine positive Theorie des Unternehmens entwickelt, das ist wahr. Kritische Theorien gibt es wie Sand am Meer, aber die Aufgabe, das Unternehmen positiv zu denken, nimmt kaum jemand an." Und folgert daraus, daß die Desillusionierungen des letzten Jahrhunderts nur noch eine Zuflucht lassen: „die Intelligenz als solche". Mehr als den mehrfachen Hinweis auf die Philosophie der „Nachhaltigkeit", also der Rückgriff auf ein Modewort, fällt allerdings auch dem managementtheoretischen Erneuerer des philosophischen Nutzwertgedankens nicht ein. Nicht einmal, wenn es um Praxis geht, um die Praxis der Werbung beispielsweise, die schon deshalb mit der Philosophie zu tun hat, weil die Ethik gleichermaßen eines der philosophischen wie der werbetechnischen Grundprobleme darstellt.

In einem Interview mit der größten deutschen Branchenzeitschrift *Werben & Verkaufen (W & V)* 1996, laviert Sloterdijk in dieser Frage geschickt hart am Rande modischer esoterischer Abgründe, was sich, zugegeben, gut liest und auf Vorträgen vor sinnsuchenden Spitzenmanagern auch schön gruselig anhört: „Es gibt sicherlich Firmen, die sind nichts anderes als satanische Sekten", poltert der Philosoph, und er meint nicht die obskurantistischen Religionsgemeinschaften. „Das hat mit dem Charaker ihrer Waren zu tun, die sozusagen per se überflüssig oder schädlich sind. Dann gibt es noch Firmen, die zusätzlich eine Art Mega-Satanismus betreiben, weil sie ihren überflüssigen und schädlichen Produkten noch eine ästhetische Aura verleihen und auf diese Weise den Konsumenten ködern wollen."

So wäre denn alles wieder einmal mit der alten abgewetzten Theorie vom bösen falschen Schein der Warenästhetik erklärt? Oder belebt auch Sloterdijk das schöne alte Märchen vom bösen Reichen noch einmal?

Nicht ganz, denn die Wirtschaft selbst ist es, die diesem Satanismus Paroli bietet. Damals war sie in ihrer Gänze das Reich des Bösen. Heute sind es nur Teile, die böse sind: „Ich glaube daran, daß es immer noch möglich ist", sagt Sloterdijk besänftigend, „diesen Satanismus auf wirtschaftlichem Feld zu bekämpfen." Wieder braucht es den Philosophen, der den Trend zu einem neuen Zeitalter formuliert. Bahnbrechende Einsicht Sloterdijks hierzu: Nicht mehr das Produkt zähle, sondern die Macht über die Kanäle seiner Vermarktung. Das hört sich nun alles an wie eine Mischung aus Bolz und Negroponte mit einem Schuß Redfield. „Der Gott der Zukunft heißt Hermes. Er ist der Gott der Kommunikatoren, des Internet und der Händler. Prometheus, der alte Gott der Produktion, dankt ab."

9 Pippi Langstrumpf für Erwachsene: Ute Ehrhardt

9.1 Die böse Botschaft der guten Fee

Firmen seien satanische Sekten – so formulierte Sloterdijk. „Heute ist die Expedition ins Böse eine alltägliche Dienstleistung der Kultur", sagt Norbert Bolz. Wieder einer dieser „Heutesätze", die eine allgemeine Erscheinung menschlicher Kulturen mit dem Zusatz vermeintlicher Aktualität zum neuen Trend deklarieren, ja eigentlich gegen eine historische Überprüfung immunisieren. Garniert mit selektiv angeordneten Beispielen gewinnt so die Randbemerkung das Gewicht einer Analyse. Gangsta Rap, Punk und Grunge, Beavis & Butthead: „Vulgärgnosis", wie es die Naming-Magier Horx und Wippermann ausdrücken. In diesem Zusammenhang spielt denn auch wieder ein Film die Rolle des kulturellen Belegs: Oliver Stones „Natural Born Killers".

Zu jedem Trend gibt es offensichtlich einen Film.

Das also ist das Böse.

Was ist noch böse?

Und was ist gut?

Radfahrer waren gut, bis sie böse wurden.

Früher war „der Russe" böse, bis er gut wurde.

Zuweilen war auch der Amerikaner böse, während Ho Chi Minh gut war.

Dann wußte man nicht mehr so recht, wer böse war und wer gut, ob Saddam Hussein böse war und Norman Schwarzkopf gut, oder ob es umgekehrt war. Nur eines wissen wir: Das Gute ist gemeinhin in Frauen inkarniert. Das lesen wir nach bei John Naisbitt, der es zeitgerecht vor einigen Jahren (im Jahr der Frau) als Megatrend entdeckte. Wir lesen es nach bei Faith Popcorn, im neuen Report als Trend Nummer 8: „Weiblich denken". Diese Popcorn-Einsicht wird dann schnell in allerlei pseudo-wirtschaftspolitischen Artikeln nachgebetet. Etwas Neues steht zwar nicht drin. „Frauen sind anders als Männer", zum Beispiel, auch wenn sie Manager sind. Sie seien mehr um familiären Ausgleich bemüht, beziehungsorientierter, auch intuitiver und besäßen einen größeren „EQ", was „Emotional Quotient" heißt und von Daniel Coleman trendgerecht und damit bestsellertauglich neu erfunden wurde – in der Sozialpsychologie nennt man diese Fähigkeiten übrigens seit langem und geschlechtsunabhängig „soziale Intelligenz" oder „Empathie". Wir lesen es wortgleich bei der holländischen Trendberaterin Li Edelkoort („ich berate ja sogar wichtige Chemiekonzerne wie Dow Chemical"), die auch zu dem sensationellen Ergebnis kommt, daß das nächste Jahrhundert das Jahrhundert der Frau sein wird.

Bedauerlicherweise kann sich das Gute nicht durchsetzen, weil es gegen das Böse der Männerwelt noch keine Chance hat. Also wird die Frau, die zeigen will, wie gut sie sein kann, zunächst einmal böse werden müssen, um im neuen Sezessionskrieg Terrain zu gewinnen. Denn „gute Mädchen kommen in den Himmel, böse überall hin". So der Titel eines rasanten Bestsellers der Psychologin Ute Ehrhardt, der aber offensichtlich noch nicht eindeutig genug war, denn dem ungeschriebenen Gesetz der Pop-Trends folgend, daß jedem Bestseller mindestens ein zweiter folgen muß, folgte der zweite: „Jeden Tag ein bißchen böser".

„Böse Mädchen", wie ich mir erlaube, das Machwerk hier abzukürzen, ist im Zusammenhang mit der Anti-Trendanalyse in mehrfacher Hinsicht von Bedeutung: Erstens reitet (surft, wie man neuerdings sagt) der Titel des Buches auf der weiter oben kurz skizzierten Bösenwelle, legt Verruchtheit und Antimoral nahe, wie sie auch im krampfhaften Bemühen in der Marktnische der Girlies umgesetzt wird. Zweitens ist es interessant, daß hier die „guten" Mädchen in der Opferrolle auftreten und damit ein Trend losgetreten wird, der im krassen Gegensatz zu der von Horx diagnostizierten „Vertrottelung der Männer" steht. Denn bei Ehrhardt sind die Männer die Inkarnationen des (unwillentlich) Bösen, dem nur durch die Umkehrung beizukommen ist: die Entwicklung des bösen Wesens bei den Frauen. Diese Diagnose liegt auch quer zu den Prognosen Naisbitts und Popcorns und Höhlers ohnehin, die ja in ihren Business-Aphorismensammlungen „Spielregeln für Sieger" und „Wettspiele der Macht" die neuen jungen weiblichen Angestellten mit elegant jagenden Löwinnen vergleicht, die den „smarten Außendienstler männlichen Geschlechts" jederzeit aus der Business-Steppe beißen können. In einem Interview im Magazin der *Frankfurter Allgemeinen Zeitung* im März 1997 liest man es dann zwar wieder ein wenig anders, wenngleich weiterhin in den von Frau Höhler bevorzugten „soziobiologischen" Metaphern, die sie gern zu einer Evolutionstheorie des Managements zusammenkleistert: Vom „Reptilhirn" der Männer ist da wieder die Rede. Aber das ist nach dem wegweisenden Erfolg von „Böse Mädchen" geschrieben. Gertrud Höhler hat es in ihrer literarischen Karriere immer geschafft, virtuos die herrschenden Tendenzen nachzuvollziehen, sei es die neokonservative Kritik am haltlosen Konsum oder bald darauf die Beratungsliteratur, wie man mehr verkaufen könne, oder nun Besinnliches zur Business-Mode für Frauen.

Ein weiterer Grund, sich hier mit den „bösen Mädchen" zu beschäftigen, liegt darin, daß sich an diesem Buch anschaulich illustrieren läßt, wie durch die intellektuelle Recyclingmaschinerie der Zeitgeistjournaille ein Impuls zu tausendfacher Größe aufgeblasen wird, wie das unkoordinierte Marketing einer Idee funktioniert, die dann von den Trendforschern im Akt des Scanning zwangsläufig aufgefunden werden muß, zu einem Begriff benannt und dann, wie es weiter oben hieß, systematisch zum Trend gemästet wird.

Dieser Prozeß der „Kolonialisierung" der Medien mit einem simplen Ideechen wird tatkräftig von Journalisten unterstützt. Der französische Politiker und Publizist Régis Debray sagte einmal, die Professoren richteten sich nach den Journalisten. Heute muß man hinzusetzen: Und die Journalisten richten sich nach den populistischen Trendforschern. Dabei macht sich die Praxis des modernen Journalismus in diesem Falle besonders deutlich bemerkbar. Die intellektuellen Stunts der trendigen Vordenker sind die Impulse für die Schreiberinnen und Schreiber, für Werbetexter, Headlinedichter und Zwischentitler, denen allen das Trendgemunkel die Recherche und der Meinungsersatz die Analyse erleichtert. So verdichtet sich die vermeintliche Wahrheit der pauschal männergeschädigten jungen Frauen, verdichtet sich in einem der florierendsten Märkte, die die Wirtschaft in den letzten Jahrzehnten erfunden hat: dem Frauenjournalfeminismus. Dazu werden dann auch alte soziologische Weisheiten aus der Sozialisationstheorie der späten sechziger Jahre bemüht – ohne Belege selbstverständlich. „Frühe Wurzeln" nennt sich das entsprechende Kapitel bei Ute Ehrhardt.

„Wilde Mädchen", heißt es da, „sind böse Mädchen. Ihnen wird unterstellt, ihre Mütter ärgern zu wollen, Mädchen sollen lernen zu spielen, um zu spielen – nicht um zu gewinnen ... Da fordert ein Vater seine achtjährige Tochter zum Händchengeben auf, sie reagiert schüchtern, ziert sich – sein Kommentar: ‚Na mach schon, du Biest.' Biestiger Eigenwille, der ist bei Mädchen nicht gefragt. Und immer, wenn das kleine Mädchen seine Ideen durchsetzen will, seinen Bewegungsdrang ungehemmt ausleben will, ist es bösartig, dickköpfig und eigenwillig. Der väterliche Blick drückt Verachtung und Ärger aus. Einem Jungen hätte er sicher verziehen."

Hätte er?

Landläufig sagt man das.

Ob es heute noch stimmt, ist eine andere Frage. Auf jeden Fall paßt es in die marktgerechte Stromlinienform des neudeutschen Betroffenenmythos.

Das ist allerdings wieder einmal nicht neu. Seit drei Jahrzehnten wird der Vater zitiert, der seine Tochter falsch behandelt und seinen Sohn vorzieht. Deshalb ist es auch unerklärlich, warum Ute Ehrhardts Buch ein derartiger Erfolg ist.

Um Mißverständnisse zu vermeiden: Es ist nicht die Frage, warum die kleine Geschichte von den „bösen Mädchen" ein Erfolg wurde. Es ist nicht die Frage, warum eine winzige Idee, die nicht einmal neu ist, derartig viele Frauen fasziniert. Die Erklärung liegt sicher darin, daß es sich hier um ein pseudowissenschaftlich verbrämtes altbekanntes Motiv aus den Kindertagen handelt, das der Theorie ein wenig widerspricht: Denn die Idee vom bösen Mädchen war ja schon in den vierziger Jahren ein Welterfolg. Damals hieß das böse Mädchen Pippi Langstrumpf. Aber so ist das nun einmal in der modernen Medienindustrie, in Büchern, Filmen und Fernsehserien: Die Ideen sind alle uralt.

Aus Moby Dick wird der weiße Hai.

Aus den Drachen werden Saurier.

Aus Aschenputtel wird Pretty Woman.

Aus Hans im Glück wird Felix Krull.

Aus Shylock wird die Firma.

Und in der Firma sind Männer, die Frauen gegenüber böse sind.

Pretty Woman kämpft dann ziemlich allein gegen die Verschwörung.

So war es auch nur eine Frage der Zeit, bis das Pippi-Langstrumpf-Motiv, das Astrid Lindgren 1945 ausgearbeitet hatte, wiederentdeckt und zeitgemäß bestsellertauglich eingekleidet wurde.

9.2 Von Anna, Riki, Lena und von Mona Lisa in der Falle

Wer genau diesen neuen Boom losgetreten hat, ist nicht mehr zu eruieren. Auch deshalb ist die Frage so interessant, warum es gerade das Böse-Mädchen-Buch war, das die Charts anführte. Denn am Start fieberten mit identischen Aussagen, gleichartigem Frauenzeitschriftenstil, also mit vergleichbaren Ausgangsbedingungen, manche sogar früher als Ute Ehrhardt, unter anderem diese:

- Lee Bryce: „Frauen auf Erfolgskurs. Strategien für den beruflichen Aufstieg." 1989.

- Ruth Rothman: „Sei ein Biest. Das kompromißlose Karrierebuch für Frauen." Schon 1993 im Original, 1994 dann in deutscher Übersetzung.

- Pat Heim und Susan K. Golant: „Frauen lernen fighten. Ein Sparringkurs für Aufsteigerinnen." 1995.

- Kate White: „Brave Mädchen bringen's nicht. Nur Powerfrauen machen Karriere." 1995.

Vielleicht lag es an der Vermarktung. Wahrscheinlich aber am genialen Titel, der einer zeitgenössischen Tendenz zur Simplifizierung und zur Infantilisierung entgegenkommt, die der Amerikaner Robert Bly kürzlich in einem weniger aufsehenerregenden, dafür aber stichhaltigeren Buch diagnostizierte (das enttäuschenderweise am Ende auch in der modischen Esoterik versackt). Möglicherweise lag es auch daran, daß es Ute Ehrhardt gelang, den kindlichen Schreibstil der alten Vorlage perfekt zu inszenieren, einen Stil, wie er schon die Durchhalteparolen für aufstiegsorientierte oder auch beziehungskrisengeschüttelte Sekretärinnen und Sachbearbeiterinnen in *Petra, Freundin, Allegra, Brigitte* und anderen klassischen Frauenzeitschriften charakterisiert.

■ „Bettina möchte mit ihrer Familie eine Flugreise machen."
Aber irgend etwas hält sie davon ab, sich gegen Peter, ihren Mann,
durchzusetzen, der immer in den Schwarzwald will.

■ „Birgit war in ihren Beruf zurückgekehrt."
Aber Gerhard, dem sie fürs Chemiestudium den Rücken freige-
halten und mit dem sie nebenbei auch noch Zwillinge hatte, wollte nun überhaupt nicht daran denken, Hausarbeit zu übernehmen.

■ „Silvia kochte vor Wut."
Sie war nämlich müde, und im Wohnzimmer saß Wolfgang und
spielte mit dem Nachbarn Schach, anstatt sich um die tobenden
Kinder zu kümmern.

■ „Jennifer ist Übersetzerin."
Außerdem ist sie seit 15 Jahren mit Tim verheiratet. Sie haben
drei Kinder mit ebenso hübschen Modenamen wie sie selbst: Nina,
Oliver und Sabrina. Sie wohnen auf dem Land. Tim will in die
Stadt.

■ „Sigrid arbeitet seit einem Jahr in einer Anwaltskanzlei."
Sie arbeitet bis tief in die Nacht. Die Partnerschaft in der Sozietät
bekommt natürlich ein Mann.

■ „Christa ist Grafikern."
Sie hat tolle Ideen. Aber in der Firma wird das nicht richtig honoriert.

Genau so geht es auch allen anderen:
So geht es Anna, die für eine Tageszeitung schreibt; Petra, die
oft mit Freunden Fahrrad fährt, aber nie selber eine Route vorschlägt;
Sabrina, Assistentin des Geschäftsführers einer Einzelhandelskette;
Sibilla mit den zwei Doktortiteln; Ingeborg, Silvia, Monika, Eva, Iris,
Renate, Vanessa und Riki.
Sie sitzen alle da und lächeln zum bösen Spiel, das sie nicht
zu ihrer eigenen Handlung kommen läßt. Die Botschaft ist eindeutig und paßt zur politisch korrekten Viktimisierungswelle, wie sie
aus den USA kommt: Schuld sind die anderen, schuld ist die Er-
ziehung, im Pädagogen- und Psychologen-Neudeutsch auch „Sozia-
lisierung" genannt. Aus diesen historischen Fesseln muß frau sich
befreien. Dazu gehört es, erst einmal Leidensgenossinnen zu fin-

den. Und wenn man in der Wirklichkeit zu wenig findet, wird man
sie in Büchern finden. Denn mittlerweile scheint es Mode zu sein,
daß Psychotherapeuten schonungslos aus ihrer Praxis berichten –
ohne daß jemals die Frage gestellt wird, ob es sich hier um eine
repräsentative Auswahl handelt. Auch Ute Ehrhardt war oder ist
weiterhin oder vermutlich nach dem Boom ihres Buches und der
anschließenden Seminare mehr denn je in diesem Metier tätig, was
natürlich immer neues Material für neue Bücher bringt. „Ich be-
zeichne", sagt Therapeutin Ehrhardt, „diese selbstbremsende und
selbstverleugnende Mentalität als das Mona Lisa-Syndrom. Mona
Lisa deshalb, weil dieses unergründliche Lächeln für mich das stärk-
ste Symbol weiblicher Unterwerfung bedeutet." Was übrigens die
Redakteurinnen der gleichnamigen ZDF-Frauensendung sicher nicht
so interpretieren.

Aber es gilt die Theorie der „Opera aperta". Es gilt darüber hinaus die Methode, immer das zur Illustration der eigenen Thesen
heranzuziehen, was paßt, und nur solche Vanessas, Rikis, Evas und
Silvias vorzuführen, die sich für den publicityträchtigen Märtyre-
rinnenstatus eignen, um andere Ingeborgs, Annas, Petras, Sabrinas
zu motivieren, die Seminare von Ute Ehrhardt zu besuchen. Oft nämlich habe sie, sagt Ehrhardt, „in Seminaren und Sitzungen Frauen
gegenübergesessen, deren Lächeln eine ähnliche Qualität besaß" wie
das der Mona Lisa. Damit könnte vielleicht sogar eines der größten
Geheimnisse der Kunstgeschichte endlich gelüftet sein: Mona Lisas
Lächeln ist die verzweifelte Anpassung. Vielleicht wollte sie ja selber Malerin sein und Leonardo verewigen, wagte das aber nicht zu
sagen und geriet so in diese „Falle", die es damals unter ihrem Namen noch nicht gab.

9.3   Das Motiv des Bösen, durch den Wolf gedreht

Eine Reihe von Frauen, namentlich von Redakteurinnen indes,
scheinen die Botschaft von Frau Ehrhardt sehr gut angenommen zu
haben. Denn sie scheuen sich nicht, flugs die beschriebene Recyclingmaschinerie anzuwerfen, und den bereits dutzendemal durch
den Wolf gedrehten und selbst von Frau Ehrhardt in einem zweiten
Buch („Jeden Tag einen bißchen böser!") ohne jeden weiteren Infor-

mationswert noch einmal aufgekochten Eintopf für sich auszulöffeln, um, so lange es eben geht, Windschattenprofite zu erzielen.

■ Am auffälligsten tat das im Herbst 1996 wohl der GoldmannVerlag, der ein Taschenbuch mit Kurzgeschichten auf den Markt warf und ihm den Titel „Das große Böse-Mädchen-Lesebuch" verlieh.

■ „Schön bös!" betitelte auch der künstlerische Nimmersatt Mario Adorf seine CD mit Liedern von Georg Kreißler, was wiederum auch zeigt, daß die spielerische Auseinandersetzung mit dem Bösen keineswegs ein Trend von heute ist, was dann wohl auch heißt, daß es kein Trend ist, jedenfalls keiner, der die Gegenwart tiefer charakterisieren könnte.

■ „Das frechste Mädchenbuch, das es je gab", erschien dann 1996, geschrieben von Uschi Flacke, mit dem Titel „Weil du ein Mädchen bist. Geschichten, Facts und starke Stücke für Mädchen, die es wissen wollen."

■ Die Frauenzeitschrift *Petra* brachte „22 Gründe, warum es besser ist, eine Frau zu sein", wobei der erste einen weiteren Trend aufgriff, der (siehe weiter unten) derzeit genüßlich ausgeweidet wird, die Vertrottelung der Männer: „Weil bei Männern ein gezielter Tritt in die Weichteile reicht, um sie außer Gefecht zu setzen!" Oder auch: „Weil Frauen beim Thema Potenzprobleme lediglich mitleidig lächeln – sie können immer."

■ Das schnellste Nachrichtenmagazin Deutschlands, *Focus,* machte seine Nummer 43/1996 mit der publizistischen Zirkusnummer über „Teenager-Sex" auf und zitierte im Untertitel: „Starke Mädchen, verwirrte Jungs".

■ Die Illustrierte *Stern,* die sich aus den Fesseln ihrer spätachtundsechziger Gesellschaftskritik erfolgreich befreit hat und immer dabei ist, wenn es modischen Zeitgeist zu reproduzieren gilt, schlachtete in der Nummer 42/1996 die Männer aus, vermutlich inspiriert von Horxens Vertrottelungsthese und seinen falsch verstandenen Androgynietheorien (siehe Kapitel 10.1): „Vergeßt die Männer. Das neue Selbstbewußtsein der Frauen." Bebildert mit einer in schlechter Haltung verkrümmten jungen Frau mit einem Kampfgewicht von ungefähr 35 Kilo. Im Artikel in einem Kasten: die wichtigsten Thesen über (diesmal) die „frechen, die aufmüpfigen, die dreisten Frauen".

■ *Amica,* offensichtlich in die Idee sehr verliebt, ließ in einer Reportage über den „Model-Coach" J. Alexander (das Beratungsgeschäft scheint unendlich viele Verästelungen und noch mehr Berufe zu haben) diesen in einem Textinsert verkünden: „Anständige Mädchen bringen es nicht sehr weit in diesem Geschäft."

■ In der Werbung für Betty Barclay werden jungen Frauen trendig-männerfeindliche Sprüche angedichtet: „Hallo Jungs, ich zeig' Euch die Zähne. Selbst ist die Frau." Oder in kaum verhohlener Sekundärnutzung des geistigen Eigentums der Frau Ehrhardt: „Ich wäre gern ein braves Mädchen. Aber ich komme so selten dazu. Selbst ist die Frau."

■ Noch einmal schlachtete das überdimensionierte Blatt *Amica* in einer Modepromotion die Idee aus, wo eine junge Frau, die, wie die wirre Geschichte erkennen läßt, von ihrem Freund verlassen worden ist, in einem Rausch „flammendroter Raserei" seine Lieblingssachen hinrichtet. Thema laut Freundin *Amica:* „Eine Frau, die sich in kühler Raserei an dem Mann rächt, der sie verlassen hat." Originell: Sie, ein offensichtlich pubertierendes Mädchen, das an der Grenze zur Magersucht laboriert, verschüttet in einem Armani-Kleid seinen Calon-Ségur (Grand Cru Classé, einen St. Estèphe, wie dem Eingeweihten gleich klar werden soll), zersägt seine Golfschläger, seine Schuhe, brennt Bügeleisenflecke in seine Hemden und zerraucht seine Zigarren. Die Werbeagentur, die sich zu dieser Strecke bekennt, heißt Springer & Jacoby und hat offensichtlich kurz zuvor den „Club der Teufelinnen" gesehen.

■ Vielleicht hat sie auch Gaby Kaufmanns zweiten Roman gelesen, „Nur ein toter Mann ist ein guter Mann", mit dem sie an den Erfolg ihres antisexuellen Beziehungsschwalls anschließen wollte: „Suche impotenten Mann fürs Leben".

■ Auch RTL erinnert sich ans Grundmotiv, als es gilt, die in der Publikumsgunst erkaltende Margarete Schreinemakers werblich zu reanimieren, und läßt die Werbeagentur nachdichten: „Brave Mädchen kommen in den Himmel – und freche kommen zu RTL".

■ *Marie Claire,* eine Frauenzeitschrift, plappert in einer Rezension des Films „Der Club der Teufelinnen" ebenfalls brav das nach: „Quintessenz: Die verlassene Cynthia und überhaupt alle guten Mädchen kommen in den Himmel. Böse aber überall hin."

Die Trendforschung, die Unternehmens- und Lebensberaterinnen, die Gurus und die feministischen Kämpferinnen – sie alle und Ute Ehrhardt, die Mutter Teresa der weiblichen Auflehnung, bedienen sich gern all der faszinierenden Elemente, die das gesamte Genre dieser Literatur ausmacht und die aus der Dale-Carnegie(„Sorge dich nicht, lebe!")-Schule stammen: Pauschalisierungen, beispielhafte Verdeutlichung ohne statistische Belege und Quellenhinweise, garniert mit optisch aufgemotzten Hinweistafeln und ein wenig Apokalypse. Das alles eignet sich hervorragend für werbeträchtige Auftritte in Talk-Shows, für werbeträchtige Konfrontationen mit anderen Lieferantinnen der neuen Güter des Frauenmarktes in Zeitschriften, mit Marlene Streeruwitz, Autorin des Buches „Verführungen" zum Beispiel, oder mit der unvermeidlichen Hera Lind, die in der peppigen *Amica* in einer geradezu kindischen „Inszenierung" des Theaterstücks „Superweib trifft böses Mädchen" auf Ute Ehrhardt trifft und damit trefflich die These belegt, daß es sich bei diesem Tourneetheater um die Aufführung einer Commedia dell'arte handelt:
Auszüge:

Auftritt der Kellner, es wird Weißwein getrunken. Marke wird (anders als bei Gerken in der „Magischen Masse" und in der roten Raserei der *Amica)* nicht genannt.
Amica: Als Psychotherapeutin coachen Sie Managerinnen. Haben konfliktfähige Frauen größeren Erfolg?
Ehrhardt: Wenn sie diese Strategie beherrschen, auf jeden Fall. Als Anfängerin allerdings ... *(greift zum Wasserglas, stutzt).* Welches war jetzt mein Glas?
Amica: Das mit dem Lippenstiftabdruck.
Lind: Ich habe meinen Lippenstift vergessen und der Fotograf macht schon Fotos.
Amica (kramt in der Handtasche): Können wir mit unserem Lippenstift aushelfen?
Lind: O ja, danke.

Ehrhardt *(kramt in der Handtasche):* Spiegel?
Lind *(nimmt den Spiegel und schminkt sich die Lippen):* Perfekt, diese Farbe ist megagut.
Ehrhardt: Wenn Frauen trainieren, klare und harte Auseinandersetzungen zu führen, kann es natürlich passieren, daß sie im Anfangsstadium ein bißchen über das Ziel hinausschießen und unangemessen scharf reagieren.
Ende des Vorangehenden (frei nach Flann O'Brien).

Für das Training gibt es übrigens nun also das neue Buch „Jeden Tag ein bißchen böser". Natürlich drängt sich die Frage auf, wie denn Managerinnen zu ihrem Job gekommen sind, wenn sie die simpelsten Kompetenzen der Durchsetzungsfähigkeit nicht besitzen und Anleitungen benötigen. Vielleicht ist das Ganze ja gar kein Trend. Vielleicht sind die in der Relation zu ernsthafter Literatur beachtlichen Verkaufszahlen eigentlich kein Anzeichen für eine bedeutungsvolle Veränderung der Kultur. Denn andere Indikatoren weisen darauf hin, daß die Segregationsscharmützel nicht wirklich interessieren. Der Frauensender tm 3 ändert aufgrund anhaltender Erfolglosigkeit sein Konzept. Die Überlebensfrage ist gestellt. Die sogenannte „Frauenoffensive" in der ARD ist gescheitert. Auch wenn die ARD-Moderatorinnen Gundlach, Böttger und Fröhlich dafür natürlich die männlichen Hierarchen verantwortlich machen (so wie Margarete Schreinemakers im übrigen die steuerlichen Auseinandersetzungen als Angriff auf die weibliche Emanzipation deutete): Offensichtlich beschäftigen sich die meisten Frauen und die meisten Männer in dieser Gesellschaft gemeinam mit den Problemen des alltäglichen Überlebens.
Doch das ist zu wenig sensationell.
Daraus läßt sich kein Geschäft machen. Dennoch: Am Ende des Buches über die bösen Mädchen liest man wie in jedem Buch, in dem ein Trend abgehandelt wird, den obligaten Hinweis in eigener Sache: Wo und wann es ein Seminar gibt, das hilft, die Ideen aus dem Buch auch konsequent umzusetzen, und was es kostet. Denn auch das Böse kommt nicht umsonst in die Welt.

10 Frauen und Männer: Der herbeigeredete Sezessionskrieg

10.1 Der geknickte Zauberstab und die Mannweiber

Die Attacke der bösen Mädchen scheint den Männern die letzten Kräfte zu rauben. Die Trendforscher, ganz vorn mit dabei selbstverständlich Matthias Horx, setzen sich drauf, schüren die Differenzen und knicken dem Mann zu allem Überfluß noch sein bestes Stück. Schon überschlagen sich die Medien mit der lustvollen Zerstörung des letzten Tabus: des Penis. Jetzt darf er offensichtlich auch fotografisch dargestellt werden (wenn er nicht „erigiert" ist, wie das so schön heißt). Und besprochen darf er werden. Von Frauen, die sich offensichtlich auskennen, von Frauen, die offensichtlich schon böse sind und überall hinkommen. Daher wird nun auch alles öffentlich debattiert: warum er hängt, wenn er stehen soll, und steht, wenn er hängen soll, was man damit anfängt (als Frau) bis eben hin zum wundersamen Tip der *Petra*, den Mann durch einen Tritt in die Weichteile außer Gefecht zu setzen. Die Aufmachung solcher Beiträge dokumentiert das Originalitätsspektrum des neudeutschen Journalismus, der sich im Nachvollzug des durch Trendforscher und -forscherinnen gelieferten Meinungsersatzes ergeht: Es werden, vornehmlich auf Schwarzweißfotos, allerorten nackte männliche Modelle dargestellt, die ihren Penis vorzeigen (wie kleine Jungs beim Längenvergleich auf der Toilette), ein Geographiestudent, ein Finanzbeamter, ein Journalist, ein Sänger und Tänzer, ein Fotograf, ein Grafikdesigner zum Beispiel in der Frauenzeitschrift *Petra*, die den „Mythos Penis" mit einem leicht rissigen Holzmodell inszeniert. Das ragt efeuumrankt vor dem Mond auf, der sich wie ein Heiligenschein um die Eichel legt. Anschließend palavern sechs Frauen („offen, ehrlich, schonungslos!") in einer „Talkrunde": eine Sexshopbesitzerin, eine Drummerin und Sängerin, eine VIVA-Moderatorin, eine Hamburg-1-Moderatorin (HH 1 ist ein Fernsehsender), eine *Petra*-Redakteurin, ein Model – die übliche Talkrundenbesetzung halt. Begleitet ist das alles von der unvermeidlich durch die Gazetten geisternden und immer wieder abgeschriebenen Statistik der Längen bei Prominenten („Frank Sinatra: 30 cm"). Manuela Siemers, Prostituierte aus Berlin, gibt Tips für das „perfekte Blasen". Denn Prostituierte sind auch im Trend, seit Wolf Wondratschek die ausladende ehemalige Hamburger Liebesdienstleisterin Domenica in den Olymp der Prominenz gedichtet hat. Im *Stern* (immer wieder) dokumentiert die Berliner Prostituierte Anna, daß ihr Hurendasein ein ganz normaler Beruf ist. Ein kleines Lexikon von 19 mehr oder weniger bizarren Praktiken entschädigt den Voyeur verbal, denn von Anna ist nicht allzuviel zu sehen.

Dafür halten auch dort ein paar männliche Schwarzweißmodels ihren Penis in die Kamera und kommentieren das mit einigen persönlichen Bemerkungen, in zwei Folgen übrigens. „Männer und andere Kleinigkeiten" heißt es in der Überschrift im Blattinneren. Diese Anmache setzt sich im Vorspann fort: „Ihr Ego steht und fällt mit dem Penis. Was ist bloß dran an der gepriesenen Männlichkeit? Zuwenig, um sich als Frau darüber aufzuregen." Es folgt ein aufgeregter Artikel im fickrigen Girliestil, von einer Sylvia Fürweiser, die offensichtlich einige Jahrzehnte in Männerkreisen zugebracht hat und genauestens weiß, worüber da so geredet wird. Und was „die" Männer so tun, wenn sie es sich selbst besorgen. Unappetitlich und pauschal ist das alles, unappetitlich vor allem deshalb, weil unter dem Tarnanliegen der Überführung des Mannes die übelsten Zoten gedruckt werden, um ihn, das Schwein, die Inkarnation des schlechten Bösen, des Dummen in der Schöpfung, artgerecht zu überführen. Er ist nun einmal ein Schwächling, der sich kaum wehren wird. Hier dreht sich, wie schon im „Böse-Mädchen"-Recycling, die Grundidee allmählich um: Die bösen Mädchen sind schon unterwegs. Wo immer von ihnen die Rede ist, sind sie gleichzeitig auch Werbeträger für das Buch, das so für sich und gleichzeitig für sein Gegenteil steht. Das Spektrum der möglichen Vermarktungen der Grundidee ist damit erheblich erweitert.

Auch Matthias Horx bewegt sich neuerdings in diesem Bereich und kommt, wie die bunte österreichische Wochenillustrierte *News* verrät, zu „erschütternden Ergebnissen", die nun wiederum in einem neuen Buch von omnipräsenten Sexberaterinnen wie der Österreicherin Gerti Senger auch empirisch untermauert werden: Männer haben zunehmend größere Schwierigkeiten mit der Potenz. Manager wurden ja schon als impotente Opfer ihrer Machtspiele geoutet, von der mit Frau Senger heftig und öffentlich konkurrierenden Psychotherapeutin namens Rotraud Perner. Nun erwischt es auch alle anderen.

Als wäre das alles aber noch nicht genug, bedrohen zusätzlich Hormonattacken die Spermien. „Horx ortet eine abnorme Verweiblichung des Mannes", lautet die apokalyptische Headline. Welche Kompetenzen besitzt er eigentlich, diese Aussage zu treffen? Er, der sich in allen Wissenschaften auskennt und seine Tätigkeit in geradezu renaissancehafter Weitläufigkeit als universale Beratung anbietet, der die Chaosforschung ebenso kennt wie die Demographie, die Soziologie wie die Geschichte – hat er nun auch medizinische Untersuchungen angestellt? Nein: Er hat etwas vom dänischen Reproduktionsmediziner Nils Skakkebaek gelesen. Das gibt er nun als Durchlauferhitzer des Zeitgeistes wieder. Dann kommt der Machtkampf der Frauen dazu, die nun herrschen wollen, die Homosexualisierung, und einiges mehr, was den „Mann zum eigentlichen schwachen Geschlecht mutieren läßt". Es sind wie üblich angelesene Gedankensplitter, gut sortiert und dem Zeitgeist eingepaßt, der zur Zeit den Frauen Rückenwind verschafft und einen goutierlichen Kampf inszenieren läßt.

Also dreht man die Fahne in diesen Wind und erfindet einen Begriff dazu: die „neuen Trottel". So heißt es jedenfalls im „Trendbuch 2", weil „neu" immer gut paßt im Gegensatz zum Herkömmlichen. Das ist wie in der Werbung. Die wird dann zum Beleg bemüht, wie übrigens auch beim sogenannten „Aufstand der Alten" (Kapitel 11.1). Der Typus der neuen kraftvollen Frau sei der der „Dreiwettertaftfrau", sagt Horx und verfährt nach dem üblichen Schema der einseitigen Selektion weiter. Denn die Werbung ist ja gleichzeitig auch noch bevölkert von Hausfrauen, die sich um ihre Kinder kümmern und ihnen Milchschnitten oder Hohes C und Überraschungseier kaufen und ansonsten glücklich schauen, wenn „hartnäckige Flecken" schon bei 40 Grad kapitulieren. Aber in diesen vermeintlichen Trend paßt das nun einmal alles nicht.

Die Entdeckung der „bösen Mädchen" hingegen paßt.

Zwar nicht ganz so, wie Ute Ehrhardt es will. Denn bei ihr sind ja die Mädchen noch unterdrückt. Für den Gegentrend ist ihr Lebenspartner zuständig, Wilhelm Johnen, der die neue Weinerlichkeit der Männer vermarktet und über „Die Angst des Mannes vor der starken Frau" schreibt. Es ist ein wildes Durcheinander. Deshalb ist auch nicht ganz nachzuvollziehen, in welcher Weise Frauenmagazine „meinungsbildend" wirken, wie Horx meint. Denn es steht ja vielerlei und viel Widersprüchliches darin. Dazu werden dann entsprechende Zitate aus Frauenmagazinen entnommen, die weder zahlenmäßig gewichtet noch durch tausenderlei Gegenbeispiele relativiert werden. So entsteht zwangsläufig ein Bild „der" Männer, identifiziert mit dem Bild „des" Mannes, das Millionen und Abermillionen Individuen in die Zwangsjacke einer in die gelobten Frauenzeitschriften passenden Pauschalisierung schnürt: mal als Unterdrücker, mal als Angsthase mit eingeklemmtem Schwanz, dann wieder als Rächer an der Frau, weil sie sich als „Androgyne" gerierte, was Horx mit „Mannweib" übersetzt. Damit strapaziert er erneut ein längst überführtes Vorurteil – entweder, weil er sich nicht ausreichend informiert hat oder weil es halt besser ins Konzept paßt.

Denn abgesehen davon, daß das Konzept über 20 Jahre alt ist, ist auch noch die Übersetzung falsch.

„Androgynie" bedeutet folgendes: „Menschen, die sich sowohl in hohem Maße typisch männliche Eigenschaften (also Durchsetzungsfähigkeit, Aktivität und Leistungsorientierung) als auch typisch weibliche Eigenschaften (also Hilfsbereitschaft, Einfühlsamkeit, Sanftheit) zuschreiben, werden als androgyn bezeichnet", sagt Dorothee Alfermann. Sie hat sich mit Karriereentwicklungen im Frauensport beschäftigt, mit Gesundheit und mit männlicher und weiblicher Leistungsfähigkeit. In eigenen Studien nahm sie das Konzept auf, das die Amerikanerin Sandra Bem in einem Buch über das Ende der Geschlechtsrollenstereotype schon 1976 propagierte: „The Promise of Androgyny". Bem und Alfermann verleugnen keineswegs die geschlechtsspezifische Rollenzuschreibung. Im Gegensatz zu den Trendpropheten, die eine Segregation der Geschlechter predigen, zielt ihr Konzept jedoch auf eine Integration der Eigenschaften. „Maskulinität ist offenbar von einem positiven Selbstkonzept kaum zu trennen. Das halte ich", sagt Alfermann, „für eine sozial verursachte Realität. Zugleich aber ist es nicht nur die maskuline Seite, die Androgynen positive Erfahrungen vermittelt. Auch die femininen Eigenschaften spielen eine Rolle, gerade für Frauen. Sie sind für soziale Kontakte, soziale Umgangsfähigkeiten und für eine kinderfreundliche Einstellung wichtig. Sie sind insbesondere wichtig für die soziale Anerkennung einer Frau."

Marie Ganier-Raymond, die am Heidelberger Marktforschungsinstitut SINUS arbeitet und einschlägige Studien in unterschiedlichen sozialen Milieus unternommen hat, sieht die wachsende Schar der androgynen Frauen „... als Anzeichen für eine postmoderne Weiterentwicklung des Rollenwandels hin zu einem vom Selbstverwirklichungsmodus der männlich geprägten industriellen Arbeitsgesellschaft unabhängigen, für beide Geschlechter gleichermaßen verfügbaren Rollenverständnis, gleichsam der nächste Schritt auf dem langen Marsch der säkularen Rollenevolution." Der Zielpunkt dieser Entwicklung bestehe darin, daß „Menschen ihre Rollen individuell nach ihrer Fähigkeiten und Möglichkeiten übernehmen und gestalten können, nicht aber aufgrund ihres biologischen Geschlechts."

Was sagen nun die internationalen Forschungsergebnisse?

Zunächst einmal gibt es einen deutlichen Unterschied zwischen femininen, androgynen und maskulinen Frauen.

Androgyne Frauen haben

- eine bessere physische Konstitution,
- ein positiveres Selbstwertfühl,
- kommen besser mit Männern aus,
- sind zielstrebiger und erfolgreicher im Beruf,
- empfinden andererseits auch die Hausfrauentätigkeit befriedigender als alle anderen Gruppen,
- ähneln in ihrer Einstellung zu Partnerschaft, Kinderzahl und dem Wunsch nach Kindern mehr den femininen als den maskulinen Frauen,
- sind überzeugter davon, eine gute Mutter abzugeben als andere Gruppen,
- formulieren als Erziehungsziele ebenfalls androgyne Werte,
- nehmen weniger Schmerzmittel als feminie und indifferente Frauen,
- sind technikaufgeschlossener und optimistischer.

Das Konzept der Androgynie ist übrigens keineswegs auf Frauen beschränkt, sondern enthält eine Reihe von Charaktermerkmalen, die sowohl für Männer als auch für Frauen gelten. Wenn man denn von einem „Megatrend" im Bereich der geschlechtsspezifischen Entwicklungen sprechen wollte, wäre es diese allmähliche Durchmischung der traditionell getrennten weiblichen und männlichen Lebenskonzepte.

Trotz all dieser Einsichten bleibt die populistische Trendforschung beim verkaufsträchtigen Argument der grundsätzlichen Unterschiede, die nun noch durch die Esoterikwelle ins Mystische übersteigert werden. „Beobachten Sie einmal eine Frau beim Zuhören", meint Faith Popcorn. „Mit allen Sinnen ist sie auf Empfang geschaltet – so, als warte sie förmlich auf den Click ... Im Laufe von Jahrmillionen der Evolution haben wir Frauen ein reiches natürliches Sensorium entwickelt."

10.2 Frauen und Technik, Männer und Technik

Bedauerlicherweise führt eine solche wie auch immer begründete Segregation von Frauen und Männern zu einer markttechnisch höchst zweifelhaften Auffassung: „Entwickeln Sie getrennte Marketingstrategien für Männer und Frauen", rät Faith Popcorn und argumentiert damit meilenweit an den wichtigsten Einsichten der modernen Marketingforschung vorbei. Sicher – bei vordergründiger Beobachtung ließe sich die „typisch" weibliche Haltung zur Technik mit einer Reihe von Belegen illustrieren. Betrachtet man beispielsweise das Internet, die modernste Kommunikationstechnik, dann lassen sich Vorurteile mühelos bestätigen. Zum Beispiel, daß der geringe Prozentsatz von Frauen bei den Nutzern des Internets auf ihre technische Inkompetenz zurückzuführen sei, und daß Männer – ebenso typisch – mit der Technik sehr viel schneller zurechtkommen. Eine präzisere Auswertung der Haltung zum Internet zeigt indes, daß es die männliche Irrationalität (im klassischen Sinne: die altmodische Verspieltheit und damit weibliche Charakteristik des Internet) ist, die Frauen eher abschreckt, und die damit auf diesem urmännlichen Sektor eine eher rationale Haltung einnehmen:

■ *Sie* fahndet im Netz gezielt nach Informationen und scheut bald die langen Wege dieses Suchprozesses. Denn noch ist das Internet zu wenig verbraucherfreundlich und zu langsam, zu unübersichtlich und chaotisch.

■ *Er* streunt auf der Suche nach dem Abenteuer hinter der nächsten und dann wieder der übernächsten Ecke nächtelang auf den abartigsten Daten-Pfaden herum und liebt das Chaos und die Überraschung.

Darüber schütteln viele Frauen den Kopf. Ihre Skepsis ist jedoch nicht technikfeindlich. Sie halten nur die Anwendung der Technik in weiten Teilen für kindisch, wie die Männer, die nächte- und urlaubslang an Computerspielen sitzen und die unendlichen Verzweigungen von Grafikprogrammen erkunden, die sie nie nutzen werden. Katie Hafner, Redakteurin der Zeitschrift *Working Women,* hat erst jüngst in einem Report die Erfahrungen zusammengefaßt, auf die technikbegeisterte Studentinnen stoßen: „Sie werden von den Machoallüren der Techno-Macker an den Universitäten wie dem MIT abgeschreckt, wo es als Männlichkeitstest gilt, drei Tage und drei Nächte durchzuarbeiten, nur um ein Stückchen Software zu optimieren." Monika Thum, Fachbereichsleiterin für Berufsausbildung am Institut für Bildungsforschung der Wirtschaft in Wien, ergänzt aus österreichischer Sicht: „Das geht schon im Computerunterricht an den Schulen los. Da sitzen die Burschen wie selbstverständlich an den Geräten, und die Mädels stehen dahinter und schauen ihnen über die Schulter beim Herumspielen zu."

Dafür interessieren sich die Girls einfach nicht. Nicht in den USA, von wo Paula Rayman, Leitern der amerikanischen Vereinigung Pathways for Women in the Sciences, berichtet: „Was Mädchen und Computer anbetrifft, sind nach unseren Untersuchungen drei Kriterien entscheidend: praktische Erfahrung, Teamwork und sinnvolle Inhalte." Auch nicht in Deutschland oder Österreich, wo Bildungsberaterinnen der Arbeitsmarktpolitischen Beratungsstellen für Mädchen ähnliche Beobachtungen mitteilen. „Das ist wohl auch der Grund, warum es kaum einen Absatzmarkt für weibliche Computerspiele gibt. Oder es gibt noch keine angemessenen weiblichen Computerspiele!"

Dahinter stecke ein System, argwöhnt trendgerecht Helene Karmasin, Österreichs meistzitierte Trend- und Motivforscherin. „Es geht hier um Macht, um Dominanz. Frauen werden von wesentlichen Bereichen des gesellschaftlichen Fortschritts ausgeschlossen – oder zumindest versucht eine männliche Welt das. Aber der Versuch scheitert mittlerweile, und zwar kläglich. Er ist durchschaubar. Frauen wollen andere Dinge von der Technik als Männer."

Die Ergebnsse einschlägiger Studien (unter anderem 1994 von der Frauenzeitschrift *Petra:* „Frauenwelten" und 1996 vom Institut für Demoskopie Allensbach: „Allensbacher Computer- und Telekommunikationsstudie") sind erstaunlich homogen:

- Die Begeisterung über konstruktiv-wissenschaftliche Seiten der Technik ist verhalten.
- Technik wird immer noch, wenngleich mit nachlassender Intensität, zumindest teilweise mit Gefahr und Unbegreifbarkeit assoziiert.
- Wo sie als sinnvolle Dienstleistung zur Erleichterung des Lebens erscheint und die menschliche Kunstfertigkeit herausfordert, wird sie eher akzeptiert als da, wo sie durch ihre Komplexität oder Starrheit die Menschen zu ausführenden Organen degradiert.
- Berufstätige Frauen um die 40 zeigen das entspannteste Verhältnis zur Technik; sie haben das größte Vertrauen in die künftige Beherrschbarkeit. In dieser Gruppe besteht auch der verbreitete Wunsch, den Computer für private Belange anzuschaffen.
- Schülerinnen konzentrieren ihr Hauptaugenmerk auf das Auto, kennen zwar seine zweifelhafte ökologische Rolle, halten es aber für unverzichtbar.
- Hausfrauen fühlen sich durch den technischen Fortschritt bedroht; sie fürchten, den beruflichen Anschluß zu verlieren, gleichzeitig aber auch, im Haushalt durch Technisierung überflüssig zu werden.
- Auch die jungen berufstätigen Singles, bei denen man am ehesten eine positive Haltung zur Technik vermuten sollte, zeigen sich ambivalent; sie erwarten vor allem für die Zukunft eine starke Erleichterung im Kommunikations- und Unterhaltungsbereich, eine Unterstützung ihres Wunsches nach problemloser und gleichzeitig unverbindlicher Gestaltung von Kontakten.

■ Grundsätzlich stellen Frauen zwei Fragen zur Technik: danach, was sie bringt, und danach, was sie nimmt. Deshalb werden technische Neuerungen sehr stark auf ihre soziale Tauglichkeit hin überprüft.

■ Technik gibt keine Antworten auf die Sinnfragen des Lebens.

■ Preissteigernde Gimmicks werden von den Frauen für sinnlos gehalten.

■ Schließlich und überraschenderweise: Technik ist kein Medium der Emanzipation, sondern die Emanzipation ermöglicht Frauen eine eigene Haltung zur Technik.

Frauen haben, so legen diese Befunde nahe, andere Bedürfnisse an die Technik als Männer. Das mag bei vordergründiger Beobachtung richtig sein, läßt sich aber durch tiefergehende Analysen nicht bestätigen. Denn wieder wird spektakulär der Gegensatz in den Vordergrund gestellt, obwohl das „dialektische" Verhältnis eine sehr viel näherliegende Erklärung bereitstellt. Denn Innovationen entstehen aus der gegenseitigen Wahrnehmung von Impulsen auf dem Markt.

Es ist nicht zuletzt der anerzogene männliche Spieltrieb, der zu einer Ausdifferenzierung der Technik führt. Wenn diese Ausdifferenzierung auch übertrieben ausfallen mag, so steht sie doch am Anfang von Innovationen. Die weibliche Interpretation dieser Technik führt dann regelmäßig zu einer Relativierung der komplizierten Ausgestaltungen. Tatsächlich wird immer deutlicher, daß sich die beiden Konzepte, der Wunsch nach klarer Servicefunkton und der Wunsch nach spielerischer Anwendbarkeit der Technik, aufeinander zubewegen.

Fazit also: Der mühsam aufrechterhaltene Sezessionskrieg ist ein unsinniger Umweg bei der gemeinschaftlichen Gestaltung des Alltags und des Marktes. Denn möglicherweise – wahrscheinlich sogar – ist die beschriebene „androgyne" Haltung gegenüber der Technik Ausdruck ganz anderer, vom Geschlecht völlig unabhängiger Haltungen. Daß man nun das eine in der eilfertigen Publizistik den Männern, das andere den Frauen andichtet, ist reine Verkaufstaktik der geschlechtsspezifischen Nischenprodukte (und damit die Kapitulation der Zeitschriften vor der vermeintlichen Macht der Pop-Trendforschung). Da werden dann, der Idee der neuen bösen Mädchen und der vertrottelten Männer sklavisch folgend, skurrile Werbekonzepte erdacht: Da werden von der Whiskydestillerie Dimple Frauen als die naturgegebenen Trinkerinnen gefeiert – weil sie sensiblere Geschmacks- und Geruchsnerven besäßen als Männer. Versicherungen diffamieren männliche Autofahrer mit den üblichen Power-Girlie-Sprüchen. In Magazinen liest man, die skeptisch-rationale Einstellung der Frauen zur Technik kennzeichne eine generelle Haltung zur Welt und erstrecke sich selbst auf die weiblichste aller weiblichen Domänen – die Mode. Bislang sei sie, von wenigen Ausnahmen abgesehen, männlich dominiert – und teuer, schrieb die Wirtschaftsjournalistin Gretchen Morgenson in *Forbes*. Nun aber eroberten zumindest in den USA neben Calvin Klein, Ralph Lauren und Geoffrey Beene junge Designerinnen New Yorks Modemeile, die Seventh Avenue: Linda Allard, Donna Karan, Adrienne Vittadini, Andrea Jovine, Cynthia Rowley und Nicole Miller. „Wo die männlichen Designer für Phantasiegeschöpfe produzieren, entwerfen die Frauen Kleider für Frauen."

Daß es Hunderte von Modehäusern gibt, in denen Männer und Frauen tragbare Mode herstellen, ist für die Journalistin uninteressant. Offensichtlich ist sie es nicht gewohnt, in den alltäglichen Niederungen herumzustiefeln, wo man von der Stange kauft. Aber da es nun gerade paßt, die Innovationskraft der Frauen zu feiern, wird sie halt allerorten gefeiert, weil sich das eben besser verkaufen läßt.

10.3 Der geschlechtslose Markt

Doch die alltägliche Konsumwelt wird in einer Weise geschlechtslos, geschlechtsunabhängig, androgyn, gemischt, wie immer man will, daß es mittlerweile in vielen Bereichen ein selbstmörderisches Marketing wäre, den Vorschlägen der Konsumforscherinnen und populistischen Trendpropheten zu folgen und getrennte Produkte für Männer und Frauen herzustellen.

Beispielsweise bei den Autos.

Die Rolle der Frauen als Hintergrundentscheiderinnen beim Autokauf ist spätestens seit Ernest Dichters „Plymouth"-Werbekampagne aus dem Jahr 1939 bekannt:

Frauen wollen Kombis.

Männer kaufen Kombis, obwohl sie Cabriolets wollen.

Der selbsternannte Vater der Motivforschung und Urahne der heutigen Trendforscher ließ nun auf den Plakaten eine Frau die männliche Faszination ausdrücken, um die Geschlechtsgenossinnen zum Cabriokauf zu animieren: „Imagine us in a car like this!" Der Werbeschachzug endete als Flop.

Oder er zündete mit ungeheurer Verspätung.

Heute nämlich wollen auch Frauen Cabrios.

Und sie kaufen Cabrios.

Vor allem aber wollen sie, nun mehr und mehr zumindest in den Jahren bis 35 kinderlos, kleine Wagen. Daher kaufen sie kleine Wagen. So werden Produkte insgesamt gesellschafts- und damit marktfähig. Auch für Männer: Heute wirkt ein Mann im Cinquecento, Twingo oder Corsa nicht mehr wie ein Entfesselungskünstler vor der Befreiungsaktion; ebenso wenig haftet dem Kombi-Fahrer der Ruch des übertölpelten Familienvaters an, dem das ungnädige Schicksal schreiende Zwillinge zugedacht hat, die er jetzt lieben muß. Der compromesso storico zwischen Frau und Mann hat der Welt das „androgyne" Trans-Sport-Gerät vermacht. Andererseits wirkt keine Frau im Roadster mehr so, als habe sie das Gerät von ihrem Freund ausgeliehen oder vom Jahrzehnte älteren Ehemann zum ersten Hochzeitstag geschenkt bekommen. Sie haben ein Vermächtnis der Männerwelt akzeptiert. Denn Männer kauften schon immer Cabriolets und erweckten durch ihre Hartnäckigkeit den Roadster zu neuem Leben, der bald zu einem beliebten Accessoire auch für Frauen wurde.

Eine zweite Entwicklung zeigt, wie sich der Markt schon lange vor der Entdeckung durch die Pop-Trendforschung durch wechselseitige Impulse und Bedürfnisse zu einem geschlechtsunabhängigen Markt entwickelte: die Miniaturisierung. Von Frauen wurden zum Beispiel zusehends kleine Pocketkameras bevorzugt, während sich Männer noch mit einer tonnenschweren Profiausrüstung durchs Freizeitabenteuer quälten. Das bezog sich auch auf andere technische Bereiche des Unterhaltungssektors. Also konzentrierte sich der Erfindungsreichtum von Firmen wie Sony, Philips, Nikon, Minolta auf die Verkleinerung der Geräte, die Vereinfachung der Handhabung bei gleichzeitiger Erweiterung der Funktionsspanne. Mittlerweile können die kleinen Kameras und Videorecorder mehr, als früher die großen konnten, und stellen nun beide Ansprüche zufrieden. Das war und ist bei Computern nicht anders. Inzwischen sind selbst Männer froh, daß sie durch die Bedürfnisse der Anwenderinnen die Geister wieder loswurden, die von den Entwicklern gerufen worden waren. So wird auch das Internet, sobald man beispielsweise durch Werbung wirklich Geld verdienen will, auf die weiblichen Ansprüche verstärkt reagieren müssen und neue Formen der Gestaltung und der Handhabbarkeit entwickeln. Es wird schneller, leichter und zielsicherer werden müssen. Die ersten Software-Ingenieure und -Ingenieurinnen reagieren bereits: mit dem bald marktreifen System des „Internet Computing", mit dessen Hilfe die angestrebten Suchleistungen erheblich beschleunigt werden. Oder durch Zusatzangebote, mit deren Hilfe sich die Beweglichkeit steigern und der Zeitaufwand verringern läßt. Schon entsteht eine neue, stark frauendominierte Industrie: die der „Internet scouts". Pattie Maes, Leiterin einer derartigen „Agenten"-Gruppe am Massachusetts Institute of Technology, nennt sie „Intelligent agents". Sie lotsen die User durch das Gewirr der Datentrampelpfade. Erwarteter Umsatz für den neuen Marktbereich: 260 Millionen Dollar allein in Europa.

In den Hitlisten der Geräte, die in Round-table-Gesprächen mit Schülerinnen, jungen Berufstätigen, Karrierefrauen und selbstbewußten Hausfrauen formuliert werden, rangiert ganz oben das Telefon. „Wäre das Telefon eine Person", sagte eine junge, unverheiratete Frau, „dann wäre es eine junge, unverheiratete Frau, intelligent, Mitte 20 bis 30, gut verdienend, in einer Großstadt lebend." Wenn sie dann Kinder kriegte, die junge Frau, müßte das Gerät halt erweitert werden – um ein Babyphon. Diese Innovation befriedigt sogar die klassische Technikbegeisterung der Väter. So wächst das Babyphon möglicherweise zum Online-„family communication system" heran, mit dem der gute alte Hausarzt zum Beispiel per Computer- und Videoferndiagnose die Masern feststellen kann, während die Eltern vom Büro aus übers selbe Videosystem die Bettruhe des gefleckten Sprößlings überwachen.

Das wäre ein Konzept der Androgynie: nicht die Trennung der Geschlechter, wie sie im inszenierten Kampf der Journale und Trendberichte vorgeführt wird, sondern die Durchmischung des Alltags mit den Aspekten des weiblichen und des mänlichen Lebens. Dabei steht aufgrund der allmählichen Angleichung der weiblichen und der männlichen Berufsvorstellungen und der Zunahme der weiblichen Berufstätigen vor allem die Servicefunktion der Technik im Blickpunkt. Das Bedürfnis nach unkomplizierter Handhabung und garantierter Wartung, nach Betreuung durch Spezialisten, nach professioneller Beratung, kurz: nach „Dienstleistung" ist eine der wesentlichen Änderungen im Alltagsleben. Der Gedanke hat sich mittlerweile in die nichttechnischen Lebensbereiche fortgesetzt. „Dienstleistung" wird zum Begriff der allgemeinen Erleichterung des Lebens, zum weiteren Wunsch nach Betreuung, wie bei der Technik aus dem Wunsch geboren, die Drecksarbeit nicht mehr selber machen zu müssen. In dieser Bedeutung hat er sich in den allgemeinen Sprachschatz eingenistet.

Dabei zeigt sich auch, daß das Konzept der Androgynie nur einen von vielen möglichen Beobachtungsposten für die Entwicklung der künftigen Gesellschaft bietet. Es ist einfach eine modische Verkürzung, den Geschlechterkampf in den Mittelpunkt des Interesses zu rücken. Denn Impulse erhält die Gesellschaft heute aus einer Reihe von Quellen: beispielsweise auch durch die zunehmende Auflösung der klassischen Altersrollen. Wieder ist es die gefährliche Sensationslust der populistischen Trendforschung, die den klaren Blick auf die Tatsachen verstellt. Es ist das zum Krieg der Geschlechter analoge Geschwätz von einem Krieg der Generationen, vom „Aufstand der Alten", wie der Trendpopulist Matthias Horx formuliert. Parallel zu einem richtig verstandenen Konzept der Androgynie wäre es allerdings angebracht, sich um die „Dynamik zwischen den Generationen" zu kümmern, schlicht also danach zu fragen, was neben den Impulsen durch den Austausch der männlichen und der weiblichen Potentiale an Impulsen aus den verschiedenen Altersgruppen für die Gesamtgesellschaft entstehen könnte, und dies (siehe dazu dann das übernächste Kapitel) mit einem soziologisch stichhaltign Konzept der Dienstleistungswirtschaft zu verknüpfen ...

11 Drei Farben Grau: Altersweisheiten

11.1 Ein neues Betätigungsfeld der Begriffszauberer

Es wird eine Zeit kommen, da heißen die Alten nicht mehr Alois, Erwin, Maria und Elfriede, sondern Markus, Mike, Nicole und Saskia. Sie werden nicht auf der Bank im Stadtpark kauern, um melancholisch Semmelbröseln an die Tauben zu verteilen. Denn man erzählt ihnen schon heute in klugem Vorgriff auf die Zeiten, in denen sie ins Rentenalter kommen, daß das Alter eine gänzlich andere Qualität besitzt als früher. Die Marketingzauberer lassen es einfach im Hut verschwinden und fördern gleich darauf einen Konfettiregen neuer Begriffe zutage:

- „grumps" – grown up mature people
- „woopies" – well off older people
- „yollies" – young old leisurely living people
- „selpies" – second life people
- „wollies" – well income old leisure people
  und als komplizierteste Morgengabe an die Plauderbedürfnisse der Partysoziologen die
- „grampies" – growing retired active moneyed people in an excellent state

Das sollte man vertonen.

Die deutschsprachigen Wortschöpfungen zur Kennzeichnung eines neuen Bewußtseins der Menschen mit den dritten Zähnen klingen etwas akademischer. Susanne Hackl-Grümm, Gründerin des Wiener Psychotechnischen Instituts, erkennt einen neuen, gereiften „Komfort-Konsumenten", einen Typus von anspruchsvollem Selbstbewußtsein, der gelernt hat, daß Qualität ihren Preis fordert. Marktforscher Rudolf Bretschneider steuert eine Typologie bei, die sich an internationale Erfahrungen anlehnt, und sortiert die

- „agilen" und „aktiven" Senioren von den
- „Genügsamen",
- „Resignativen",

- „Pensionisten",
- „Familiären" und
- „Vereinsamten".

Im Unterschied zu den anglophilen Marketingpoeten liefert er auch Zahlen: Die „Agilen" und „Aktiven" stehen für 27 Prozent der betagten Menschen.
Marktforscher der Werbeagentur Grey, wo man sich ebenfalls (nomen est omen?) international mit dem mutmaßlichen Wandel des Alters beschäftigt, scheiden die

- „maintainers" und
- „simplifiers" von
- den neuen anspruchsvollen „master consumers", mit denen sie großzügig knapp ein Drittel des Altenmarktes identifizieren.

Das seien die „Zugvögel einer neuen Gegenkultur", wie der renommierte Wiener Soziologieprofessor Leopold Rosenmayr sie nennt, der sich mit dem Alter schon beschäftigte, als die Trendforscher noch versuchten, Unternehmensberater, Werber und Journalisten zu werden.
Ein Viertel, maximal ein Drittel der Alten – noch zeichnen sich erst vage Konturen einer neuen Zielgruppe ab, die nicht besonders groß scheint. Dennoch haben sich längst die stets hellwachen Medien mit großem Interesse über die Begriffe vom neuen Alter hergemacht – aus zwei einsichtigen Gründen:

- Erstens ist die Schar der bald in die Jahre driftenden geburtenstarken Jahrgänge – eben der Tims und Olivers, Nadines und Jessicas – so groß, daß sie immer schon eine attraktive Zielgruppe dargestellt haben; die wird man weiterverfolgen müssen;

- was zweitens die Werbeträgerqualität der von ihnen konsumierten Medien beträchtlich steigert. Je mehr von ihnen, desto besser. Und je früher man sie auf neue Themen einstimmt, desto bereitwilliger werden sie sich selbstbewußt, so die Idee, zu einem Post-Yuppie-Markt der sogenannten „neuen Alten" bekennen.

In geschickten Spielzügen wird daher in konzertierter Aktion von Marketing und Medien die Zutrittsgrenze klammheimlich immer weiter nach unten abgesenkt. Die entsprechenden Wortmünzen sind auch hier bereits geprägt. Neben „woopies", „selpies", „yollies" und anderen Aliens treiben seit einiger Zeit die „overfifties" ihr munteres Wesen auf dem fiktiven Markt, der bald ein realer sein soll. „Die Fifty-plus-Generation ist als die kaufkräftigste Zielgruppe überhaupt anerkannt", hört man beispielsweise aus den Marketingabteilungen von Grey. „Natürlich ist eine differenzierte Betrachtung dieser Gruppe erforderlich. Wer aber nicht mehr mit Hypothekenzins, ‚Kinderkosten' und Anschaffung von Möbeln belastet ist, im Gegenteil sogar noch die Versicherung ausbezahlt bekommt, verfügt über deutlich mehr Geld als in der Jugend. Doch der Trend, mit Luxusgütern herumzuprotzen, hat nach der europaweiten Rezession Ende der achtziger, Anfang der neunziger Jahre nachgelassen. Dieselben Leute suchen jetzt andere Wege, mit ihrem reichlich vorhandenen Geld Exklusivität und vor allem Individualität zu demonstrieren."

Das ist richtig.

Aber was hat das mit dem Alter zu tun?

Nichts.

Wolfgang Slupetzky, Chairman der österreichischen Dependance der Werbeagentur Ogilvy & Mather formuliert denn auch profunde Zweifel an der Entdeckung des einheitlich definierten konsumfreudigen „neuen" Alters: „Es ist ein Kunstbegriff, der eigentlich nichts klar definiert. Ein Begriff, der mediamäßig zwar interessant, aber statistisch sehr vage ist. Wir müßten versuchen, die mit dieser Vokabel beschriebene Zielgruppe besser zu definieren. Damit kämen wir zu einer Einsicht, die uns zeigt, daß sich der Konsum insgesamt verändert – also auch der Konsum der älteren Menschen."

Es sei im Prinzip tatsächlich unerheblich, relativiert die Grey-Geschäftsführerin, ob die 45-, 50- oder 55jährigen mit dem Begriff der „neuen Alten" angesprochen seien. „Wichtig ist, daß die Verantwortlichen in der Industrie und im Handel diese Zielgruppe aktiv in ihre Marketingpläne einbeziehen – und zwar jetzt und nicht erst in zehn Jahren." Besonders im Bereich der Unterhaltungselektronik, der Mode, der Lebensmittel und der Kosmetik. „Hier liegen große Potentiale brach – weil niemand sie aktiv anpeilt."

Ein starkes Bedürfnis ist vorhanden, sagen jedenfalls Brancheninsider, etwa aus dem Kosmetikbereich. Sie verweisen auf den wachsenden Erfolg von Produktlinien wie „Quenty Forty" und dem Anschlußangebot „Repair activé", von Produkten anderer Firmen wie „Oil of Olaz" oder dem neuen Klassiker „Nivea vital" von Beiersdorf, der die Marktführerschaft in diesem Segment verteidigt. Von „älteren Damen" ist dabei heute nicht mehr die Rede.

Auch fotografisch nicht. Zwar ist die Traumwelt der Werbung nach wie vor dominiert von Plastikgeschöpfen nach der ISO-9000-Schiffer/Schenkenberg-Norm. Zunehmend aber machen reifere Gesichter den faltenlosen Larven Konkurrenz. „Die Nachfrage nach Frauen zwischen 30 und 50 Jahren steigt", sagen Betreiber von Modelagenturen „Wir haben schon vor Jahren reagiert und ein zweites Booking table eingerichtet. Dabei geht es nicht um die ‚neuen Alten' im engeren Sinne. Wir nennen die Modelle, die den neuen Trend repräsentieren, ‚strong characters'. Ein Model mit Persönlichkeit kann heute locker bis 50 arbeiten."

Manchmal sogar länger.

■ Jean Paul Gaultier, selbsternanntes Enfant terrible der Modeszene, ließ schon 1991 in Paris die 70jährige Evelyn Tremois über den Laufsteg marschieren.

■ Von Modezeitschriften wie *Vogue* wird die 64jährige Diva Carmen Dell'Orefice als „göttliche Carmen" der Modeszene gefeiert. „Die erste Hälfte unseres Lebens ist nur die Aufwärmrunde für die zweite," sagt sie mit der einsetzenden Weisheit des gezähmten Alters und setzt damit ein Motto, dem die Modeszene international folgt.

■ Die Kosmetikfirma Clinique lancierte eine Umfrage unter mehr als tausend Amerikanerinnen und offerierte als bemerkenswertes Ergebnis, daß die meisten Frauen das Älterwerden eher als Vorteil betrachten.

■ Die Frauenzeitgeist-Zeitschrift *Wienerin* lieferte dazu im Mai vergangenen Jahres die heimischen Testimonials: In der Coverstory „Für immer jung" jubelten Ingrid Riegler (45), Christine Kaufmann (50), Iris Berben (44) und die professionell 50jährige Uschi Glas darüber, nicht mehr 20 zu sein.

■ Der *Playboy* feierte in seiner Februarausgabe 1995 die „Mädchen von nebenan", die erwachsen geworden sind: „Fabulous at forty"; legte er im Mai desselben Jahres nach und präsentierte die unbekleidete Nancy Sinatra in ihrer 54jährigen Natur.

■ Erica Jong bejubelte verkaufsträchtig den Sex mit 50

■ und Sophia Lorens 60 Jahre junges Dekolleté war das Zielgebiet
verstohlener Blicke lüsterner Altbuben auf dem Wiener Opernball 1995.
Denn auch die Männer werden immer jünger.

■ Paul Newman wird zum Mann mit dem größten Sex-Appeal Amerikas gewählt, mit knapp 70.

■ Er teilt sich diesen schönen Titel mit Robert Redford (55), Sean
Connery (67), Warren Beatty (56) und Clint Eastwood (65), je nachdem, welches Magazin man zu Rate zieht.

■ Jean Paul Belmondo, mit 62 immer noch nicht außer Atem, und
sein zehn Jahre jüngerer deutscher Epigone Götz George lassen
wie in alten Tagen ihre Muskeln spielen.

■ Peter Kraus gibt mit 54 nach wie vor den agilen Berufsjugendli-
chen in österreichischer Version. Auch Peter Weck ist ja noch
nicht wirklich alt. Ein „neuer" Alter halt, wie er im Buche steht.
Können diese Bilder lügen?

11.2 Die Jungen und das Alte

Natürlich können sie lügen.
Sie lügen wie gedruckt.

Selbst wenn man den eher uncharmanten Marketingtrick akzeptiert, listig das „neue" Alter bereits mit 50 anzusetzen, zeigt sich
in Deutschland und in Österreich eigentlich kein Anhaltspunkt, der
bereits heute eine Euphorie über einen boomenden Markt der „neu-
en Alten" erklären könnte. Ein Blick auf die bloße Bevölkerungssta-
tistik genügt. Denn erst ab 2015 setzt in Deutschland und Österreich
das ein, was die USA, Japan schon früher erleben werden: die sicht-
bare und alle Lebensbereiche betreffende Überalterung der Gesellschaft. Für diese Länder wird es tatsächlich so sein, wie die heute
weit ausgreifenden Visionen vom neuen Alten ausmalen, mit allen
Problemen und allen Marktchancen. Sie werden eine große Zahl anspruchsvoller Master consumers zu bedienen haben, „well off older
people", die Nutznießer einer aktiven Gesundheitsvorsorge sind, was
den Anteil der Menschen, die in jugendlicher Frische alt werden,
beträchtlich steigert. In zunehmendem Maße werden darüber hinaus bald Ehepaare älter, die lange Zeit als Doppelverdiener relativ

viel Geld erwirtschaften konnten und daraus natürlich ein anderes Anspruchsniveau entwickelt haben. Aber auch die alternden Kinder und Enkel dieser Aufbaugeneration haben andere Ansprüche entwickelt. Das Konsumvermächtnis der achtziger Jahre wird zwar derzeit verschämt verleugnet. Aber der matte Widerschein dieser Jahre bedarf nur einer oberflächlichen Politur, um wieder zum alten Glanz gebracht zu werden.

Dabei spielt „das Alte" eine interessante Rolle. Und es spielen die Alten eine interessante Rolle. Auch die Jungen spielen eine Rolle, die mit dem Alter zu tun hat.

Ein Szenario mag das verdeutlichen. Die Szenerie ist ein modernes Büro. Der Inhaber dieses Büros ist ein rüstiger, in solider britisch-italienischer Mode gehaltener 82jähriger Seniorchef. Als er begann, fügte er noch kalligraphisch mit kratzender Feder Ziffern in Kontokorrenthefte mit marmoriertem Umschlag. Wenige Jahre später machte er sich selbständig, und modern, wie er war, wurden bald für die Buchhaltung und die Kundenkorrespondenz zwei Schreibmaschinen angeschafft. Es waren gewaltige Trümmer, hinter denen man sich gut und gerne bei einem Überfall hätte verschanzen können. Er hat nicht aufhören können, oder vornehmer ausgedrückt: hat nicht aufhören wollen. Es ist seine dritte Firma, er beschäftigt zwei Töchter und vier Enkel, die den Alten zwar für eine zunehmend skurrile Erscheinung halten und manchmal denken, es wäre besser, wenn er sich endlich irgendwo in der Sonne zur Ruhe setzte. Vielleicht ist er auch zunehmend skurril. Aber wer mit dem Federhalter begann, verklemmte Typenhebel, rotierende Kugelköpfe, rasende Typenräder und erste Displays erlebte, hat einiges hinter sich, ganz abgesehen von den großen und weniger großen historischen Zeiten.

Dann kommt eines Tages einer der grünschnäbeligen Enkel und sagt: „EDV! Opa, wir brauchen EDV!"

Da dieser Grünschnabel mit seinen 18 Jahren schon ein ausgesprochen vifes Bürschchen ist, horcht der Seniorchef auf und fragt erst einmal heimlich nach, was EDV bedeute und was es könne. „Elektronische Datenverarbeitung" heiße es, und alles werde schneller. „Schneller?" Die anderen haben es bereits. Nun, Konkurrenz hat er keine. Denn er hat sich phantasievoll eine Marktlücke ausgesucht, nach dem Krieg, als er zum dritten Mal begann: die Vermittlung alter Materialien zur Restaurierung historischer Gebäude. Es war zunächst eine Liebhaberei, aus dem Schmerz über die Zerstörungen nach dem Krieg geboren, wurde dann unversehens zum lukrativen Geschäft. Nun also EDV, was zunächst ausgesprochen befremdlich ist, beunruhigend. Soviel Informationen in einem kleinen Gehäuse! Aber die Kosten sinken. Das ist faszinierend. Er beschließt, immer noch nicht aufzuhören, denn der neue Computer erleichtert das Berufsleben erheblich.

Der fortschrittliche Enkel muß auf jeden Fall belohnt werden, und der Alte fragt ihn, was er sich denn wünsche. Am liebsten, sagt der junge Mann ohne Zögern, hätte er so eine alte Armbanduhr wie der Großvater! Das sei jetzt sehr modern. Gerührt gibt ihm der Alte die mechanische Lord Elgin, die er sich im einundfünfziger Jahr von einer Amerikareise mitgebracht hat, und schreibt einen Brief dazu, mit seiner alten Sheaffer-Füllfeder. Der Blick seines Gegenübers sagt ihm, daß er auch die nicht mehr lange haben wird.

Die Faszination für das Alte: alte Uhren, alte Füllfedern, alte Autos, alte Apfelsorten, der alte Hof in einer Gegend, in der möglichst noch alles so ist, wie es immer war bzw. wie man sich vorstellt, daß es immer war, das alte Möbelstück und alte Heilpraktiken, alte Rezepte, die fünf Tibeter, die alten Bauernweisheiten über den Einfluß des Mondes auf das Alltagsleben, Tarot und I Ging und die anderen alten chinesischen Weisheiten – Bestseller, auch fürs Management, das mehr und mehr auf überkommene Tugenden setzt. Wobei die uralten archaischen Kräfte der Frauen (die wieder zu einem eigenen Genre der Beratungs- und Esoterik-Trendliteratur geführt haben) eine eigene Rolle spielen.

Alt.

Ein Qualitätskriterium.

Wenn es sich auf Dinge und Weisheiten bezieht.

Bei den Menschen scheint es ein wenig anders zu sein. Die Alten gelten immer noch als hinfällig, zunehmend weniger wert und unansehnlich. Das graue Haar, die Spuren des gelebten Lebens, die Patina der Biographie – sie sind störend in einer Welt, die sich kollektiv dem Altern widersetzt und ihm allenfalls da, wo es sich konsumtechnisch vermarkten läßt, neue Rechte einräumt. Die Übergabe der Uhr und der Füllfeder ist nicht mehr das stille Einvernehmen zwischen den Generationen, nicht mehr gebunden an die rituelle

Vermittlung eines geistigen Vermächtnisses, kein Staffellauf mehr in die Zukunft. Es ist Ablöse, Verlagerung der Werte in eine Generation, die sich für wertvoller hält als die alte und das Alte als Symbol nutzt, indem sie es für sich zum Accessoire degradiert, zu einem Amulett gegen das Altern.

Damit gerät sie in eine wirkliche und selbstgestellte Falle.

Denn unausgesprochen ist das Alter mittlerweile das Wichtigste, mit dem sich die ewige Jugend beschäftigt. Es ist die bewegendste Frage überhaupt: Wann wird das Jungsein vorbei sein? Wie kann ich mich auf das Älterwerden vorbereiten, ohne alt zu werden? So stöbern sie, die Jungen, angstvoll durch die Gazetten, *Vital, Fit for fun, Wellness, Anima, Amica, Men's Health,* auf der Suche nach Anzeichen für Störungen, vor allem für vermeintliche sexuelle Störungen, genüßlich ausgebreitet von einer Schar selbsternannter Sexualexperten beiderlei Geschlechts. Sexualität scheint zum Dokument ewiger Jugend und zur Apotheose der Gesundheit schlechthin zu werden: äußerliche Attraktivität nach der Norm der standardisierten und zertifizierten Modellkörper, innerliche Attraktivität durch die beständige Überprüfung, ob es noch so geht, wie die theoretische Betriebsanleitung für die menschlichen Reaktionen es vorsieht. Interessanterweise kulminiert dieser sexuelle Ästhetizimus in einer Zeit, in der die Sexualität immer weniger wichtig wird (jedenfalls als Reproduktionsbeschleuniger), weil immer weniger Leute Kinder wollen, vermutlich auch deshalb, weil Kinder zeigen, daß eine neue Generation heranwächst und die alte altert. Was wiederum dazu führt, daß alle Angst davor haben, daß keiner mehr die Renten der Zukunft bezahlen kann.

Angst allenthalben.

Wenn man es genau betrachtet, nehmen die Jungen in einer tragischen Dialektik ihr Alter vorweg, sitzen mit ausgeprägten Waschbrettmuskeln und austrainiertem Trizepsen an der Energy-Drink-Bar der Fitnesscenter und palavern bereits mit 30 Jahren über die Hinfälligkeit ihrer Körper, informieren sich wechselseitig wie Kurärzte auf Kur buchhalterisch über die Konsistenz ihrer Verdauung, über die Wirkung von Darmspülungen, über Pektine, Vitamine, Magnesium und Guarana, werfen allerlei bunte Placebos in sich hinein, verhalten sich, mit anderen Worten, so, wie die Alten sich verhalten, die auf der Stammbank im Volksgarten stolz die apokalyptischen Rekorde ihrer ärztlichen Bulletins zur olympischen Disziplin erheben.

Nun tauchen plötzlich die neuen Alten auf, die sich mit der Tatsache abgefunden haben, daß der Lauf der Dinge nicht aufzuhalten ist, daß die Haare grau und weniger und die Zähne länger und auch weniger werden, daß auch die wildeste Schinderei nichts an der schwindenden Kondition ändert. Also machen sie sich auf und entdecken den fröhlichen Konsum. Sicher ist auch dieses Bild einseitig: Silberhaarige 60jährige dreschen noch einmal, oder auch zum ersten Mal, das Auto, das sie sich vor vielen Jahrzehnten als junge Erwachsene nicht leisten konnten, ohne Katalysator – nach uns die Ozonflut – durch die Landschaft.

Zeitzeugen.

Es war immerhin zu „ihrer" Zeit, daß diese Autos als revolutionäre Neuheiten auf den Messen in Genf und Frankfurt standen, in ihrer schwellenden Brünftigkeit der chrombewehrten, unverhohlen sexuellen Symbolik. Keiner sollte auf die Idee kommen, damals wäre diese Seite des Lebens vernachlässigt worden. Sie war vielleicht weniger öffentlich. Damals, als man noch die Lord Elgin oder Hamilton oder Benrus ablegte, wenn es zur Sache ging, und sie anschließend sorgsam aufzog, bevor man einschlief.

11.3 Alte Alte, neue Alte, Junge und der alterslose Markt

Der Nachvollzug dieser Ideen, kombiniert mit einer zukunftsweisenden Technik zeigt sich – noch einmal – in der Wiederentdeckung des Prinzips der Roadster, der heute für Frauen und Männer gleichermaßen akzeptabel ist wie die alte Armbanduhr und die Füllfeder. Die Faszination für das Alte hat die Ideen für das Neue beflügelt, beides miteinander in Einklang gebracht, für die Alten das Windschott entwickelt, das dann sehr schnell seine Liebhaber auch bei den Jungen fand (was Wunder, wenn sie dauernd nachdenken über ihre Hinfälligkeit). Hier plötzlich zeigt sich die verbindende Kraft der alten und der jungen Wilden: Es war zur Zeit der Alten, als die Rolling Stones zum erstenmal auftraten, als Tina Turner sich mit ihrem Ehemann Ike prügelte und die Beatles die Frage stellten, ob man noch geliebt werde, dereinst mit unvorstellbaren 64. Nun ist man da, eine ganze, eine starke Generation driftet über die Klippe der 50, der 60, wird bald pensioniert und bietet der landläufigen Vorstellung des Alters die Stirn, indem man die alten Dinge wiedererstehen läßt, die Stones und Tina Turner und die Gegenstände, die nun wiederum der Sohn oder die Tochter so gerne haben möchten, in authentischer Ausgabe und in ihren legitimen Nachbildungen. Vielleicht liegt darin ein Vermächtnis, daß es die alternden Yuppies lernen, in Würde alt zu werden und der Gesellschaft zu zeigen, daß Vorsorge sich nicht in frühzeitig erkauften Versicherungszahlungen und Aerobic erschöpft. Vorsorge ist eine kulturelle Angelegenheit. Es ist eine psychische und eine intellektuelle Angelegenheit und eine Sache der wirtschaftlichen Weitsicht. Denn schließlich leben die verschiedenen Generationen in einem hochfiligranen Netzwerk einer Gesellschaft. Wenn man schon den Alten beruflich kein Terrain mehr überantworten will, sollte man sie doch zumindest danach fragen, wie es denn so ist, das Älterwerden.

Vorsorglich.

Die Frage richtet sich auch gegen die trendigen Marktpropheten, die mit der ungeheuren Geldmenge herumrechnen, die die Alten zu den eigentlichen Konsumenten der Zukunft stilisieren, während Jugendliche nicht einmal ein Zehntel der Summe zur Verfügung haben, die man den Master consumers zuschreibt. Doch die Rechnung hat ein paar Fehler. Erstens ist es statistisch unzulässig, das Jugendalter, das fünf Jahre umfaßt, mit der Lebensspanne der Overfifties zu vergleichen, die nach heutiger Lebenserwartung 26 Jahre umfaßt. Zweitens ist es statistisch unsinnig, eine derart heterogene Gruppe wie „die Alten" als einen Markt zu bezeichnen. Viel wichtiger ist die Frage, welche Impulse der Gesamtmarkt für den Markt der Alten und umgekehrt, welche Impulse der Markt der Alten für den Gesamtmarkt bringen kann. Es ist die aus den eben beschriebenen Szenarien erwachsende Einsicht, daß aus den wechselseitigen Impulsen zwischen Alt und Jung und der Sicherung des Jungen gegen die Lästigkeiten des Alters ein völlig neuer Markt entsteht. Dabei lassen sich rein arbeitstechnisch drei Marktsegmente unterscheiden: der Markt des hohen Alters, der Markt des sogenannten neuen Alters und der alterslose Markt.

■ **Der Markt für alterstypische Produkte, hier: für das hohe Alter**
Sein hauptsächliches Kennzeichen besteht darin, daß das Alter immer mehr akzeptiert wird, auch wenn sich trendige Literatur immer mehr dem Kampf der Generationen widmet. Das Alter wird sich aus der Verschämtheit und Verdrängung in mentale Altersheime emanzipieren. Denkt man rein marketingtechnisch, rükken folgende Produkte und – vor allem – Dienstleistungen ins Blickfeld: Sehhilfen; bequeme Hörgeräte; innenarchitektonische Convenienceprodukte, das heißt Produkte, die das Wohnen luxuriös erleichtern wie etwa Verbreiterung der Türen, altersgerechte Bäder, Automatisierungen in der Küche; altersgerechte Einrichtung von Hotels und Pensionen; neue Formen der Kurbehandlungen; alterstypische kosmetische Dienstleistungen wie Fußpflege etc.; Kreuzfahrten in klimatisch unbelastenden Gefilden; anspruchsvoller Essensservice; kommunikative Einrichtungen; Medien; neue Formen der altersgerechten Werbung mit langsameren Bildschnitten; Teleshopping, neue Formen des Versandhandels, etwa Kunstversand.
Für die Entwicklung dieses Marktes legt die steigende Zahl einschlägiger Untersuchungen folgende Prognose nahe: In den USA und in Japan, wo der Alterungsprozeß der Gesellschaft sehr viel stärker ist als in Europa, und in Deutschland, wo er wiederum stärker ist als in Österreich, richten sich erste Anbieter höchst erfolgreich auf diesen international wachsenden Markt der älteren Alten ein. Aus Japan und aus den USA sind neue Exportoffensiven zu erwarten. Immerhin wird es im Jahr 2010 in der EU heutigen Zuschnitts 80 Millionen Menschen über 60 Jahre geben.

■ **Der Markt der neuen Alten**
Seine Kennzeichen sind oft beschrieben worden und lassen sich in folgender Mentalität zusammenfassen: Selbstbewußtsein jenseits von Jugendwahn und Altersresignation. Beispielhafte Angebote für diesen Markt sind: Mode zwischen Klassik und Pop; Kosmetik, die den Alterungsprozeß akzeptiert, ihn aber glättet; hochsensible Unterhaltungselektronik; Design für Brillen; Sportanlagen, die auf die ersten Konditionsschwächen des einsetzenden wirklichen Alters abgestellt sind – etwa Golf und Bergwandern; gesunde Gourmetlebensmittel und entsprechende Gastro-

nomie; Special-interest-Medien; eine für das Marktsegment typische Werbung, die von der Jugenddominanz abgeht; technische Convenienceprodukte mit Luxuswert; schließlich klassische Produkte mit kulturellem Erinnerungswert wie Oldtimer und modische Quintessentials; Versicherungen und Wohnkonzepte für das demnächst einsetzende hohe Alter; damit auch entsprechende Adaption der Technik, was zum Beispiel bedeuten würde, daß „Altenheime" oder „Seniorenresidenzen" mit modernster Kommunikationstechnologie ausgestattet werden müssen. Die Prognose, die sich aus den unabhängigen Untersuchungen stellen läßt, wäre diese: in Österreich und Deutschland zunächst verhaltene Ausweitung, im internationalen Maßstab durch Mentalitätswandel und Abstrahlungseffekte bemerkenswerter Markt mit Exportchancen. Ab etwa 2015 in Westeuropa ein starkes Marktsegment, gleich ob die Altersgrenze bei 50 oder 60 oder 65 Jahren eingezogen wird. Der Mentalitätswandel ist allerdings in vollem Gange. Er wird Konsequenzen haben, die die heute noch altentypische Produktpalette erheblich erweitern wird. Man denke nur an die derzeit noch skurril anmutende Idee, daß bald ein Internetanschluß zu den unerläßlichen Ausstattungen von Seniorenwohnungen oder -residenzen gehören wird.

■ Der alterslose Markt

Seine Kennzeichen sind ähnlich wie die Entwicklungen im Bereich des androgynen Marktes, der sich aus den spezifischen Bedürfnissen von Frauen und den typischen Bedürfnissen von Männern entwickelte. Bei den Generationen geht es in ähnlicher Weise um die Produktverbreitung aus allen Altersgruppen in alle Altersgruppen, daher auch um neue Möglichkeiten in älteren Märkten, die sich entsprechend erweitern und in den jüngeren Märkten, die Impulse aufnehmen. Mittlerweile besteht eine große Zahl beispielhafter Angebote: technische Convenienceartikel wie die Show-View-Programmierung bei Videorecordern, selbsterklärende Computersoftware; Tourismusangebote wie Sommerfrischen; Cabriolets als Mischung aus Nostalgie und neuer Abenteuerlust, dazu Windschotten; Privatversicherungen und Altersvorsorge; Designveredelung von Brillen; Dienstleistungen; neue Zugangsmöglichkeiten zu bislang alterstypisch eingegrenzten Angeboten wie

Fast-food-Stationen; medizinische Vorsorge und entsprechende Finanzdienstleistungen; Sportarten wie Golf, das aus dem Altersmarkt auf den Markt der Jungen abstrahlte, und umgekehrt Radfahren.

Die Prognose: international starke Ausweitung des Interesses älterer Menschen an Produkten, die bislang eher auf einen jüngeren Markt bezogen waren – beispielsweise Cabrios, Mode, Kosmetik, Ausdifferenzierung des Computermarktes, Internet. Gleichzeitig Verjüngung traditioneller Angebote für Ältere – wie etwa private Altersvorsorge und Dienstleistungen.

Immer wieder: Dienstleistungen.

12 Strohhalm des Arbeitsmarktes: Dienstleistungsgesellschaft

12.1 Verlogene Diskussion um die verlorene „Kultur des Dienens"

Ratlos sitzen Wirtschaftsführer (und immer häufiger -führerinnen) beisammen und beklagen die Zeitläufte. Sie beklagen vor allem, daß Europa nicht Amerika ist, wo sich ein gigantisches Jobwunder ereignet habe. Sie beklagen sich darüber, daß es so langsam geht mit der „Dienstleistungsgesellschaft", womit sie dann wieder in der in sich selber kreiselnden Praxis der Business-Party-talks am Ausgangspunkt angelangt und erneut über die Tatsache traurig sind, daß wir nicht in den USA leben, wo sich bereits heute eine „Dienstleistungsgesellschaft" etabliert habe, weil dort noch eine „Kultur des Dienens" herrsche.

Dienstleistungsgesellschaft.

Trend der Zukunft.

Nur – was heißt das?

Keiner der hier vorgeführten Trendforscher, die diesen Begriff strapazieren, erläutert, was man sich darunter präzis vorzustellen habe. Statt dessen stimmen sie ein in das Klagelied von der mangelnden „Kultur des Dienens". Natürlich stimmen sie ein aus der Perspektive der Bedienten. Weil es gar so modisch ist, hängen sich nun Professoren, Unternehmer, Freizeitforscher, Nachrichtensprecher, TV-Stars (die zu allem etwas zu sagen haben und offensichtlich die Nachfolge der Pop-Trendforscher antreten) und neuerdings auch Prediger hinein und beklagen ihrerseits die gering ausgeprägte Bereitschaft der Deutschen zum Dienen. So gibt beispielsweise der Theologe Friedrich Schorlemmer Managern eine Nachhilfestunde in salbungsvoller Moraltheologie und hält eine Bergpredigt über die Ethik der Dienstleistungsgesellschaft: „Es ist einfach schön und nützlich zu erleben", sagt Schorlemmer, „daß jemand einen anderen freundlich empfängt, geduldig informiert und sachkundig berät. Wer so anderen dienen und das Leben erleichtern will, darf auf Leistung nicht verzichten und muß alle Anstrengung darauf richten, auf dem Stand der Möglichkeiten zu bleiben. Professionalität und Personalität, Nüchternheit und Wärme, Sinn und Gewinn gehören dabei zusammen. Die moderne Gesellschaft muß funktionieren, ohne daß wir vergessen, warum oder für wen etwas funktioniert." Diese Zusammenballung von vordergründigen Schlagworten in einem Kommentar für die Zeitschrift *Focus* wird in ihrer Seichtheit nur noch von Überschrift und Vorspann übertroffen, wo unter dem Bibelspruch „Wer unter euch groß sein will, sei euer Diener" das neokonservative Plädoyer folgt: „Unsere Gesellschaft braucht eine neue Servicekultur".

Auch andere selbsternannte Kommentatoren der neuen Zweiklassen-Wirtschaftspolitik von der dienenden und der bedienten Gesellschaft entdecken die „Servicekultur". Verständlich ist es noch, wenn der in seinen Freizeitforschungen höchst originelle und richtungsweisende, lange vom Hamburger Tabakkonzern BAT gesponserte Professor Horst W. Opaschowski sich äußert. Wie er das tut, ist allerdings höchst irritierend. Schon der Beginn seines Kommentars in einer führenden norddeutschen Regionalzeitung mit der ermüdenden Platitüde, daß es „fünf vor zwölf" sei, weckt keine allzugroßen Erwartungen. Auch die Mitteilung, daß die Nachfrage nach qualifizierter, professioneller Dienstleistung schneller denn je wachse, enthält keine Überraschungen. Interessant ist dann die Charakteristik der Arbeitsplätze, die Opaschowski zur Illustration seiner These anführt. „Es gibt ein großes Potential an Arbeit im Service, angefangen bei Seniorenbetreuern über Gesundheitsberater, Mitarbeiter in Ferienanlagen oder bei Messen und Ausstellungen. Hier haben sich völlig neue Berufsfelder aufgetan, für die es in Deutschland aber noch keine geregelte Ausbildung gibt." Dazu gehöre, so der zum Arbeitsmarktexperten avancierte Freizeitforscher fast zwangsläufig weiter, daß wir vom schlechten Image wegkommen müssen, das dem „Dienen" in unserem Denken anhaftet.

Die Betroffenen hegen allerdings den berechtigten Verdacht, daß ihnen für schlecht bezahlte Jobs oder eine Selbständigkeit am Rande des Existenzminimums wieder einmal lediglich das Ablaßkonto fürs spätere Leben mit moralischer Münze aufgefüllt wird. Leider gibt es dafür weder eine Straßenbahnkarte noch eine Flasche badischen Wein und schon gar keinen Cos d'Estournel 1982. Denn dieses Konzept der „Dienstleistungsgesellschaft" basiert auf dem Traum der alten Kasteneinteilung, in der sich die zahlenden Herren von einer Dienerschaft umhegen lassen. Unausgesprochen schwingt in all diesen Modellen die alte Vorstellung mit, daß es Dienende und Nutznießer geben muß: eine Zweidrittelgesellschaft aus Profiteuren auf der einen und Knechten und Mägden auf der anderen Seite. Der einzige Unterschied zu den Modellen des alten Manchesterkapitalismus ist dieser: die Diener sind selbständig. Das entlastet die Herren davon, ihnen Krankenversicherung und Altersvorsorge zahlen zu müssen. In dieser Debatte verbirgt sich, mehr schlecht als recht, der scheinmoralische Appell an die kleinen Leute, ihre Ansprüche zurückzuschrauben und eventuell auch die letzten Drecksarbeiten anzunehmen.

Auch Tagesthemensprecher Ulrich Wickert, der sich zeitgeistgerecht zum neokonservativen Moralapostel und Tugendtrendsetter emporgeschrieben hat, spielt dieses Hohelied vom Dienen. Er klärt unter anderem in der Illustrierten *Bunte* die Leser darüber auf, daß neue Arbeitsplätze nur in neuen Bereichen der Dienstleistungen geschaffen werden könnten. „Dazu müssen die Deutschen lernen, Kunden freundlicher zu behandeln." Tatkräftige Unterstützung erfährt Wickert dabei von der Privat-TV-Kollegin Barbara Eligmann, die sich offensichtlich durch ihre Moderatorentätigkeit in einem Sensationsmagazin dazu berufen fühlt, wirtschaftspolitische Statements abzugeben: „Pfiffige Leute haben auch heute noch Chancen. Es sind noch verdammt viele Jobs drin, wenn man über mehr und bessere Dienstleistungen nachdenkt. Welche Reinigung bietet zum Beispiel schon den Service, die dreckigen Klamotten beim Kunden abzuholen und fertig wieder zurückzubringen? Ich kann auf Anhieb mindestens zwanzig Kollegen nennen, die diesen Service gern annehmen würden."

Das einzige Wort, daß man in dieser Suada vermißt, ist: „Click!" Denn das ist reinste Popcorn-Schule: „Wer gefeuert wird, in dem kann ein neues Feuer entbrennen. ... Und wer wirklich etwas taugt, der läßt sich nicht unterkriegen." Auch wenn er nur die dreckige Wäsche der Herrschaften einsammelt.

Sie alle, der zum Arbeitsmarktpolitiker mutierte Freizeitforscher, der zum Wirtschaftsanalytiker aufgestiegene Nachrichtensprecher, die Skandalmagazinmoderatorin und der Wirtschaftspastor, argumentieren wie ihre trendigen Vorredner zum Nachteil der öffentlichen Diskussion dramatisch am Thema des Strukturwandels vorbei. Denn die Jobs auf den Messen, die Tätigkeiten in der Altenbetreuung und als Animateure sind es am allerwenigsten, mit deren Hilfe sich die moderne Dienstleistungsgesellschaft etablieren läßt. Außerdem haben die als flächendeckendes Heilmittel propagierten längeren Ladenöffnungszeiten bislang nichts gebracht – auch da nicht, wo man mehr „dienen" wollte. Die Frage ist, wie sich mit Hilfe solcher Jobs (dem CDU-Fraktionsvorsitzenden Schäuble beispielsweise oder dem österreichischen FPÖ-Vorsitzenden Haider schweben dabei Schneeräumkommandos und Parkreiniger und Gartenpfleger für die öffentlichen Anlagen vor) der Wettbwerb mit anderen Ländern bewerkstelligen ließe.

Die Diskussion um die Dienstleistungsgesellschaft läuft also grundlegend falsch. Mitglieder der Berater- und Trendforschergilde wie Faith Popcorn („Wäre das nicht eine tolle Idee für Sie?") tragen mit ihren moralischen Scheinappellen alles dazu bei, die Diskussion weiter in die falsche Richtung zu treiben. Der Schweizer Trendforscherin Sophie Siegel etwa schwebt ein Modell des Social Business vor: „Gerade hier tun sich ungeahnte Möglichkeiten für unternehmerisch denkende Menschen auf: Der Gefahr der Ausgrenzung ganzer Bevölkerungsschichten (ältere Menschen, Arme, Arbeitslose, junge Menschen ohne entsprechende Schul- oder Ausbildung usw.) können Unternehmen begegnen, die ihren MABW-Wunsch im Bildungssektor ausleben möchten."

MABW soll heißen: Make a better World. Auch Jeremy Rifkin, Autor des beängstigenden Buches über das „Ende der Arbeit", teilt diese Perspektive des Arbeitsmarktes für die Pflege gesellschaftlicher Außenseiter. Nur geht er einen Schritt weiter und plädiert dafür, diese gesellschaftlichen Tätigkeiten als Nachbarschaftshilfe aufzuziehen. Denn Rifkin begreift im Unterschied zur populistischen Trenderfinderin Sophie Siegel, daß sich aus den Bedürfnissen derer, die kein Geld haben, kein Markt machen läßt. Denn sonst hätten sie ihre Bedürfnisse längst auf dem offiziellen Markt gestillt.

Das ist ein wichtiges Argument.

Noch wichtiger aber ist die Tatsache, daß es die von Siegel, Rifkin und anderen als zukunftsträchtig erachteten sozialen Jobs längst millionenfach gibt und daß sie einen beträchtlichen volkswirtschaftlichen Faktor darstellen. Es ist die „unbezahlte Arbeit" ehrenamtlicher und freiwilliger Helferinnen und Helfer in karitativen, religiösen und gemeinnützigen Einrichtungen.

12.2 Der Dienstleistungsmarkt der unbezahlten Arbeit

In Deutschland allein werden etwa drei Milliarden Arbeitsstunden pro Jahr unbezahlt verrichtet. Eine Studie der Johns Hopkins University in Baltimore geht davon aus, daß 12 Millionen Menschen der europäischen Industrienationen (also etwa vier Prozent aller Beschäftigten) in den Nonprofit-Bereichen Gesundheit, Wohlfahrt, Soziales, Bildung, Wissenschaft, Kunst und Kultur tätig sind. Dazu kommen die ehrenamtlichen und freiwilligen Helferinnen und Helfer, die Alten, die sich in gemeinnützigen Einrichtungen nützlich machen, die freiwilligen Feuerwehren und technischen Hilfsdienste. Die Zahlen sind beeindruckend, auch unter volkswirtschaftlichen Gesichtspunkten, denn immerhin repräsentieren auch diese unbezahlten Tätigkeiten qualitative und zum Teil auch quantitative Wertschöpfung. Sie repräsentieren zudem Arbeit. Man käme in Deutschland auf etwa zweieinhalb Millionen fiktiver Arbeitsplätze, in Österreich auf 250.000, ohne daß Haushaltstätigkeiten, Gartenarbeit und andere wertschöpfende Freizeitaktivitäten mit eingerechnet sind. Zählt man nun die Potentiale der Schwarzarbeit dazu, gäbe es in Österreich und Deutschland nicht nur keine Arbeitslosigkeit mehr: Es gäbe darüber hinaus eine lebendige Nachfrage nach Arbeitskräften. Daß diese Rechnung plausibel ist, haben einige europäische Wirtschafts- und Finanzministerien unter Beweis gestellt – indem sie die entspechenden Potentiale ebenso listig wie unverschämt in die Erfüllungsmargen der Maastricht-Kriterien einrechneten.

Das Problem ist also, daß viele dieser Angebote – beispielsweise die Arbeit in den religiösen Diensten, in der Caritas, im Roten Kreuz – vom Markt nicht angenommen würden, gleichzeitig aber eben jene Arbeitsmöglichkeiten darstellen, mit denen vordergründige Wirtschaftspropheten die Dienstleistungsgesellschaft etablieren wollen. Gelänge das, würden soziale Dienste für viele Menschen unerschwinglich. Außerdem könnte der Arbeitsmarkt in der heutigen Verfassung diese Dienste überhaupt nicht zur Verfügung stellen. Denn die Flexibilität und Zielsicherheit der unbezahlten Arbeit resultiert aus der weitgehenden Unabhängigkeit von arbeitsrechtlichen Regelungen: Überstunden, Nachtarbeit und ungeregelte Dienstzeiten sind kein Problem.

Bleibt auch die Umrechnung in Arbeitsplätze fiktiv, so zeigt sich doch, daß das Gerede von der „fehlenden Kultur des Dienens" unsinnig ist. Mehr noch: Die unbezahlte Arbeit als soziale Dienstleistung ist ein wesentlicher Faktor der Standortsicherung. So kommt man zu dem widersprüchlichen Phänomen, daß der Profit durch den sozialen Frieden von Menschen erwirtschaftet wird, die dafür keinen Pfennig bezahlt bekommen. Gleichzeitig wird das Fehlen der Dienstleistungsgesellschaft beklagt. Selbsternannte Gesellschafts- und Wirtschaftskritiker verlangen genau jene Tätigkeiten, die es längst gibt, ohne zu begreifen, daß dadurch die Basis für jede Wirtschaft zerstört würde. Zudem schafft unbezahlte Arbeit auch Arbeitsplätze. Es sind Hunderttausende, die als Fahrer beim Roten Kreuz, als Verwaltungsfachleute, Pfleger und Managerinnen oder Manager bei der Caritas arbeiten. Der Nonprofit-Bereich und die in ihm angesiedelte unbezahlte Arbeit stellt einen der größten Bereiche der gesellschaftlichen Tätigkeiten dar. Diese Art von Dienstleistungen ist also ausreichend vorhanden. Sie zeigt, wie unsinnig die Idee von der mangelnden Kultur des Dienens ist.

Vielleicht sollte man davon wegkommen, die Dienstleistungsgesellschaft mit dieser Art von sozialen Diensten und mit niederen Butlerjobs zu identifizieren, weil sie dann nämlich im weltweiten Wettbewerb schon am Ende ist, bevor sie überhaupt begonnen hat. Vielleicht sollten auch Politiker davon wegkommen, in sich immer mehr verkürzenden Abständen Modelle zu präsentieren, mit denen sie arbeitslose 55jährige Ingenieure für Reinigungsarbeiten in Parks einsetzen und dies mit dem Gedanken des „Dienens" und der „Leistungsbereitschaft" und der „Zumutbarkeit" garnieren. Derartige Arbeitsbeschaffungsmaßnahmen zeugen nur von der unglaublichen Phantasielosigkeit einer Industriepolitik, die atemlos hinter den globalen Entwicklungen herhetzt. Daß die Kompetenzen der in den Wirren eines entfesselten Rationalisierungskapitalismus „freigesetzten" Ingenieure, Softwarespezialisten, Einkaufsfachleute und mittleren Manager einfach aus der Wirtschaft herausgelöst werden, ist ein Skandal – nicht nur für die Betroffenen, sondern auch für die

Gesellschaft. Daß – wenn überhaupt Neubesetzungen stattfinden – an ihre Stelle junge Akademiker ohne Erfahrungen gesetzt werden, die aus zunehmend praxisfernen Universitäten kommen und in aufwendigen Trainings stromlinienförmig an die Bedürfnisse der Unternehmen angepaßt werden, ist ein weiterer Skandal. Sie sind es dann, die irgendwann die Handreichungen der BrainReserves und Trendbüros und RADAR-Systeme dieser Welt brauchen, um zu erfahren, wie sie aussieht – diese Welt „da draußen". Gleichzeitig wird die Erfahrung einer Generation gegen die Unerfahrenheit einer anderen Generation ausgespielt, statt das Marktprinzip der innovationsfördernden Durchmischung zu pflegen (wie bei der gegen alle Trendprognosen gerichteten leisen Entwicklung der „geschlechtslosen" und der „alterslosen" Märkte) – einfach weil Erfahrung teuer und Unerfahrenheit billig ist, vordergründig zumindest. Immerhin sind die „Senior Experts", die in gemeinnützigen Vereinen agierenden pensionierten Manager, die ihre Erfahrungen in Beratungsdiensten (Service!) anbieten, in den letzten Jahren in Deutschland und Österreich häufiger denn je engagiert worden. Auch das ist Dienstleistung.

Diese Art von Interpretation repräsentiert genau das Problem, das die gegenwärtige Wirtschaft und ihre Berater plagt: Phantasielosigkeit und Innovationsarmut. Man brauchte sich angesichts der Verbreitung der unbezahlten Arbeit ja nur die Frage zu stellen, woher denn das Geld kommt, mit dem diese Art von Dienstleistungen bezahlt werden sollen. Bezahlt der Friseur sein Essen im Restaurant mit dem Geld, das er vom Werbegrafiker erhalten hat, der wiederum das Logo für eine Firma entworfen hat, die Industriefilme herstellt?

Wer zahlt die Industriefilme?

Doch wohl ein Industrieunternehmen; allenfalls eine Werbeagentur, die als Subunternehmer eines Marketingunternehmens agiert und Aufträge weitergegeben hat. Aber irgendwo muß jemand sein, der den Wert dieses Wirtschaftskreislaufs substantiell erwirtschaftet. Weil das so ist, ist der Begriff der Dienstleistungsgesellschaft, so wie er in den moralisierenden Vorträgen herumgeistert, irreführend. Immer noch muß also zunächst einmal eine substantielle Industrie vorhanden sein, um überhaupt eine solide Basis für die Dienstleistungsgesellschaft aufzubauen. „Die Industrie ist in der Tat zentral",

sagte Helmut Kramer, Chef des renommierten Wiener Wirtschafts-
forschungsinstituts (WIFO) bereits 1994 auf dem Europäischen Fo-
rum Alpbach, „weil sie nach wie vor den größten Teil der in- und
ausländischen Nachfrage befriedigt, weil ihre Produkte und ihre
Wettbewerbsfähigkeit mehr als alles andere die wirtschaftliche und
gesellschaftliche Dynamik, die Verhaltensweisen, die Umweltqua-
lität und natürlich die Leistungsbianz prägen. In diesem Sinne hängen die meisten anderen Sektoren der Wirtschaft, auch die meisten
Dienstleistungen, von der Industrie ab, weisen eine abgeleitete wirtschaftliche Existenz auf. Die Verfügbarkeit über industrielles Know-
how ist entscheidend und wird entscheidend dafür bleiben, ob wir
unsere Wohlfahrt erhalten und verbessern können."

Ohne Industrie gibt es also keine Dienstleistungen.

Bedauerlicherweise gilt auch der Umkehrschluß: Ohne Dienstleistungen gibt es keine Industrieansiedlungen.

Damit sind nun aber kaum jene Heloten-Services gemeint, die
salbungsvolle Pfarrer und anmaßende Freizeitforscher, sich selbst
überschätzende TV-Stars und clipingsammelnde Trendberater unermüdlich vorführen. Daß aber sie es sind, die in der Öffentlichkeit
immer wieder zu wesentlichen Fragen gehört werden, zeugt wieder
einmal von der relativen Bedeutungslosigkeit eines der größten Dienst-
leistungsbereiche dieser Gesellschaft: der Universitäten und höheren
Bildungsanstalten. Offensichtlich hat sich der Gedanke, integrativ an
den gegenwärtigen gesellschaftlichen, wirtschaftlichen, kulturellen
und politischen Bedingungen zu arbeiten, nicht durchgesetzt. Der
Kritik an mangelnder Praxisorientierung wird die Kritik am vordergründigen Praktizismus entgegengesetzt. Und schon gibt es wieder
einen Gelehrtenstreit, und zwar ex cathedra, was man so übersetzen
muß: aus geschützten Werkstätten. Wenn aber die Dienstleistungswirtschaft als einer der Hoffnungsträger der Zukunft verstanden wird
(und offensichtlich herrscht darüber Einigkeit), warum wird dann diese Tendenz nicht zu einem überall verbindlichen Lehr- und For-
schungsinhalt, so daß man sich in klassischer Manier der rationalen
Bewältigung eines Problems damit sowohl in der Politologie als auch
in der Soziologie, der Kommunikationswissenschaft, der Wirtschafts-
wissenschaft, in den technisch-naturwissenschaftlichen Fächern, auch
in der Theologie und Philosophie und wer weiß wo sonst noch „in-
terdisziplinär" mit diesem Problem auseinandersetzen kann?

12.3 Die selbstzerstörerische Dynamik der Dienstleistungswirtschaft

Der Gedanke der Dienstleistung kann nur als eine Art interdisziplinärer Querschnittsidee wirklich lebendig werden. Dienstleistung ist eben nicht der Begriff für Servicejobs. Sie ist vor allem ein neues Ingredienz der klassischen Industrie, die ihre Angebote modernisiert. Und zwar so:

■ Ein ehemaliger Baukonzern ergänzt sein Kerngeschäft der klassischen Ausführung um den Bereich der Bauaufsicht und Logistik.

■ Eine große Bank gründet ein Tochterunternehmen, das sich mit Softwareproblemen für Finanzdienstleistungen beschäftigt, und bietet diese Leistung auch außerhalb des eigenen Hauses an.

■ Ein Bergwerksbetrieb, der Gestein zu Talkumpuder verarbeitet, entwickelt gemeinsam mit seinen Kunden Problemlösungen für neue Materialien und Werkstoffe, deren Teil das zermahlene Gestein ist.

■ Ein Hersteller von Hochleistungsventilen für den Kompressorbau bietet ein umfangreiches Wartungsprogramm für die Anlagen an, in denen seine Spezialprodukte eingebaut sind.

■ Eine Spedition entwickelt neben ihrem Kerngeschäft ein Logistiksystem für die Bewegung von Gütern in einem Just-in-time-Verfahren, an dem Hunderte von kleineren Spediteuren teilhaben können.

Bereits diese wenigen Beispiele zeigen, daß sich der Strukturwandel zur Dienstleistungsgesellschaft keineswegs als eine Art epochaler Ablösung vollzieht, sondern daß neben einigen neuen Abeitsbereichen (Softwareentwicklung, Wirtschaftsberatung) auch die klassischen Arbeitsgebiete neue Funktionen erhalten. Systematisiert man diesen Gedanken, dann ergeben sich fünf Dimensionen, in denen heute von Dienstleistungen gesprochen werden kann:

1. Technische industrienahe Dienstleistungen
- Softwarehersteller
- Datenverarbeitung
- Ingenieurbüros
- Wissensindustrie
- Technische Arbeiterschaft
- Technische Servicedienste
- Nachrichtenübermittlung
- Wartung

2. Nichttechnische industrienahe Dienstleistungen
- Banken/Finanzdienstleistungen
- Werbung/Marketing/Öffentlichkeitsarbeit
- Auftragsforschung und -entwicklung
- Messen/Ausstellungen/entsprechende Infrastruktur
- Anwaltsbüros mit internationaler Vernetzung
- Wirtschaftsberater
- Umweltexperten
- Sicherheitsdienste

3. Vorsorgedienstleistungen
- Gesundheitswesen (inkl. Verwaltung, privater Betreuung, Pflege)
- Bildung/Ausbildung
- Weiterbildung; lebenslanges Lernen
- Öffentlicher Dienst/Innovative Verwaltung
- Öffentlicher Nahverkehr

4. Lebensweltliche Dienstleistungen
- Lebensqualität
- Kulturelle Infrastruktur
- Landschaftsschutz
- Ökologie
- Sauberkeit der Luft
- Gastronomie
- Weiterbildungseinrichtungen

5. Alltägliche und persönliche Dienstleistungen
- Pizzaservice und ethnische/nationale Variationen „Sushi-Express", „Subway"

- Partyservice
- Rechtschreibtelefone
- Friseure, Massage, Sauna
- Chauffeurdienste für alkoholisierte Autofahrer
- Agenturen für alles Erdenkliche (Autos/Anwälte/Au-pair-Mädchen etc.)
- Aufbewahrung der Winterkleidung am Flughafen während des Tropenurlaubs in der kalten Jahreszeit
- Wartung von Kfz während der Flugreise
- Mitfahrzentrale und Car-Sharing
- Babysitting
- Schülertransport
- Botendienste

Die Jobtrends, die etwa bei Faith Popcorn verbreitet werden, beziehen sich allenfalls auf einen Teil des fünften Sektors. Damit zeigt sich erneut die Realitätsferne der Trendforscher. Sie begreifen offensichtlich die Zusammenhänge der Wirtschaft nicht. Sie begreifen nicht, daß „Dienstleistungsgesellschaft" – oder wie man nun besser sagen sollte: „Dienstleistungswirtschaft" – ein Zusammenspiel von Industrie und technischen Diensten, Versicherungen, Finanzdienstleistungen, Gesundheitswesen und Kultur, Gastronomie und persönlichen Serviceangeboten darstellt. Die exotischen Angebote, die Popcorn ihrer arbeitslosen Klientel offeriert, sind vor diesem Hintergrund nichts anderes als belanglose Zugaben ohne jegliche volkswirtschaftliche Bedeutung. Die populistischen Trendforscher begreifen überdies nicht, daß die von ihnen propagierte Dienstleistungswirtschaft längst existiert und dabei ist, von einer weiteren Qualität durchsetzt zu werden. Wieder einmal verschlafen sie die zukunftsweisenden Tendenzen, die sie vermutlich in einigen Jahren als ihre eigene Entdeckung ausgeben werden. Denn bei aller Euphorie – die Dienstleistungsindustrie, wie sie heute als weinselige Utopie auf den Business-Salons debattiert wird, markiert nur eine kurze Phase im Strukturwandel zur Wirtschaft des 21. Jahrhunderts. Schon heute zeigen sich gefährliche Anfälligkeiten des „servoindustriellen Sektors", die interessanterweise dasselbe Muster aufweisen wie bei der Entwicklung der alten Industrien. Bereits jetzt beginnen die Auslagerungen in den Mittleren und Fernen Osten: Ab-

rechnungssysteme von AUA und Lufthansa in Bangalore und Neu-
Delhi, was auch deshalb möglich ist, weil die Ausbildungs- und Qua-
lifikationssysteme für eine neue aufstrebende Mittelschicht entsprechend konsequent ausgerichtet sind.

Die Dienstleistungsgesellschaft wird ihre Väter fressen (und natürlich auch ihre Mütter). In diesen Monaten beispielsweise werden in den deutschen und österreichischen Banken Pläne für Mas-
senentlassungen bekannt. Wirtschaftsanalytiker sprechen davon, daß
bis zu 60 Prozent der Beschäftigten in den Finanzdienstleistungen
„freigesetzt" werden könnten. Der Grund: verbesserte Kundenfreund-
lichkeit (also bessere Dienstleistungen) durch Telefonbanking und
Online-Verbindungen. Ein großer Teil der Firmen, die in den Insolvenzstatistiken der letzten Jahre aufschienen, waren neue Dienstleister, die sich nicht rasch genug an die wieder neue Qualität des
Arbeitens anpassen konnten (nämlich der raschen Integration der
Informationstechnologie) – oder die nicht in der Lage waren, dem
stetig steigenden Investitionsdruck standzuhalten. Die Vollwertzeit
für technisch höchst aufwendige Infrastrukturen auch für Dienstleister sinkt dramatisch. Ein Speziallabor zum Beispiel, das sich auf
die Entwicklung von Industriefotos spezialisiert hat, kann den Scanner, der vor vier Jahren für den Preis von 25.000 Mark angeschafft
worden ist, „heute nicht einmal mehr verschenken". Denn heute
bietet jeder Copy Shop an der nächsten Ecke den technischen Service, der vor wenigen Jahren noch die „unique selling proposition"
von Spezialisten war. Das ist, euphemistisch gesagt, eine Konsequenz
der Demokratisierung technischen Wissens. Unaufhaltsam steuert
die Industrie also auf ihre nächste Revolution hin, die wiederum
den Dienstleistungssektor dramatisch ändern wird. Dann beginnt
alles von vorn: Umstrukturierung, Qualifikation, Abwanderung aufgrund immer geringerer Standortabhängigkeit und die Bedrohung
der Arbeitsplätze immer weiterer Mitarbeiterschichten, dann auch
und vielleicht sogar in erster Linie des Managements.

„Software as Career Threat" menetekelte das amerikanische
Wirtschaftsmagazin *Forbes* im Februar 1993: Computer, denen „information worker" intelligente Systeme einpflanzen, machen viele
Tätigkeiten überflüssig, die heute noch von Anwälten, Ärzten, Steu-
erberatern, Versicherungsvertretern, Bibliothekaren, Lehrern, Professoren, Grafikern, Journalisten wie selbstverständliche Monopole

nach einer einschlägig spezialisierten Ausbildung verrichtet werden. In diesem Prozeß werden weitere tragende Schichten unserer Gesellschaft aufgerieben, obwohl – oder gerade weil sie sich auf die Inseln der Dienstleistungstätigkeiten geflüchtet haben, die dann aber rasch zu einer globalisierten Dienstleistungsindustrie mutierten.

Manches ist schon im Ausland, bevor Europa überhaupt daran gedacht hat, die Claims auf die Dienstleistungsfelder flächendeckend abzustecken, die eine moderne Industrie (Flugzeugbau, Hotelgewerbe, Autoindustrie, Fluglinien, Medizintechnik, intelligente Bauverfahren, Facility Management, Ablauf- und Planungsforschung) benötigt: Softwareentwicklung, Softwarepflege, Wartung, Abwicklungen, Logistik. Denn in vielen ehemaligen Entwicklungsländern ist man aufgrund der dramatischen Verbilligung des Wissens und der ebenso dramatischen Verbilligung der Hochtechnologie mittlerweile sehr gut in der Lage, die Services anzubieten, die bis vor wenigen Jahren noch das Monopol von Ländern wie Deutschland und Österreich waren. Denn auch hier wurde ja ebensosehr mit importiertem Wissen gearbeitet wie mit eigenen Wissensinnovationen. Doch dieser Zukauf von Wissen ist nun kein Privileg der europäischen Länder mehr.

Heute gibt es jede Menge Copy-Shops in dieser Welt.

13 Systematische Zukunftsperspektiven: Contentanalysen

13.1 Die Pseudo-Contentanalysen der Pop-Trendforscher

Nun sind die Trendforscher selber Dienstleister. Sie versorgen – jedenfalls in der von ihnen gepflegten Theorie – die Märkte der Unternehmer und Medien mit zukunftsweisenden Informationen. Damit nehmen sie ihren Kunden mühselige Arbeit ab: die Sichtung des Alltags, die Interpretationen von Marktforschungsdaten und vor allem die Lektüre von Zeitungen und Zeitschriften. John Naisbitt zum Beispiel bezieht, wie er immer wieder betont, seine Weisheiten über die Zukunft aus 300 internationalen Zeitschriften und Zeitungen, die er einer nicht näher deklarierten Analyse unterwirft. Seine Methode, so liest man in den „Megatrends", sei die „Contentanalyse". Auch Gerken bietet Contenanalyse, eben jene „Inhaltsanalyse der Medien mit frühen Inhalten", die auf den Werbeseiten seiner Bücher versprochen wird – der Begriff der „Inhaltsanalyse" ist die gängige deutschsprachige Übersetzung für „content analysis". Horx spricht vom „Scanning" und von der Auswertung von etwa 350 Zeitungen und Zeitschriften. Auch Faith Popcorn veröffentlicht eine beeindruckende Liste von Zeitungen und Zeitschriften. 200 sind es, „die wir bei BrainReserve lesen und auswerten".

Wie diese Lektüre und diese Auswertung sich vollziehen, bleibt leider durchweg im dunkeln. Ebensowenig wird dem Benutzer der BrainReserve-Dienste oder der Naisbitt-Trendletter oder des Horxschen Scanning klar, in welchen Intervallen die einzelnen Titel gelesen und ausgewertet werden. So entsteht bei der oberflächlichen Lektüre der Eindruck, daß in den Trendbüros täglich, wöchentlich, monatlich intensiv die jeweils neuesten Ausgaben der genannten Titel studiert werden. Das ist, oder besser gesagt: das wäre, eine gewaltige Leistung. Es ist eher zu vermuten, daß es eine gewaltige Irreführung ist, zumindest solange die Beschreibung der Lektüre die Anwendung seriöser Methoden nahelegt.

Schon die Rechnung für die Leistungen von Faith Popcorns BrainReserve zeigt Übermenschliches: Täglich müßten nach dieser Liste neun Zeitungen durchgesehen werden. Es kommen (niedrig geschätzt) 70 wöchentliche, 100 monatliche und etwa 20 Zeitschriften hinzu, die in einem größeren Intervall erscheinen. Jährlich wären (rechnet man mit einem Erscheinen der Tageszeitungen an 300 Tagen) somit also 5220 Exemplare durchzusehen, was, eine Arbeitszeit von 365 Tagen gerechnet, einer Tagesleistung von gut 14 Medien entspricht. Es sind aber in der Regel nur 255 Arbeitstage, die angesetzt werden können. Jeden Tag müssen also etwa 20 bis (Urlaub und Krankenstand eingerechnet) 25 Zeitungen oder Zeitschriften durchgearbeitet und ausgewertet werden. Weitere zeitliche Berechnungen sind nicht möglich, weil nicht angegeben ist, was im einzelnen mit diesen Zeitungen und Zeitschriften geschieht. Bei der von Horx und Wippermann behaupteten Analyse von 350 Zeitungen und Zeitschriften käme man auf einen Tagessatz von 30 Exemplaren. Zusätzlich zur Analyse von Verpackungen, Musikformen, Kleidungsstücken, Gesten, Läden, Attitüden, Symbolen, Codes, Chiffren, Themen, Werbebotschaften, Szenen, Katalogen, Büchern.

Da es nun, um die Sache nur für die behauptete Lektüre der 350 Zeitungen und Zeitschriften weiter zu verfolgen, um die unspezifische Spurensuche nach den ersten Andeutungen der Zukunft geht, müßten die Zeitungen und Zeitschriften schon Zeile für Zeile intensiv nach entsprechenden Andeutungen ausgewertet werden. Wann aber ist eine Andeutung eine Andeutung der Zukunft? Wenn eine dieser Andeutungen von einer der trainierten Personen identifiziert ist, muß nicht auch noch eine Koordination zwischen dieser und den anderen Profi-Leserinnen und -Lesern organisiert werden? Deren Professionalität und Spürsinn wird zwar von Horx und Wippermann im Buch über die „Trendforschung" hochgelobt. Das ist als Gegenargument gegen die Forderung gemeint, daß eine Trendanalyse (so sie denn überhaupt möglich ist) systematisch zu arbeiten habe. Jede Systematik, so heißt es bei den Trendforschern, verderbe die Intuition.

Hinter diesem Argument verbirgt sich allerdings erneut eine (diesmal vermutlich aufgrund mangelnder Kompetenzen in akademischen Forschungsmethoden unbeabsichtigte) Arroganz. Denn es wird dem Benutzer, dem Kunden der Trenddienstleistungen einfach vorenthalten, auf welche Weise das Ergebnis im einzelnen zustande kommt. Es gibt keinen Beipackzettel für das pseudosoziologische Heilmittel. Er hat sich darauf zu verlassen, daß man beim Durchblättern der Zeitschriften an geschätzten 20 Stunden pro Tag schon auf die wichtigsten Dinge stoßen wird.

Wenn diese Spürnasen auf etwas stoßen, was ihnen trendverdächtig erscheint, ist es (siehe Kapitel 7.3) die auffällige Ballung von Themen in mehreren Zeitschriften oder ihre Kontinuität zu mehreren Zeitpunkten. Das heißt wiederum zwangsläufig, daß alle Leserinnen und Leser in ständigem Austausch stehen, weil sonst die Ballungen gar nicht sichtbar werden können (oder nur die, die zufällig bei einer Person auftauchen). Es bedeutet überdies, daß man bei Auffälligkeiten die älteren Exemplare der in Frage stehenden Titel noch einmal zu Rate ziehen müßte, um sie im Licht der neuen Erkenntnisse oder zumindest des Anfangsverdachts eines Trends erneut auszuwerten. Das kostet wieder Zeit und ist ohne eine strenge Systematik der Wiedervorlage nicht denkbar. Mit anderen Worten: Alle Medien müßten in jeder auch nur erdenklichen Hinsicht so erfaßt sein, daß sich Auffälligkeiten automatisch unabhängig von den Bearbeitern ergeben.

Wer behauptet, das zu tun, ist einfach unseriös.

Das Problem liegt also darin, daß die Nutzer der Trenddienste nicht wissen, mit welchen Methoden in welchen Intervallen diese Zeitungen durchgearbeitet werden. Abgesehen davon bedienen die wenigsten Trendforscher ihr Publikum mit einer so vollständigen Liste von Zeitungen und Zeitschriften wie Faith Popcorn. Horx und Wippermann ergehen sich in allgemeinen Bemerkungen zu „wichtigen" Medien, Gerd Gerken redet, wie mehrfach erwähnt, von „Medien mit frühen Inhalten". Wir wissen weiter nicht, von wem sie durchgearbeitet werden. Es ist schließlich nicht klar, wie die Koordination der unterschiedlichen Personen, die für die Auswertung verantwortlich sind, vollzogen wird. Es wird nur der Eindruck nahegelegt, man arbeite mit einer Art „Contentanalyse".

Eine professionelle Auswertung im Sinne einer „content analysis" müßte aber auf schriftlich fixierten Kategorien aufbauen. Es müßte eine Liste bestehen, nach der die Lektüre systematisiert wird, damit den Trendforschern nicht etwas Wichtiges entgeht. Es müßte überdies gewährleistet sein, daß andere die Genesis der Ergebnisse nachvollziehen können. Dies sind jedenfalls die Mindeststandards, die von internationalen Forschungsvereinigungen der Sozialwissenschaften und von seriösen Marktforschern als freiwillige Selbstkontrolle gesetzt worden sind. Man nennt es auch „Ethik der Sozialforschung".

Die populistische Trendanalyse bleibt allerdings auf einer Stufe stehen, die jede professionelle Contentanalyse nur als Vorbereitung nutzt: Intuition, Mutmaßung, Spekulation – oft auch fälschlich „qualitative Forschung" genannt. Deshalb kann auch das beschriebene Gegenargument, die systematische und quantitative Auseinandersetzung mit „den" Medien auf der Grundlage eines möglichst computerisierten Programms behindere die schöpferische Intuition, entkräftet werden. Denn jede professionelle Analyse, mag sie am Ende auch noch so zahlenlastig daherkommen, beginnt mit einer „vorwissenschaftlichen Beobachtung", die eben jene Qualität hat, mit der die populäre Trendforschung für sich wirbt. Das heißt, daß auch in einer systematischen Contentanalyse die Intutionen von Leserinnen und Lesern systematisch genutzt werden; daß sie Diskussionen vorschaltet und selbst im Prozeß der statistischen Auswertung nie auf die klar faßbaren Informationen beschränkt bleibt, sondern auch Spekulationen über ihre Bedeutung anstrengt. Diese Spekulationen lassen sich aber mit Hilfe des Zahlenmaterials absichern. Denn das Zahlenmaterial läßt sich mit anderen Zahlenwerken statistisch „fusionieren", so daß auch hier der Ansatz der populären Trendforschung weit überstiegen wird. Es gibt einfach mehr Information. Damit gibt es mehr Möglichkeiten, über die Bedeutung von Informationen nachzudenken.

13.2 Was Contentanalysen wirklich sind

Denn was ist „content analysis"?

Bernard Berelson, einer der kongenialen Mitarbeiter des Exilösterreichers Paul F. Lazarsfeld im New Yorker Bureau of Applied Social Research hat bereits 1952 in einem bis heute gültigen Buch über die Methoden und Techniken dieses Zugangs zur Wirklichkeit die griffige Anweisung formuliert: „Content analysis is a research technique for the objective, systematic, and quantitative description of the manifest content of communication." Diese Formel ist genial, denn sie faßt in knappen Regeln zusammen, welche Ansprüche an eine Content- oder Inhaltsanalyse, die diesen Namen zu Recht trägt, gestellt werden müssen:

■ Klar formulierte Fragestellungen, die sich in einzelne methodische Schritte auflösen und mit nachvollziehbaren Techniken aufgrund der ausgewiesenen Gegenstände der Analyse beantworten lassen. Generell nach „Trends" zu fragen ist unmöglich. Denn es würde bedeuten, alles systematisch auszuwerten, was überhaupt in den Medien erscheint.

■ Systematische Auswahl des Materials, das für eine Fragestellung wichtig ist, also der Zeitungen und Zeitschriften oder anderer Dokumente, in denen sich eine Tendenz, eine Entwicklung, eine Verteilung von Meinungen, in denen sich Wertungen, Qualifizierungen, Charakteristika und auf den ersten Blick nicht erkennbare Aspekte verbergen könnten.

■ Systematische Entwicklung von meßtechnischen Operationen, die von jedem nachvollziehbar sind, also: Skalen, mathematische Analysen, klare Anweisungen für die Codierer und Codiererinnen mit Hilfe einer umfassenden Liste von Kategorien, also Suchbegriffen. Diese Suchbegriffe müssen drei Kriterien erfüllen. Sie müssen eindeutig formuliert sein, die Fragestellung erschöpfend repräsentieren, und sie müssen klar voneinander getrennt sein, damit in den tabellarischen Erfassungen später keine Überschneidungen von Informationen drohen.

■ Systematische Kriterien für die Auswertung der Befunde. Jede Interpretation und jede Spekulation muß als solche ausgewiesen werden. Dazu gibt es die Regel, daß statistisch gültig nur solche Befunde sind, die nach international geltenden Prüfkriterien eine Irrtumswahrscheinlichkeit von unter fünf Prozent aufweisen. Darüber hinaus darf munter spekuliert werden, unter der Voraussetzung allerdings, daß man es deklariert. Im Schlußkapitel über das „wilde Denken" wird jedoch deutlich, daß auch diese muntere Spekulation nur dann zielführend ist, wenn sie sich bestimmten Regeln unterwirft.

Auch hier stellt sich noch einmal die Frage nach der Intuition. Erneut zeigt sich, daß der Widerspruch künstlich ist, ja, daß von gesicherter Datenbasis aus sogar „wilde Spekulationen", Eingebungen, phantasievolle Interpretationen und Utopien, wissenschaftliche und journalistische Gedankengebäude und Begriffsbildungen inspiriert werden. Oder besser gesagt: Sie inspirieren diese intuitiven Zugänge zur Wirklichkeit und Spekulationen nicht nur, sie sind die Voraussetzung. Berelson selbst liefert die besten Beispiele für derartige intuitive Einsichten. Manche von ihnen haben viele Jahrzehnte überdauert und bieten heute noch die Basis für weitere Differenzierungen. Auch sie sind in Begriffen verdichtet. Aber hinter diesen Begriffen stecken Analysen, Forschungen, wissenschaftliche Debatten und immer wieder – Nachprüfungen.

Es ist das Jahr 1940. Im November wird in den USA ein neuer Präsident gewählt. Die Neugier über den Ausgang der Wahl ist nicht geringer als heutzutage. Ebenso wie heute standen die Medien im Verdacht einer unterschwelligen Manipulation. „Meinungsbildung – wie vollzieht sie sich?" Das war die Frage, die sich Berelson in diesem Jahr 1940 stellte und der er mit seinem berühmten Lehrmeister Lazarsfeld nachging. Sie suchten sich zusammen mit der Kommunikationsforscherin Hazel Gaudet einen ganz und gar durchschnittlichen Ort aus, in dem sich der amerikanische Alltag in seiner Normalität beobachten ließ. Die Wahl fiel auf das kleine Städtchen Sandusky in Erie County, Bundesstaat Ohio. Bis heute kennen wir die später zu Weltruhm gelangte Studie unter diesem Namen: „Erie County Study", auf deutsch „Wahlen und Wähler". Was Berelson, Gaudet und Lazarsfeld entdeckten, war neu: Zwar gab es „endorsements", also Parteinahme, in den Medien. Aber die Meinungsbildung bei den Menschen, die man systematisch befragte, vollzog sich nicht über die Medien, sondern über die Menschen, denen man in der eigenen Gruppe, in der Kollegenschaft, in der Nachbarschaft oder Familie die meiste politische Kompetenz zusprach. Gleichzeitig waren diese Menschen die differenziertesten Mediennutzer. Sie waren also die „Vermittler", die in einem zweistufigen Prozeß in ihrer Interpretation weitergaben, was die Medien schrieben. Das Konzept ist bald nach der Veröffentlichung der Studie im Jahr 1944 als „Two step flow of communication" in die Wissenschaftsgeschichte eingegangen. Und den Vermittlern gab man den Namen „Opinion leaders": Meinungsführer.

Ist man durch einen Zufall drauf gekommen?
Durch Genialität und schöpferische Intuition?
Oder durch sorgfältige Arbeit?
Es war ein Zusammenspiel aller drei Elemente. Aber ohne die
Absicherung der Informationen über die Medien durch eine systematische Befragung wäre der Doppelschritt der Meinungsbildung
kaum aufgefallen. Das heißt auch: Ohne sorgfältige und systematische, objektive Arbeit mit klaren Kriterien wäre man der Logik der
kleinstädtischen Meinungsbildung nicht auf die Spur gekommen.

Die Untersuchung ist oft zur Grundlage weiterer kritisch prü-
fender Studien avanciert. Sie ist in wissenschaftlichen Arbeiten und
in journalistischen Reportagen nachvollzogen worden, wie etwa 1984
vom Pulitzerpreisträger J. Anthony Lucas in Mansfield, Ohio, knapp
90 Meilen südlich von Sandusky. Lucas lebte dort eine Zeitlang vor
der Wahl (es war die Wiederwahl Reagans) und beschrieb den Vor-
wahlalltag für das *New York Times Magazine.* Seine Ergebnisse be-
stätigten, was 44 Jahre zuvor Berelson, Gaudet und Lazarsfeld in
Sandusky beobachtet hatten. Es war, was in den fünfziger Jahren
dieselben Forscher in Decatur, Illinois, und Elmira im Staat New
York herausfanden. Es waren Meachnismen der politischen Meinungsbildung, wie sie in französischen Durchschnittsgemeinden
(etwa im berühmten Buch vom amerikanischen Romanisten Laurence Wylie: „Dorf in der Vaucluse") oder in österreichischen, deutschen, dänischen, irischen Gemeindestudien zutage traten. Hunderte
von ähnlichen Studien und von begleitenden Contentanalysen wie-
derholten, modifizierten, erweiterten, differenzierten die Einsichten. Das war deshalb möglich, weil Schritt für Schritt klar nachzuvollziehen war, was Lazarsfeld, Berelson und Gaudet und andere
Forscher in vergleichbaren Situationen konkret getan hatten. So
konnten im Laufe der Jahrzehnte politische Trends abgebildet und
Theorien des politischen Handelns und der Reaktionen entwickelt
werden. Die sogenannten „Methoden" der populistischen Trendforschung sind dagegen nicht mehr als journalistische Mutmaßungen
über journalistische Mutmaßungen – und damit belanglose Wortspiele. Nicht mehr und nicht weniger. Auch Wortspiele sind wichtig. Sie bieten Themen für launige Partyplaudereien und die eilfer-
tige Gefolgschaft der aufgepeppten Trendmedien. Geht man davon
aus, daß sich diese brave Gefolgschaft keineswegs bewußt vollzieht

(sie wäre sonst unter dem Rubrum der arglistigen Täuschung einzuordnen), haben wir es hier mit einem klassischen Fall einer Corampublico-Autosuggestion zu tun, allerdings vor einem Publikum, das sich dieser Suggestion gern selber unterwirft.

In der wissenschaftlichen Urversion der Contentanalyse nennt man solche sich selbst erzeugenden Ergebnisse „Interaktionseffekte". Die Methode wirkt auf die Ergebnisse ein, die wiederum auf weitere Ergebnisse abstrahlen. Die wissenschaftlich abgesicherte Contentanalyse bezieht dieses Faktum systematisch mit in ihre Begründung ein: Sie ist nicht in der Lage, Neuigkeiten, Zukünfte, Trends zu entdecken. Sie ist nur in der Lage, die Beschreibung (so Berelson) dessen zu leisten, was ist. Und damit schützt sie, wenn sie professionell angewendet wird, vor einseitigen Ausgangspunkten, die möglicherweise noch von der Lancierung kommerzieller Interessen bestimmt ist.

Die populistische Trendforschung verfolgt hartnäckig das umgekehrte Prinzip: verkaufbare Trends („Cocooning", „Generation X", „Rezessionskultur", „Neuer Luxus" und andere in wilder Widersprüchlichkeit nebeneinander bestehende Behauptungen) werden immer wieder mehr oder weniger heftig bestätigt. Sobald ein neuer Begriff aus der Taufe gehoben ist, beginnt die Suche nach Bestätigungen. Nachgefragt wird kaum, Zweifel werden nicht formuliert. Es gibt keine Checks der Reichweiten oder der Intensität – denn dann müßten nicht nur Kategorien gebildet werden, nach denen man Zeitungen und Zeitschriften und Wirklichkeiten sondiert, sondern auch noch Skalen, nach denen man die Stärke eines Phänomens einstufen kann. Nein: Die Trendreports, die in den vorangehenden Kapiteln ausgiebig dargelegt worden sind, benutzen nichts als eine unkontrollierbare Methode der „assoziativen Anreicherung" mit beispielhaften Bestätigungen. Sie nehmen nur das auf, was paßt. Und so ist auch ihre literarische Methode: Einzelbeispiele werden aneinandergereiht und als Belege für eine übergreifende Entwicklung ausgegeben.

13.3 Vier Schritte auf dem Weg zum klaren Denken

Contentanalyse dagegen ist, um Berelson noch einmal zu zitieren, eine Methode zur systematischen, objektiven und quantitativen Beschreibung des manifesten Gehalts eines Textes. Sie ist damit auch eine Methode der „systematischen Informationspolitik" eines Unternehmens. Doch man darf nicht übersehen, daß ihre Grenzen klar gezogen sind: Sie dient der Beschreibung des Vorfindlichen. Diese Beschreibung geht allerdings über das hinaus, was die flüchtige Lektüre von Zeitungen und Zeitschriften zutage fördert. Weil sie systematisch und methodisch vorgeht, verhindert sie subjektiv verzerrte Sichtweisen und trendige Beliebigkeiten. Weil sie zweitens eine Methode darstellt, die von mehreren Personen auf die gleiche Art und Weise angewendet werden kann, läßt sich der Grad der subjektiven Abweichungen eines Lesers oder einer Leserin der jeweiligen Texte jederzeit überprüfen. Etwa mit folgenden Fragen:

- Warum gibt es unterschiedliche Auslegungen?
- Sind die Kategorien nicht sorgfältig genug formuliert?
- Ist die Fragestellung zu vage?
- Wurde eine falsche Medienauswahl getroffen?

An den Beispielen der Geschlechterverhältnisse, der Märkte des Alters oder der Abhandlungen über die Dienstleistungsgesellschaft läßt sich das Vorgehen verdeutlichen. Wenn beispielsweise die Fragestellung auf die Zukunft der Dienstleistungsgesellschaft zielt, wird man ein Kategorienset aufbauen müssen, das alle Aspekte dieses Begriffs, alle seine Konnotationen (also all das, was in diesem Begriff mitschwingt) in einer Liste erfassen muß. In ihr werden alle erdenklichen Serviceaspekte, Elemente der Kundenorientierung, Arbeitsweisen unter bestimmten Oberbegriffen (etwa die fünf Dimensionen der Dienstleistungswirtschaft in Kapitel 12.3) subsumiert. Diese Liste wird dann zur Grundlage der systematischen Lektüre (beispielsweise) aller Wirtschaftszeitschriften. Sie ist allerdings kein Zufallsprodukt, sondern das Ergebnis einer engagierten Diskussion aller involvierten Mitarbeiter eines Unternehmens (oder Forschungsteams). Diese systematische Diskussion wird durch die sogenannten „raw observations" des Materials (der Zeitungen und Zeitschriften, die man untersuchen wird) vorbereitet. Das heißt, man wird sich Impulse aus der zunächst unsystematischen Lektüre holen, um sie in einer gemeinschaftlichen Diskussion in systematische Beobachtungskriterien umzusetzen, mit deren Hilfe dann die Lektüre durchschaubarer wird, und die eine systematische Contentanalyse anregen oder als Ergänzung und Absicherung nutzen kann. Damit wird, noch einmal, das zur Vorbereitung, was die gängige Trendforschung bereits als Ergebnis akzeptiert.

Der Grund für eine breite Diskussion, in der unterschiedliche Abteilungen und Mitarbeiterinnen und Mitarbeiter involviert sind, liegt in der Vermeidung von Einseitigkeiten. Wir wissen zwar, daß wir nicht objektiv sein können. Doch wissen wir auch, daß sich aus der Summierung der Sichtweisen vieler einzelner die subjektiv verzerrte Sicht in die Nähe der Objektivität bringen läßt. In den Wissenschaften, die sich mit empirischen Forschungsmethoden beschäftigen, benennt man diese Strategie mit dem wenig lebenssprühenden Begriff der „Intersubjektivität". Er bezeichnet im Grunde nichts anderes als die ernsthafte Version von Edward de Bonos skurrilem Hütchenspiel (siehe Kapitel 2.2). Nur braucht man keine bunten Hütchen, sondern nur eine Systematik, die vier Schritte umfaßt. Denn auf die Beschreibung durch die Contentanalyse folgt der Versuch, die erfaßten Fakten in ihrem Zusammenhang zu verstehen, in ihrer Entstehungsgeschichte zu erklären und sie schließlich im Hinblick auf Prognosen und Zielbestimmungen einschätzen zu können. Jeder dieser vier Schritte ist durch drei systematische Zwischenschritte gegliedert, deren letzter jeweils die „interdisziplinäre" Auseinandersetzung mit den erarbeiteten Fakten darstellt. Um Effektivität zu garantieren, sollte eine Arbeitsgruppe, die sich mit dieser Vorbereitung innovativer Perspektiven beschäftigt, möglichst vielfältig zusammengesetzt werden. Eine langfristig vorbereitete Klausur wäre für eine solche systematische Trendforschung die beste Voraussetzung.

1. Beschreiben
Die Kompetenz, das Vorfindliche überhaupt zu sehen.

■ *Statistischer Zugang*
Die Erkundung des Zahlenwerks, beispielsweise der demographischen Entwicklung einzelner Altersgruppen, der Geschlech-

ter; der regionalen Bevölkerungsentwicklung, der Wissens- und Informationstechnologie; der Entwicklung von kleinen, mittleren und großen Unternehmen; der Qualifikationsanforderungen in Stellenanzeigen zwischen 1980 und 1997 (Contentanalyse). Langfristige Vorbereitung ist unerläßlich. Daten sollten allen Mitgliedern der Arbeitsgruppe zur Verfügung gestellt werden.

■ *Kontextueller Zugang*
Die Erfassung der Schnittmengen aus Statistiken und historischen Vorfindlichkeiten, etwa die gemeinsame kulturelle Biographie großer Gruppen, der Achtundsechziger, der heute 20jährigen, der sogenannten „neuen Alten", der 40jährigen. Was haben bestimmte Altersgruppen erlebt? Welche Konsumvermächtnisse, welche Ideologien, welche politischen Ereignisse gehören zum Erfahrungsschatz solcher Gruppen? Auch dieser Schritt läßt sich langfristig vorbereiten. Anders aber als bei der Erfassung der statistischen Rahmendaten ist hier bereits die Vervollständigung der Ideen durch die Mitglieder der Arbeitsgruppe erforderlich, um am Ende einen vollständigen Blick auf die Kontexte zu gewinnen.

■ *Interpersonaler Zugang*
Die strategische und protokollierte Auseinandersetzung mit den Perspektiven aller Teilnehmerinnen und Teilnehmer unter Einbeziehung Betroffener (externe Teilnehmer). Daraus entwickeln sich Einsichten in die Mentalität unterschiedlicher Gruppen, Milieus, Alterskohorten; in einer solchen Diskussion kann beispielsweise zutage treten, daß der Generationenkonflikt keineswegs allein eine Sache zwischen Jungen und Alten ist, sondern auch die Konflikte zwischen den heute 40- bis 50jährigen und der nachfolgenden Generation betrifft. In dieser Runde sollen wie in allen anderen Phasen der freien (interpersonellen) Diskussion über die Fakten die jeweils individuellen Einschätzungen formuliert werden. Wichtig ist ein abschließendes Kommuniqué.

2. Verstehen

Die Kompetenz, das Vorfindliche in seinen Zusammenhängen zu erfassen.

■ *Systemtheoretischer Zugang*
Hier sollte man Anleihen bei einer wissenschaftlichen Sichtweise nehmen, die sich „systemtheoretisch" nennt. Es geht dabei um die Lösung eines Darstellungsproblems. Jeder Teil der Gesellschaft kann als festes Element in einem Universum gesehen werden, in dem er für alle andere bestimmte Funktionen erfüllt, so wie alle anderen für ihn bestimmte Funktionen erfüllen. Das hat sich deutlich in der Aufteilung der drei Märkte des Alters gezeigt. Weitere Differenzierungen könnten dabei die Geschlechterfrage oder auch andere Altersgruppen erfassen, wobei die Grenzziehungen aus den Ergebnissen des ersten Schrittes resultieren. Wichtig ist es hier, nicht nur wirtschaftlich zu denken, sondern die wechselseitigen Impulse aus Kultur, Gesellschaft, Politik und Wirtschaft zu untersuchen. Die beste Methode ist die einer Feldertafel. Alle Elemente (Systeme, Teilbereiche), die zur Untersuchung anstehen, werden einmal in der Waagerechten aufgelistet und einmal in der Senkrechten. In die so entstehenden Felder lassen sich nun die Beziehungen der Elemente (Systeme, Teilbereiche) zueinander eintragen.

■ *Ethnologischer Zugang*
Die Betrachtung der Welt mit den Augen des Reisenden und die Interpretation des Normalen als absonderliche Ausprägung einer unverständlichen Kultur. In dieser Phase richtet sich die Diskussion darauf, das Normale in seinen Entstehungsbedingungen zu hinterfragen. Ein prominentes Beispiel für eine solche Strategie ist die Methode, mit der die österreichischen Forscher Paul Lazarsfeld, Hans Zeisel und Marie Jahoda 1932 im damaligen Marienthal bei Wien die Arbeitslosigkeit untersuchten. Ihre Beobachtungen erfaßten sogar die Schrittlänge der Langzeitarbeitslosen, an der sie eine zunehmende Resignation ablesen konnten.
Es geht in dieser Phase aber auch um das Verständnis sozialer Beziehungen zwischen unterschiedlichen Gruppen und ihren Symbolen bzw. Ausdrucksaktivitäten. Dieser Schritt stellt eine quasi-journalistische Arbeit dar. Denn es ist bezeichnend, daß

die großen Preise des Journalismus in aller Welt regelmäßig für Reportagen aus der Alltagswelt vergeben wurden. Sie stellen Reisen in den Alltag dar. Man kann an dieser Stelle die privaten Erfahrungsschätze der Mitglieder der Arbeitsgruppe nutzen. „Trend-Scouts" gibt es – sollte man sie benötigen – auch in der eigenen Firma.

■ *Interpersoneller Zugang*
Die strategische und protokollierte Auseinandersetzung mit den Perspektiven aller Teilnehmerinnen und Teilnehmer der Diskussionsrunde, die aus ihrer Erfahrungswelt berichten und ihre Meinungen von den Zusammenhängen zwischen den in Frage stehenden Phänomenen darlegen. Wie im ersten Schritt (Beschreibung) dient auch hier der interpersonelle Zugang der Auseinandersetzung mit den objektiv gewonnenen Daten und Fakten. Die wechselseitigen Fragen zur Auslegung der Ergebnisse durch die jeweils anderen Mitglieder führen zu einem tieferen Verständnis der Phänomene.

3. Erklären
Die Kompetenz, das Vorfindliche aus seinen Entstehungsbedingungen logisch abzuleiten.

■ *Theoretischer Zugang*
Nutzung wissenschaftlicher Modelle, aus denen heraus sich die Motive des vergangenen, des gegenwärtigen und des künftigen Verhaltens bestimmter Gruppen ergeben. In dieser Phase wird man sich mit wissenschaftlichen Modellen beschäftigen müssen, also etwa mit den verschiedenen Erklärungen der menschlichen Reaktionen auf Werbung durch die Sozialpsychologie – Vermeidung dissonanter Informationen, Harmoniestreben, Gruppenbindung, Mitmenschlichkeit, Modellernen usw. Diese Phase ist der Zeitpunkt für Expertengespräche mit Sozialwissenschaftlern oder Anthropologen. An dieser Stelle wäre es denkbar, Diplomarbeiten an einschlägigen Instituten in Auftrag zu geben. Dabei ist es wieder vorteilhaft, auf die Ergebnisse der systemtheoretischen Phase zurückzugreifen und beispielsweise die anthropologischen Erklärungen für wirtschaftlich bedeutsames Verhalten anzuschauen, was wiederum mit den Ergebnissen aus der ethnologischen

Phase koordiniert werden kann, usf. Es ist die Phase, in der auch die Philosophie bemüht werden könnte. Der Erfolg dieser Bemühungen hängt auch hier von der Seriosität der Experten ab, die man konsultiert.

■ *Selektiver Zugang*
Der Versuch, in diesem ganzheitlichen Modell die Verhaltensoptionen ausgewählter Gruppen oder Individuen zu verfolgen. Damit ist der Punkt erreicht, an dem man sich auf eine konkrete Zielgruppe konzentrieren und sie im Lichte aller bisherigen Erörterungen in ihrer gesellschaftlichen, kulturellen, wirtschaftlichen, ideologischen Position bestimmen kann. Da eine solche Orientierung auf eine Teilgruppe erst in diesem Zwischenschritt vollzogen wird, ist eine vereinseitigte Perspektive ausgeschlossen. Auf diese Weise vermeidet man die Fehler der populistischen Trendforschung, die um der sensationelleren Ergebnisse willen bestimmte Gruppen oder Milieus (Frauen, Männer, Generation X) isoliert. Wieder kann die Methode der Feldertafel benutzt werden.

■ *Interpersoneller Zugang*
Die strategische und protokollierte Auseinandersetzung mit den Perspektiven aller Teilnehmerinnen und Teilnehmer, die sich mit den Erklärungsansätzen beschäftigen. Dabei dürfen die „Lebenswelten" der jeweiligen Teilnehmer als Ausgangspunkte für die individuellen Erklärungen benutzt werden. Im Verständigungsprozeß über die unterschiedlichen Sichtweisen der in Frage stehenden Probleme oder Marktbereiche entstehen differenziertere Erklärungsansätze.

4. Prognose/Zielbestimmung
Die Kompetenz, unter klar angegebenen Bedingungen wahrscheinliche, wünschenswerte oder unliebsame Zukunftsbedingungen zu formulieren.

■ *Negatives Szenario*
Der Entwurf eines Zustandes, den man zu einem klar definierten Zeitpunkt möglichst vermeiden möchte, und die Festlegung der Schritte, die dazu notwendig sind. Welches Image, welche Produktfallen, welche Innovationsfehler, welche übersteigerten Er-

wartungen und damit verbundene Enttäuschungen müssen auf jeden Fall vermieden werden? Wie kann eine Vereinseitigung der Kompetenzen unter den Mitarbeitern vermieden werden? Welche Konsequenzen hat die gegenwärtige Altersstruktur für die Firma in fünf, zehn oder 15 Jahren? Warum muß es das Unternehmen eigentlich in fünf, zehn oder 15 Jahren noch geben? Was geschieht, wenn man den immer weiter vordringenden Servicegedanken nicht oder nicht angemessen umsetzt? Und was geschieht mit dem Kundenstamm, den man heute besitzt? Im Worstcase-Szenario wird einem die Zielgruppe unter den Händen wegaltern. Wie also kann es vermieden werden, daß man beispielsweise den Weg der trendigen Zeitgeistmagazine geht und eines Tages einen (vorhersehbaren) Mentalitätswechsel der Kernzielgruppe feststellen muß?

■ *Positives Szenario*
Der Entwurf eines Zustandes, den man zu einem klar definierten Zeitpunkt möglichst erreichen möchte, und die Festlegung der Schritte, die dazu notwendig erscheinen. Dabei geht es um die wünschenswerte Bestimmung des Images und der Produktlinien des Unternehmens, um die Differenzierungen und Serviceorientierungen, das Personal, die Internal und Public Relations zu einem bestimmten in der Zukunft liegenden Zeitpunkt. Die Zeitradien sollten auch hier klar vorgegeben sein und sich in Fünfjahresschritten bis zum Jahr 2030 bewegen. Das ist das Jahr, in dem sich der gegenwärtige demographische Strukturwandel an seinem Endpunkt befinden wird.

■ *Interpersonelles Szenario*
Das protokollierte Brainstorming über die themenspezifischen Zukunftsvorstellungen aller Teilnehmerinnen und Teilnehmer. Wie in den drei vorangehenden Schritten wird man sich auch in dieser Phase der gemeinschaftlichen Auseinandersetzung über die Grenzen der empirisch nachweislichen Fakten hinausbewegen dürfen. Allerdings ist damit kein Freibrief für haltlose Spinnereien und unwahrscheinliche Science-fiction-Phantastereien ausgestellt.

Zwar darf hier nun endgültig, wie auch bei der Auseinandersetzung mit Kontexten und ethnologisch interessanten Besonderheiten unserer eigenen Gesellschaft, „wild" gedacht und argumentiert werden. Es sollte aber nicht übersehen werden, daß es einen prägnanten Unterschied zwischen diesem „wilden" und einem „verwilderten Denken" gibt: „Wildes Denken" folgt einer Logik. Es ist zwar nicht unbedingt die Logik des alltäglichen Denkens und der normalen wirtschaftlichen Performance. Aber es ist systematisches Denken. Der Bedeutung dieses Schrittes angemessen, wird daher das nächste, abschließende Kapitel sich mit dem Unterschied zwischen dem „wilden" und dem „verwilderten Denken" beschäftigen. Auf diese Weise wird noch einmal auch der Unterschied zwischen der ernstzunehmenden und der populistischen Trendforschung deutlich. Wichtig ist in diesem Zusammenhang, daß die jeweiligen „Diskurse", also die gemeinschaftlichen Bemühungen um Beschreibung, Verständnis der Zusammenhänge, Erklärungen und mögliche Zukünfte nur im Zusammenhang mit den jeweils zwei vorangehenden Schritten sinnvoll sind.

14 Mut zur anderen Zukunft: Plädoyer für das „wilde Denken"

14.1 „Wildes" und „verwildertes Denken"

Da die Betreiber des Hamburger Trendbüros, Matthias Horx und Peter Wippermann, die einzigen sind, die sich bislang mit einem Buch über die Methoden der Trendforschung vorgewagt haben, wobei sie „Intuition" und „Naming" als die wichtigsten Schritte ihrer Trendidentifikation kennzeichneten, liegt es nahe, zum Abschluß noch einmal auf die Praxis dieses Identifikationsprozesses einzugehen. Die Wahl fällt naheliegenderweise auf ein Thema, das eines der vorangehenden Kapitel bestimmte: das Alter, oder, in Horxschem Sinne, den „Aufstand der Alten". Schon an diesem Beispiel zeigt sich ein gravierender Unterschied zu den eben dargelegten Schritten und Zwischenschritten. Die populistische Trendforschung formuliert immer schon die Sensation mit. Ob es wirklich zu diesem „Aufstand der Alten" kommt, ist völlig ungeklärt. Aber als Köder für das Publikumsinteresse eignet sich eine solche Vision besser als eine kühle Analyse aller Möglichkeiten. Es braucht nur den Begriff und einige bestätigende Beispiele. Nicht systematische Contentanalyse, sondern unsystematische „assoziative Anreicherung" ist die Strategie. Eine Beobachtung wird als repräsentatives Element einer gesellschaftlichen Entwicklung ausgegeben. Das geschieht wie bei der Dokumentation neuer Frauenrollen wieder mit Hilfe von Werbebildern: „Der Typ, deutlich über sechzig, im grobgestrickten Wollpullover", schreiben Horx und Wippermann, „zieht die Unterlippe vor und grinst halbstark in die Kamera. ‚Diesel' steht auf seiner Kappe. Ein anderer älterer Herr verbirgt sich hinter einer runden Designer-Sonnenbrille und stützt sein Kinn auf einen elegant geformten goldenen Spazierstock. Sein Gesichtsausdruck ist eindeutig: Arroganz pur. Die Alte verschränkt die Arme vor ihrem bloßen Oberkörper, trägt einen blauen Jeansrock und signalisiert dem Betrachter: ‚Ich bin wild'. Drei Bilder von Hunderten, die das Trendbüro für eine Studie über ‚Bilder vom Älterwerden' gescannt hat. Aus zahl-

MUT ZUR ANDEREN ZUKUNFT: PLÄDOYER FÜR DAS „WILDE DENKEN" • **183**

losen Katalogen, Modezeitschriften, Anzeigen, Frauen- und Männerzeitschriften haben wir Bilder älterer Menschen gesammelt – und
sie mit ähnlichen Publikationen aus den Achtzigern und Siebzigern
verglichen."

Nun mag das Ergebnis, auch vor dem Hintergrund der demographischen Erwartungen, richtig sein, daß sich das Bild und die Akzeptanz des Alters ändert. Nachzuvollziehen ist hier aber nichts. Es wird
nicht klar, welche Frauen- und Männerzeitschriften, welche Kataloge, Anzeigen und Modejournale zu Rate gezogen worden sind. Es wird
auch nicht klar, warum man nur Zeitschriften und Modekataloge benutzt hat. Auch die Methode versinkt im Nebel großer Worte: „Hunderte" von Bildern seien „gescannt" worden. Wie viele waren es wirklich? 200 oder 700? Das ist ein gewaltiger Unterschied, was die Re-
präsentativität betrifft. Was bedeutet das: „zahllose Kataloge"? Auch
die Anzahl und systematische Auswahl der Medien wird nicht deklariert. Keine Frage ist beantwortet. Niemand wird die – immerhin
weitreichende Konsequenzen („Aufstand der Alten") andeutende –
Studie jemals wiederholen können, um vielleicht die Ergebnisse und
die Plausibilität der Schlußfolgerungen zu kontrollieren.

Kein Marktforschungsinstitut dieser Welt dürfte sich erlauben,
Ergebnisse in einer derart vordergründigen Manier zu präsentieren.
Aber es fehlt auch in der Interpretation an jeglicher Systematik. Der
Beleg für die bildhaft gestützten Thesen ergeht sich wieder in neu-
en Beispielen: Etwa mit dem mittlerweile zum kanonischen Leit-
typus hochstilisierten Nivea-Gesicht, das für die Pflege der reiferen
Haut wirbt. Horx und Wippermann folgen damit zumindest einem
ihrer Trends: dem Eklektizismus. Und wenn – selbstverständlich in
den USA, wo im Massenmarkt von 250 Millionen Menschen auch
verschwindend geringe relative Anteile immer noch traumhafte ab-
solute Zahlen ergeben – ein Blatt namens *Oldie* erscheint, braucht
es zur weiteren Dramatisierung der Selbstverständlichkeit nur noch
das Zauberwort „Kult".

Was lernt man?
Nichts.
Keine Systematik.
Konfetti verstreuter Impressionen.
Keine Zahlen, keine Fakten.
Werbebilder.

Momentaufnahmen, die als Symbolik einer Epoche verkauft werden, garniert mit Begriffen, die ohne Erklärung kein Mensch versteht. Die Logik dieses vorgeblichen Trends ergibt sich also nicht aus der systematisch gewonnenen Einsicht in die verborgene Logik einer gesellschaftlichen Entwicklung. Sie ergibt sich nicht daraus, daß man in mühevoller Arbeit systematisch gegen den Strich gedacht hat. Sie wird den Elementen abgezwungen, indem man sie wahllos miteinander verknüpft und einen sensationsträchtigen Begriff darüber stülpt. Das verwilderte Denken prognostiziert den Aufstand, übernimmt die Headlines aus Zeitungen.

Das „wilde Denken" schaltet Elemente in einer nachvollziehbaren, wenngleich neuartigen Logik zusammen, schafft neue Kontexte und kehrt die Fragen um. Dabei geht es nicht mehr um die Lokalisierung von Konflikten, sondern um die Identifikation von Potentialen. Welches Potential bedeuten die Alten für die Gesellschaft? Welche Impulse gehen von den Anforderungen aus, die eine stark alternde Gesellschaft auf den Markt, auf Erfindungen und Bedürfnisse des Alltags ausübt? Wenn man versucht, sich beschreibend, verstehend, erklärend und prognostizierend dieser Frage zu nähern, entsteht ein Ausgangspunkt für eine neue Betrachtungsweise des Problems. Die Contentanalyse, die im Beispiel von Horx und Wippermann nebulös als „Scanning" von Bildern bezeichnet wird, müßte sich daher auch mit dem Kontext des Problems befassen, um festzustellen, ob es sich tatsächlich um eine Veränderung des Alters handelt oder um eine Veränderung von Ausdrucksaktivitäten, die alle Altersgruppen betrifft. Dann nämlich wäre das veränderte Bild der Alten wesentlich weniger revolutionär, als es sich bei isolierter Betrachtung ergeben könnte.

Jeder ernsthafte Ansatz müßte also die Zahl der Bilder, die Art der Kataloge, die Auswahlkriterien der Zeitschriften, die Branchen, in denen sich die Bilder der Alten verändern, die prozentualen Anteile an der Gesamtwerbung, die gleichzeitig veränderten Bilder der Jugendlichen erheben. Auf diese Weise entsteht zum Beispiel das Konzept der wechselseitigen Impulse durch Produktinnovationen auf den Märkten der Alten und der Jungen, der Frauen und der Männer mit dem Ergebnis geschlechtsloser (androgyner) und altersloser Märkte. Ähnliche Beispiele für – durchaus unterhaltsame, aber wahllose – Gelegenheitsverknüpfungen ohne nachvollziehbare Logik finden sich zuhauf, beispielsweise in „Trends 2015" von Gerd Gerken. Dieses Buch ist eine wahre Fundgrube für verwilderte Gedanken. In naher Zukunft, so Gerken beispielsweise, werden sich achtspurige Autobahnen durchs Land schneiden. Denn der Individualismus der Menschen wird den Autos eine Renaissance bescheren. Die Energieprobleme sind leicht zu lösen. Der Tausendsassa kennt sich aus, auch da: Er läßt die Autos, wie bereits angedeutet, mit „Tachyonenenergie" dahingleiten. Tachyonen nehmen ihre Kraft aus der Spannung zwischen Himmel und Erde, sagt Gerken. Das Bedauerliche an der Sache ist nur, daß es mit den Tachyonen nicht so recht funktionieren will. Denn die gibt es nicht. Zumindest nicht in der Praxis.

Tachyonen sind, so sagt jedes halbwegs gute Lexikon, „hypothetische Elementarteilchen mit Überlichtgeschwindigkeit und imaginärer Ruhemasse; bisher nicht experimentell nachgewiesen". Also aus einem Science-fiction-Roman abgeschrieben und der Autoindustrie als Zukunft serviert?

14.2 Das Dekolleté und die Wirtschaftsentwicklung

Das Grundmodell solcher Pseudokausalitäten ist weithin bekannt. Es ist eine uralte Analogie, von der keiner mehr weiß, woher sie kommt. Sie wird immer wieder aufgewärmt und fehlt natürlich auch nicht in den Trendbüchern. Auch in der „Trendforschung" von Horx und Wippermann muß sie wieder einmal als Beispiel für ungeahnte Verknüpfungen herhalten: Es ist der Zusammenhang zwischen Rocklänge und Konjunktur.
- Fielen die Röcke weit übers Knie hinab, gab es eine Rezession.
- Rutschten sie (bildlich gesprochen) das Bein hinauf, gab es eine neue Konjunktur.

Die Erklärung war schon unter semantischen Gesichtspunkten recht einfach:
- Geht es nach oben, bedeutet das: „Hausse";
- Geht es indes nach unten, heißt es: „Baisse".

Die psychologisierenden Begründungen sind ebenso simpel: Bei mehr Lebensfreude gibt es gesteigerte Erotik, man geht mehr aus, feiert häufiger und ist überhaupt lebenslustiger. Umgekehrt verdeckt

man die Lebensfreude mit langen Röcken, wenn es einem schlechter geht. Rückzug, Cocooning, keine Öffentlichkeit.
Man müßte diesen Ansatz prüfen.
Und vielleicht noch einige andere.

Denn wenn die Mode mit der vorgegebenen Begründung zum prognostischen Instrument taugt, wäre es ja sinnlos, dieses Instrument nur auf die Rocklänge zu beschränken. Man müßte sich zum Beispiel den Zusammenhang der Konjunkturen und der Dekolletés ansehen, die sicher auch Lebensfreude oder depressive Stimmungen ausdrücken. Denn mit welcher Begründung läßt sich die Vorausreaktion auf wirtschaftliche Konjunkturen auf einen kleinen Teil der Mode beschränken?

Übertrüge man also die Entwicklung des Dekolletés auf wirtschaftliche Verhältnisse, stieße man auf berückende Erklärungen von ebenso simpler Plausibilität, zumal das hier verwendete Vokabular der wirtschaftlichen Terminologie näherliegt als bei der Rocklänge: Je tiefer die Dekolletés, desto höher die Konjunktur, rasanter Aufschwung etc. Je höher die Linie der Blenden, desto niedriger die wirtschaftlichen Erwartungen. Andererseits hat nicht nur die Offenheit mit der wirtschaftlichen Entwicklung zu tun, sondern überhaupt die ostentative Betonung der Aktienkurven, die gegenwärtig durch die Erfindung des Wonderbra eine deutliche Aufwärtstendenz zeigen. Klar – je mehr Einlagen, desto höher die Zinsen.

Der Vulgärpsychologie der Beratungsbrigaden sind da kaum Grenzen gesetzt. Wobei ein analytischer Geist allerdings plötzlich einen kleinen knirschenden Widerspruch feststellen wird, der in den modischen Szenarien unserer luxuriösen In-Lokale augenscheinlich wird. Rocklänge und Offenheit des Dekolletés stehen in keinem irgendwie gearteten logischen Verhältnis zueinander. Hochgeschlossene Oberbekleidungsstücke korrespondieren aufs eleganteste mit kurzen Röcken. Der gewagte Ausschnitt der Sophia Loren auf dem Wiener Opernball 1995 war mit einem fußlangen Rock kombiniert. Man sah und sieht allenthalben auch verschmitzte Bedeckungen gepaart mit langen Röcken, ebenso wie eine Kombination aus atemberaubenden Offenlegungen oben und unten, wie bei der Konjunkturbombe Pamela Anderson. Am Ende bleibt nur die Einsicht, daß es derzeit offensichtlich mit der Wirtschaft auf und ab geht.

Wildes Denken verzichtet auf der derlei kabarettistische Analogien und versucht, unentdeckte Zusammenhänge zu offenbaren.

Zunächst zum Ursprung des Begriffes: Er ist französischer Herkunft und stammt aus den Arbeiten des weltberühmten Ethnologen
und Soziologen Claude Lévi-Strauss. „La pensée sauvage" erschien
1962 in Paris und begründete die „Wissenschaft vom Konkreten".
Dieses Buch setzt sich mit dem Alltag schriftloser Gesellschaften
(in der altväterlichen Diktion Höhlers: der „Naturvölker") ausein-
ander, die keine abstrakten Wissenschaften besitzen, dennoch aber
in der Lage sind, auf der Grundlage eines höchst differenzierten Systems von Analogien, Metaphern, Ritualen und totemistischen Klas-
sifizierungen der Menschen eine „Schule des Lebens" zu schaffen.

In ihr lernen Kinder der archaischen Gesellschaften den Umgang mit Gesellschaft, Natur, Kultur, Wirtschaft, so wie in den westlichen Gesellschaften die Kinder in ihren Schulen den Umgang mit
ihrer Gesellschaft, mit ihrer Natur und ihrer Kultur und Wirtschaft
lernen. Der Unterschied besteht darin, daß die „archaischen Wissenschaften vom Konkreten" keine Abstraktionen benötigen, sondern ein ganzes System von schlüssigen Analogien schaffen. Wenn
man es wissenschaftlich ausdrücken wollte: ein System von „assoziativen und dissoziativen Äquivalenzen", von Dingen und Begebenheiten, von Tieren und Jahreszeiten, die miteinander in positive
oder negative Beziehung gesetzt werden können. Dabei ist es nicht
nötig, empirische Wahrheiten zu entwickeln, solange das System
funktioniert. Denn es funktioniert deshalb, weil es schlüssig in ir-
gendeiner Form mit den empirischen Tatbeständen verknüpft ist.
Das „wilde Denken" muß nur die Logik der Natur nachahmen und
in ein schlüssiges Bedeutungssystem überführen. Diese neue Ganz-
heitlichkeit ist nicht willkürlich, sondern basiert auf Erfahrungen.
Doch können diese Erfahrungen gänzlich andere Logiken als unsere, dem physikalischen Weltbild entnommene, besitzen.

Auch wir pflegen solche Analogien. Die Musik beispielsweise
oder die expressionistische Malerei können „wilde" Gedankengebäude sein. Die bereits erwähnte „Semiologie" ist eine Art „wildes
Denken". Dabei zeigt sich die Qualität dieser Art von Annäherung
an die Wirklichkeit: Ihre Grundformen bleiben gleich. Sie besitzt
nicht nur eine klare inhaltliche Beziehung zu dem, was sie beschreibt, verstehen will, erklärt und prognostiziert. Sie besitzt auch

eine technische Logik, mit der sie ihre Weltsicht begründet. Sie ist aber, und das ist im vorliegenden Zusammenhang von erheblicher Bedeutung, für die systematische Forschung nur ein Ausgangspunkt der weiteren Überprüfung. „Wildes Denken" ist Impuls, nicht Formulierung von Ergebnissen.

Das „verwilderte Denken" hingegen prüft nicht. Es folgt begeistert der ersten halbwegs plausiblen Erklärung. Das „wilde Denken" zielt aber auf unentdeckte Wahrheiten der zur Verfügung stehenden Informationen. Es ist nicht Glaube, sondern die Hoffnung auf Erkenntnis noch verborgener Zusammenhänge. Wenn also von der Kraft des Mondes die Rede ist, die sich auf Geburtenraten und Kriminalität auswirkt, dann wird man weder darüber sofort ein Buch schreiben, noch lauthals darüber lachen, sondern die Statistiken prüfen.

Das Ergebnis ist eindeutig.

Effekte sind nicht nachweisbar.

Nachweisbar ist nur, daß nach dem Erscheinen des Buches Massen von Journalisten die Polizeistationen und Gendarmerien aufsuchten, um „Fälle" von „Vollmondkriminalität" zu finden. Fand man einen Fall, wurde er zum Beleg hochstilisiert, auch wenn in anderen Nächten ebenso fürchterliche Dinge passierten.

Was bei vielen Trendforschern aus dieser Eleganz einer andersartigen Logik des Konkreten wird, ist schlicht unsinniges Denken, zwanghafte Analogie, die nur noch feuilletonistisch, ansonsten aber sinnlos ist, verwildertes Assoziieren um des vordergründigen Effektes willen. Einige Beispiele aus der „Schmiede" des Matthias Horx:

■ Fortpflanzung von Blattläusen und Singles
■ Markenkult ersetzt Kriege
■ Vergleich der Entwicklung einer Saftpresse mit der des Elefanten
■ Firmenorganismen und Bakterienkulturen – die, selbstverständlich vorsichtig und mit Augenmaß – vergleichbar seien

Um neue Ideen anzustoßen, sagt man, denke man „wild".

Aber genau darin liegt das Problem: „Wildes Denken" hat seine eigenen Gesetze. Die helfende Kraft der bestimmten Analogien muß einer kulturellen Logik folgen. Das modische Geschwätz einer Reihe von Zirkeln, die sich in falschem Verständnis („Nun stellen wir

uns alle einmal vor, wir wären eine Orange!") des „Brainstorming",
der „Think tanks" in bloßem Schickschnack ergehen, führt zu nichts
anderem als zu Zeitverschwendung. Und wenn schon die Ethnologie in enger Verknüpfung mit der Chaosforschung bemüht wird, dann
bitte auch die These der unterschwelligen Logik. Denn Chaos heißt
nicht, daß man jede beliebige Logik in alles hineinprojizieren kann.

Es heißt eigentlich das Gegenteil: durch hartes, empirisches Studium die Möglichkeiten zu erkennen, die in der Logik unserer Kultur noch verborgen sind, und sie methodisch auf die eigene Gesellschaft anzuwenden.

14.3 Warentermingeschäfte und Artensterben

Das ist eben der kleine Fluch der postmodernen Halbbildung,
daß man alle erdenklichen Wissenschaften niederstreckt, um Schlag-
worte zu erbeuten, vornehmlich solche Wissenschaften, die auch in
der öffentlichen Einschätzung von einem Hauch des Geheimnisvollen umgeben sind. Dabei gerät in den Hintergrund, daß das „Training", die „Übung" für die Nutzung der wissenschaftlichen Ressour-
cen beispielsweise der Kulturanthropologie in harter und jahrzehn-
telanger, quantitativer Feldforschung besteht, daß natürlich „kein
Aspekt unseres Alltagslebens vom volkskundlich-kulturanalytischen
Blick" verschont bleibt, wie Wolfgang Blum richtig von Horx und
Wippermann als opportuner Zeuge zitiert wird.

Aber: Der Blick auf die eigene Gesellschaft ist durch das Her-
anwachsen in dieser Gesellschaft getrübt. Ohne die „Lehranalyse",
die es in der Ethnologie für Feldforscher ebenso wie für Therapeuten in der Psychologie gibt, ohne also die eigene Entfremdung von
dieser Gesellschaft zu inszenieren, kann der Blick nur das sehen,
was man vorher hineinprojiziert. Mit anderen Worten: Die diffamier-
te Wissenschaft muß erst einmal studiert, dann praktiziert werden,
um als Handlangerin ökonomischer Interessen verwendet werden
zu können.

Ein Beispiel: Marco d'Eramo, ein italienischer Soziologe, führt
an der Auseinandersetzung mit dem, was die Stadt Chicago über
die USA aussagt, ein Musterbeispiel für die Kraft des „wilden Denkens" vor.

Sein 1996 im Kunstmann Verlag erschienenes Buch „Das Schwein und der Wolkenkratzer: Chicago – eine Geschichte unserer Zukunft" ist eine „Trend"-Forschung besonderer Art. D'Eramo beschreibt, wie aus dem Verkehrsknotenpunkt Chicago die Idee der Warentermingeschäfte entstand, und wie aus der Idee der Warentermingeschäfte sich nun unabsehbare ökologische Probleme entwickeln. Er beschreibt, wie aus der Anwendung der radikal-liberalen Wirtschaftstheorien der Wissenschaftler, die an der University of Chicago lehrten und als „Chicago Boys" bekannt sind, an die allein fünf Nobelpreise für Wirtschaftswissenschaften gingen, jene Slums entstanden, die nun die University of Chicago umzingeln. Er schreibt literarisch sensibel, erzählerisch brillant, mit Zahlen, Fakten, Daten, mit Quellen, nachvollziehbaren Methoden und schließlich mit überraschenden Analogien – wobei die Überraschung nicht in der Zwangszusammenführung von Blattläusen und Singles besteht, sondern in der plötzlichen Einsicht in die zwingende Logik einer solchen Analogie. Was also haben, um alles in der Welt, Warentermingeschäfte und Artensterben miteinander zu tun?

Ganz einfach: „Ohne Standardisierung gibt es keinen Markt für Futures, und umgekehrt kann der Terminmarkt nur standardisierte Güter verkaufen." Um das Risiko des Kaufs von Rohstoffen oder Tieren (Getreide, Soja, Rinder etc.), die überhaupt noch nicht gewachsen oder geboren sind, zu mindern, werden klassifikatorische Standards gesetzt, nach denen sich die Bauern richten werden. Andere als die in die Klassifikationen fallende Sorten werden nicht mehr angebaut, weil sie sich nicht verkaufen lassen. „Deshalb wird beispielsweise festgelegt, daß eine Einheit lebender Rinder 40.000 Pounds (ca. 18 Tonnen) wiegen und aus Rindern zu je 1050 bis 1200 Pounds (480 bis 540 Kilogramm) Durchschnittsgewicht bestehen muß, mit einer maximalen Abweichung von 100 Pounds." Und so wäre denn auch eine weitere Tendenz, die sich derzeit machtvoll Bahn bricht, aus derlei derivativen Finanzgeschäften zu erklären: das gentechnische Klonen von Pflanzen und Tieren.

Eine andere Analogie, in der wir noch nicht denken: die des Aktienmarktes und der Investition in die Ausbildung der Kinder. „Wenn Bildung eine Investition ist, wird sie in bezug auf ihre Grenzproduktivität beurteilt, danach, ob sie mehr oder weniger einbringt als andere Investitionen. Ist es für die Eltern gewinnbringender,

100.000 Dollar in das Diplom ihres Kindes an der University of Chicago zu investieren, als Aktien der DuPont de Nemours zu kaufen?" Das Problem entstehe nur dann, wenn das Bildungskapital verfalle, weil es zuviel Wissen gibt, das dann keinen Gewinn mehr abwirft. „Eine kuriose Theorie", schreibt d'Eramo, „die von einem Überschuß an Wissen ausgeht." Aber genau das ist gegenwärtig das Problem: Es existiert ein Überfluß an Wissen, das nicht mehr verkaufbar ist. Sämtliche Debatten um die Reform der bundesdeutschen Universitäten umspielen dieses Thema. Die Beschreibung erfaßt contentanalytisch die rein quantitative Veränderung der Absolventenzahlen und der Zahl der Berufstätigen in angestammten und in fremden Berufen. Die Kurven, die auf diese Weise entstehen, bilden eine Veränderung ab, mit der sich deutlich Praxisdefizite der Universitäten darlegen lassen. Die Konsequenzen dieser contentanalytischen Beschreibung sollen kurz am Beispiel der gesellschaftlich eher ungeliebten Pädagogik dargelegt werden. Denn in einem nächsten Schritt geht es um die Kontexte. Und dabei entsteht beispielsweise die Frage, warum in einer Zeit, in der „lebenslanges Lernen" von Menschen und Unternehmen immer mehr in den Vordergrund rückt, die Zahl der arbeitslosen Pädagogen steigt. Es drängt sich überdies die Frage auf, aus welchen Gründen die Qualifikationen, die Pädagogen eigentlich haben müßten, mühsam in Seminaren als Zusatzqualifikationen beispielsweise für Betriebswirte vermittelt werden. Und schließlich kommt man zu der Einsicht, daß der praktizistische Zugang zur Universitätreform (also eine Gewichtsverlagerung zugunsten der Fachhochschul-Anteile) nicht der einzig sinvolle Weg ist, sondern eine ehemals „wilde" Kombination aus beispielsweise Pädagogik und Wirtschaft. Damit zeichnet sich ein „Trend" ab. Auch dieser Trend kann contentanalytisch erarbeitet werden. Die Analyse der Stellenanzeigen der letzten zehn Jahre vermittelt ein deutliches Bild. Die Mutmaßung, daß es einen Trend vom Spezialistentum zum Generalisten gäbe, ist falsch. Die Tendenz, die sich deutlich abzeichnet, ist die zum Spezialisten mit virtuosen generalistsichen Fähigkeiten. Mittlerweile hat sich auch in der öffentlichen Diskussion der bereits zweieinhalb Jahrzehnte alte Begriff etabliert: „Schlüsselqualifikationen" (siehe Kapitel 2.1). Die Zielbestimmung wird sich also der heute noch „wilden" Kombination aus Pädagogik und Wirtschaftswissenschaften widmen. Denn die Basisqualifikationen (also die speziellen Fertigkeiten), die in der pädagogischen Ausbildung vermittelt werden, sind die zunehmend in den Stellenanzeigen formulierten Schlüsselqualifikationen der Wirtschaftsfachleute: kommunikative Kompetenz, Fähigkeiten zur Problemlösung, Teamfähigkeit, rhetorische Kompetenz, soziales Engagement, ganzheitliches Denken, Moderationsfähigkeit, um nur einige Punkte aufzuschlüsseln.

Dieses Beispiel zeigt, daß eine allzu schnelle, vordergründige Konzentration auf die Praxiserfordernisse des Arbeitsmarkts allein wieder zu einseitigen Ergebnissen führt. Denn dann ginge es der Universitätsreform wie Tristram Shandys Vater im wunderlichen experimentellen Roman des unsterblichen Laurence Sterne, der ein Erziehungshandbuch für seinen neugeborenen Sohn verfaßt. Während er schreibt, altert ihm der Sprößling unter der Feder weg. Und jeden Tag wird ein Teil des Handbuchs überflüssig, ohne je zur Anwendung gekommen zu sein.

Das „wilde Denken" ist also die disziplinierte Zusammenführung von vordergründig unvereinbar erscheinenden Phänomenen, die aber in einem natürlichen Zusammenhang miteinander stehen und zu neuen Qualitäten führen. Dabei geht es nicht um willkürliche Analogien, sondern um verborgene Logik.

Dafür muß man trainieren.

Dafür braucht man Methoden, wie sie in den „vier Schritten auf dem Weg zum klaren Denken" beschrieben worden sind.

Und dafür braucht man Phantasie.

Denn gerade hier gilt das Vermächtnis Bernard Berelsons, der so viel Wert auf Objektivität, Systematik und quantitative Meßtechniken legte und doch am Ende seines Buches schrieb: „There is no substitute for good ideas."